KB035182

에코랄리아스

Echolalias: On the Forgetting of Language
Daniel Heller-Roazen

This Korean edition is published by arrangement with Zone Books through Imprima Korea Agency.

에코랄리아스

언어의 망각에 대하여

대니얼 헬러-로즌 지음 | 조효원 옮김

문학과지성사
2015

에코랄리아스
언어의 망각에 대하여

제1판 제1쇄 2015년 7월 16일
제1판 제2쇄 2015년 9월 1일

지은이 대니얼 헬러-로즌
옮긴이 조효원
펴낸이 주일우
펴낸곳 ㈜문학과지성사
등록번호 제1993-000098호
주 소 121-894 서울 마포구 잔다리로7길 18(서교동 377-20)
전 화 02) 338-7224
팩 스 02) 323-4180(편집) 02) 338-7221(영업)
전자우편 moonji@moonji.com
홈페이지 www.moonji.com

ISBN 978-89-320-2761-6

이 도서의 국립중앙도서관 출판예정도서목록(CIP)은 서지정보유통지원시스템 홈페이지(http://seoji.nl.go.kr)와 국가자료공동목록시스템(http://www.nl.go.kr/kolisnet)에서 이용하실 수 있습니다.(CIP제어번호: CIP2015017741)

어떤 바다 **야후**Sea-*Yahoo*들이 나의 항해 용어Sea-language가 여러 군데서 맞지 않는다고 또는 더 이상 쓰이지 않는 말이라고 트집 잡는다고 들었다. 그러나 그것은 어쩔 수 없는 일이다. 젊어서 처음 항해할 때 나는 가장 늙은 선원들에게 배웠고, 그래서 그들이 쓰는 말을 배웠으니 말이다. 그러나 그 후로 나는 바다 **야후**들 역시 뭍의 야후들처럼 새로운 말의 유행을 좇는다는 것을 알았다. 뭍의 야후들은 해마다 말을 바꿨다. 내 기억으로는 고향에 돌아올 때마다 그들이 쓰던 옛 방언은 너무 새롭게 변해 있어서 도저히 알아듣지 못할 정도였다. 또한 **런던**의 야후들이 호기심에 나를 보러 내 집에 올 때면 우리는 서로 알아듣게끔 의사표현을 할 수 없었다.

—조너선 스위프트, 『걸리버 여행기』

차례

누구나 알듯이 처음에 아이들은 말을 하지 못한다. 아이들의 시끄러운 소리는 인간 언어의 소리를 예비하는 것처럼 보이지만 동시에 그것과 근본적으로 다르게도 보인다. 처음으로 알아들을 수 있게 말을 하는 시기에 이르면 아기들은 여러 언어에 능통한 어떤 성인도 따라 할 수 없는 소리를 조음articulation해내는 탁월한 능력을 보인다. 로만 야콥슨Roman Jakobson이 러시아 미래파, 슬라브어 비교운율학, 구조음운론 및 언어의 소리 형태에 관한 연구와 더불어 아기들의 옹알이에 관심을 가졌던 까닭이 바로 이 능력 때문이라는 점에는 의심의 여지가 없다. 1939~41년 노르웨이와 스웨덴에서의 망명 생활 중에 독일어로 쓴 논문 「유아어, 실어증, 그리고 음운론적 보편소」에서 야콥슨은 이렇게 적었다. "아이의 옹알이 속에는 단일 언어, 아니 심지어 여러 언어들에서조차 찾아볼 수 없는 소리들이 모여 있는 것 같다. 그것은 변별점이 가장 많은 자음들, 구개음화되고 순음화된 자음들, 치찰음, 파찰음, 흡착음, 복합모음, 이중모음 등이다."[1] 언어학 훈련을 받은 아동심리학자들의 연구를 참조하면서 야콥슨은 그가 "극치의 옹알거림die Blüte des Lallens"이라고 부른 것, 즉 옹알이하는 아이의 음성학적 능력에는 한계란 있을 수 없다는 결론을 내린다. 조음에 관한 한 아기들은 무엇이든 할 수 있다는 것이다. 아기들은 눈곱만큼도 힘들이지 않고 인간 언어에 포함돼 있는 어떤—그리고 모든—소리라도 낼 수 있다.

이런 능력이 있으니까 아이들에게 하나의 특정한 언어를 습득하는 일 따위는 손쉽고 간단할 거라고 생각할 수도 있겠다. 그러나 그렇지 않다. 아기의 옹알이와 아이가 처음으로 발화하는 말 사이에 분명한 통로가 없을 뿐만 아니라 그 사이에 어떤 결정적인 단절이 있다는 증거, 가령 그전까지는 한계를 몰랐던 아기의 조음 능력이 쇠퇴하는 어떤 전환점 같은 게 있다는 증거 역시 없다. 야콥슨은 이렇게 말한다. "모든 관찰자들이 크게 놀라면서도 인정할 수밖에 없는 사실은, 전前언어 단계에서 처음으로 말을 깨치는 단계, 즉 진정한 의미에서의 언어의 첫 단계로 넘어가면서 아이들은 소리를 만들어내는 능력을 거의 전부 잃어버린다는 것이다."[2] 이 시점에 조음 능력이 부분적으로 쇠퇴하는 것은 분명 그리 놀라운 일은 아니다. 하나의 단일 언어를 말하기 시작하면서부터는 이전에 만들 수 있었던 자음과 모음 들이 아무런 쓸모도 없어지는 건 분명하기 때문이다. 그리고 지금 배우는 언어에 들어 있지 않은 소리는 쓰지 않게 마련이므로 그 소리들을 어떻게 내는지 잊어버리는 것은 지극히 자연스럽다. 그러나 말을 배우기 시작한 아이가 잃어버리는 것이 비단 특정 음성 체계를 초과하는 소리를 만들어내는 능력만은 아니다. 야콥슨이 보기에 훨씬 더 "주목할 만한auffallend" 사실은 아이의 옹알이와 어른의 언어에 공통된 소리들마저 아이의 언어 창고에서 사라지기 시작한다는 것이었다. 이 지점에 이르러서야 비로소 단일 언어 습득이 제대로 시작된다고 말할 수 있다. 아이는 몇 년에 걸쳐 제 모국어가 될 언어의 소리 형태를 규정하는 음소들을 모종의 질서—이 질서의 구조적이고 계층적인 형식을 처음으로 규명한 이가 야콥슨이다—에 따라 차례차례 익혀나간다. 아이들은 우선 치음(가령 t와 d)에서 출발하여 구개음 및 연구개음의 발음을 배우는 단계로 나아가며, 파열음stops과 순음(가령 b, p, m)에서 출발하여 마찰음(가령 v, s, ʃ)을 만드는 법을 익힌다. 이러한 습득 과정의 최종 단계에 다다른 아이는, 우리 모두가 익숙하게 쓰지만 명백히 부정확한 표현을 빌리자면, 마침내 "네이티브 스피커native speaker"가 된다.

그렇다면 이 과정에서 아이가 한때 쉽게 낼 수 있었던 수많은 소리들은 어떻게 되고, 단일 언어의 소리를 배우기 전에 그가 가졌던 능력은 또 어떻게 되는 것일까? 여기서 언어 습득은 마치 어떤 망각 행위, 일종의 언어적 유아 기억상실(혹은 음성 기억상실phonic amnesia이라고 할 수 있다. 왜냐하면 아이가 잃어/잊어버리는 것은 언어가 아니라 분화되지 않은 소리를 무한히 조음하는 능력이기 때문이다)처럼 보인다. 아이가 한 언어의 현실에 사로잡혀 다른 모든 언어의 가능성을 담고 있는 무한한 땅을 떠남으로써 결국 그곳이 불모지와 다를 바 없게 되어버리는 이 일은 어떻게 해서 일어나는 것일까? 혹시 그 이유가 새로 습득한 언어에 있는 것일까? 다시 말해, 저 망각이 일어나는 이유는 새로운 화자를 사로잡은 모국어가 그에게 조금이라도 다른 언어의 자취shadow가 남아 있는 것을 용납하지 않기 때문일까? 그런데 침묵에 빠지는 순간에는 아이가 '나'라는 말조차 할 수 없다는 사실을 고려하면 문제는 한층 복잡해진다. 이 경우 우리는 아이가 말하는 존재로서 의식을 갖는다고 선뜻 말할 수 없다. 어쨌든 한때 그렇게 쉽게 만들어내던 소리들이 이제는 연기만을 남긴 채(그런데 연기가 있다면 아직 무언가가 있는 것이다) 영원히 아이의 목소리를 떠났다고 생각하기는 어렵다. 더 이상 만들어낼 수 없게 된 소리들이 떠난 뒤 텅 비어버린 목소리에게도 적어도 두 가지는 생겨난다. 즉 옹알거림이 사라진 자리에, 이제 하나의 언어와 이 언어를 말하는 존재〔화자〕speaking being가 출현하는 것이다. 이것은 분명 불가피한 일이다. 무한한 소리의 무기고를 상실하는 것은 어쩌면 아이가 단일 언어의 공동체에서 시민권을 얻기 위해 지불해야 하는 대가일지도 모른다.

자신을 낳아준, 무한히 다양했던 옹알거림 중에서 혹시 어른의 언어가 간직하고 있는 것이 있을까? 만약 있다면, 그것은 다만 메아리echo일 것이다. 왜냐하면 언어가 존재하는 곳이란 아이의 옹알거림, 적어도 아직 말 못하는 아이의 입에서 나오던 옹알거림이 이미 오래전에 사라져버린 곳이기 때문이다. 그것은 다만 메아리, 다른 언어speech의 메아리, 언어와는 다른 어떤 것의 메아리일 것이다. 그것은 에코랄리아echolalia,[3] 태곳적의 희미한 옹알거림, 정작 저 자신은 망실된 상태에서 다른 모든 언어를 존재하게 해주는 옹알거림의 기억을 지키는 에코랄리아일 것이다.

어떤 의미에서, 아이들은 그 소리들을 만드는 법을 잊었을지 몰라도, 그 소리들은 결코 아이들을 떠나지 않는다. 왜냐하면 그 소리들이 현저한 규칙성에 따라 반복되는 어떤 언어의 장이 존재하기 때문이다. 전통적으로 그 소리들은 "의성어onomatopoeias"라는 용어로 지칭되어왔는데, 이 표현은 어느 정도 정확하다. 언어를 배우는 과정에서 아이들이 사람 소리와 다른 주변의 소음들을 흉내 내는 것을 흔히 볼 수 있는데, 이때 그들이 내는 소리는 새로 배운 모국어 안에서 낼 수 있는 것이 아니라 한때는 전혀 어렵지 않았지만 이제는 애써 흉내를 내야만 낼 수 있는 소리이다. 「유아어, 실어증, 그리고 음운론적 보편소」에서 야콥슨은 언어 습득 과정에서 이 현상이 담당하는 체계적이고 보편적인 역할에 대해 상세하게 논한 바 있다. 그는 이렇게 적었다. "그러니까 우리는 아직 연구개음을 낼 줄 모르는 아이들이 커튼 내리는 소리를 흉내 내며 gi 음을, 까마귀

울음소리로 kra-kra 음을, 기분 좋을 때는 gaga 음을, 기쁠 때는 ch-ch 음을, 〔삐쳤을 때 내는〕 '흥pfui' 소리를 kha 음으로 내는 것을 볼 수 있다. 아이들의 '대상 지시 언어objective denoting language'에서 마찰음은 폐쇄음으로 대체될 수도 있지만, 의성어 기능을 가진 소리 모방sound imitations으로 나타나기도 한다. 아이들은 zin-zi 음으로 전차 소음을 따라 낸다. 어떤 아이는 ss 음으로 고양이를, 또 어떤 아이는 파리를 흉내 낸다. 그리고 아이들이 *f* 음으로 비행기 소리 혹은 닭이나 개 소리를 흉내 내는 것은 흔한 일이다. 어른들의 언어에서 아이들이 배우는 소리 가운데 아직 유음 r은 없지만, 그래도 아이들은 새 소리나 달그락거리는 소리를 흉내 내면서 이 소리를 낼 수 있다. 그리고 i 음을 만들 줄 모르는 아이라도 개 짖는 소리나 참새 울음소리를 따라 하면서 titi, bibibi, 그리고 pipi 같은 음을 낼 수 있다."[1]

아이들이 동물 소리나 기계 소음을 흉내 내는 소리는 그들 언어의 흥미롭고도 복잡한 차원에 속하는데, 이것이 언어 발달 과정에서 정확히 어떤 지위를 갖는가는 아주 애매한 문제다. 아이들이 의성어를 통해 내는 소리는 그들이 망각한 옹알거림의 마지막 흔적일까, 아니면 도래할 언어의 첫번째 표지일까? 어떤 경우든 아이들의 감탄사는 언어가 단일하지도 선형적이지도 않은 시간 속에서 진화한다는 사실을 가리킨다. 다시 말해 아무리 견고하게 발전한다 해도 하나의 언어는 제 안에 다른 언어의 요소들—흔적 혹은 조짐announcements—을 계속 간직한다는 사실을 암시하는 것이다.

이런 의미에서 아이들은 그들의 미래인 어른들과 전혀 다르지 않다. 야콥슨이 언어 습득 및 상실에 관한 획기적인 저작을 쓴 바로 그해, 수년 전 그와 함께 프라하 언어학파를 창설했던 절친한 벗 니콜라이 세르게예비치 트루베츠코이Nikolai Sergeevich Trubetskoi는 의성어가 아이와 어른에게 공통된 특수 발화 유형에 속한다는 사실을 증명했다. 트루베츠코이는 미완성이지만 기념비적인 저작 『음운론의 원리』 4장 말미에 모든 개별 언어를 특유한 모음, 자음 그리고 운율을 구성하는 "변별적 대립 음소들로 이루어진" 유한한 "음운론적 체계"로 정의하는 마지막 절을 일종의 부록처럼 붙여놓았다. 이 부록에서 트루베츠코이는 그가 언어의 "변별적 이상異常 음운 요소"들로 규정한 것에 대해 간략하지만 심대한 논의를 펼친다. "많은 언어에서 정상적인 음운 체계 바깥에 특수 기능을 갖는 특별한 음운론적 사례들이 있다는 사실을 볼 수 있다."[2] 한 언어의 화자가 다른 언어의 화자를 따라 하면서 내는 모든 "이상한 소리들foreign sounds"이 이 범주에 속한다. 다른 언어에서 차용한 단어에 들어 있는 음소들은 한 언어에서 다른 언어로 넘어가는 중에 불가피하게 형태를 바꾸며 때로는 새롭고 독특한 형식을 획득하는데, 이 형식은 궁극적으로 자기를 낳아준 언어로도 자기를 불러들인 언어로도 환원될 수 없다. 이 책을 쓸 당시 빈에 살았던 트루베츠코이는 독일어 화자들이 ʃ 음(즉 ž〔의 음가〕) 혹은 비음, 즉 일반적으로 독일어 음운 체계에는 없는 소리를 가진 프랑스어나 슬라브어 단어를 사용하는 사례를 제시한다. 예컨대 빈 시민들은 "telephone"이라는 단어가 외국어에 기원을 두고 있음을 가리키기 위해 이 단어의 마지막 음절을 후설 반개비음half-open, posterior nasal vowel으로 발음한다는 것이다. 즉 "텔레퐁telefõ"이라고 발음하는데, 이때 그들은 독일어에 없는 소리인 골족Gallic의 비음(õ)을 염두에 둔 것이지만, 사실 이 소리는 프랑스어 'téléphone〔뗄레폰느〕'의 실제 발음에는 없다. 트루베츠코이는 이 "변별적 이상 음운 요소"의 범주에는 어른 아이 할 것 없이 쓰는 "감탄사interjection 및 의성어뿐 아니라 가축을 부르거나 명령하는 소리들"도 속한다고 적었다.[3]

트루베츠코이는 이런 감탄사적 발화들은 "엄밀한 의미에서 재현 기능Darstellungsfunktion을 갖지 않는다"고 주장한다. 동시대 언어철학의 용어를 빌리자면, 우리는 그 소리들이 전혀 의미 없지는 않지만 어떤 것도 긍정하거나 부정하지 않는 "발화 행위speech act"라고 말할 수도 있다. 일반적인 명제들과 달리 그것은 "한 사물을 다른 사물과 관련시켜 진술하지" 않는다. 감탄사적 발화의 유일한 기능은 발화의 힘 자체에 있다. 물론 이 말 자체는 새로운 주장이 아니다. 감탄사가 진술이 아니라는 것은 적어도 아리스토텔레스 이후의 언어 이론에서는 익숙한 이야기다. 아리스토텔레스는 전통적으로 철학계에서 『명제에 관하여』로 알려져 있는 저작, 즉 명제에 관한 결정적인 논고를 쓰면서 기도나 외침 따위의 감탄사를 논리의 영역에서 일절 배제했다.[4] 트루베츠코이의 진정한 통찰력은 그가 넓은 견지에서 음운론으로 규정한 언어학에서 드러난다. 왜냐하면 그는 감탄사의 논리적-형식적 독특성이 예외적인 음운 구조에 전적으로 부합한다는 사실을 보여주었기 때문이다. 트루베츠코이는 감탄사를 내뱉거나 인간적이지 않은 소리를 흉내 내거나 동물에게 명령 내릴 때 인간이 내는 소리는 해당 언어에서 일반적으로 쓰이는 표현에서는 거의 찾아볼 수 없다는 사실을 증명했다. 이 소리들은 대체로 특정 언어의 소리 형태를 규정하는 한계 너머에 있다. 늘 그랬듯이 트루베츠코이에게 이에 관한 사례를 제시하는 것은 전혀 힘든 일이 아니었다. 유럽 언어들만 보더라도 "hm으로 표기되는 감탄사, 말에게 박차를 가할 때 내는 '이랴' 소리 혹은 멈추게 할 때 내는 순음 r〔워워〕, 그리고 깜짝 놀라게 만들 때 내는 소리 'brrr!' 등을 들 수 있다."[5] 단일 언어의 화자가 내는 감탄사에서 흔히 볼 수 있는 아주 괴상한 소리로만 제한하더라도 이 목록을 늘리는 것은 어렵지 않다. 일례로, 영어에서 혐오감을 드러내는 일반적인 감탄사 "ukh"〔우웩〕은 (카스티야 문자 jota 혹은 아랍 문자 غ을 상기시키는) 마찰음 kh와 관련된 소리이자, 또 몇몇 언어들에서는 연구개음 k 혹은 더 완전한 후두음 h와 분명한 대립음소로 나타나는 소리이지만, 〔정작〕 영어의 소리 체계에서는 제자리를 갖지 못한 소리이다. 혹은 영어를 쓰는 아이들이 한때 전화벨 소리를 흉내 내면서 내던 "설단-치경음apico-alveolar" 혹은 "혀 말린rolled" r 음 아니면 고양이 야옹 소리를 흉내 낼 때 종종 쓰이는 "설배-연구개dorso-velar" 혹은 "진동trilled" r 음을 봐도 좋다. 이 소리는 놀랍게도 현대 프랑스어와 독일어의 유음을 떠올리게 한다. 아니면, 마지막으로, 현대 영어에서 낙담할 때 쓰는 표현인 "Uh-oh"의 한가운데에 들어 있는 소리를 생각해보자. 이 소리는 아랍어나 덴마크어 같은 언어들에서 중요한 역할을 하는 성문 폐쇄음과 거의 똑같이 닮았지만, 표준 영어 음운론에서는 변별 기능이 없는 소리로 여겨진다. 이 모든 경우에서 감탄사는 통상적으로는 체계 외부에 있는 음소를 받아들이도록 소리 체계를 개방한다. 그리고 이를 통해 감탄사는, 트루베츠코이가 썼듯이, "평범한 음운 체계가 더 이상 유지될 수 없는 지점으로까지" 언어를 몰아붙인다.[6] 하나의 단일 언어는 통상적으로 체계를 규정하는 경계를 넘어섬으로써 어떤 언어에도 속하지 않는 소리들로 이뤄진 비식별 구역에 들어선다. 아닌 게 아니라 실로 이 구역은 어떤 인간 언어idiom에도 속하지 않는 것처럼 보인다.

이러한 감탄사적 소리가 하나의 단일 언어 내에서 정확히 어떤 위치를 갖는지 규정하는 일은 쉽지 않다. 그리고 트루베츠코이가 음운 체계를 다루는 장의 마지막 부분에서 이 "변별적 이상 음운 요소"에 대해서만 다루기로 결정한 것은 그가 이 문제를 정면으로 다루기를 꺼렸다는 인상을 주는 것도 사실이다. 아이 어른 할 것 없이 모두가 쓰는 감탄사는 자신을 발화로서 존재하게 해주는 언어와 도대체 어떤 관계에 있는 것일까? 한편으로 감탄사는 언어 일반에 공통된 어떤 차원을 나타내는 것처럼 보인다. 왜냐하면 감탄사를 만들어낼 수 없는 언어 형식을 생각하는 것은, 불가능하지는 않다 해도, 어려운 일이기 때문이다. 그러나 다른 한편으로 감탄사는 필연적으로 개별 언어 음운 체계 내의 어떤 과잉을 표시한다. 왜냐하면 감탄사는 정의상 다른 방식으로는 그 언어에 포함될 수 없는 특수한 소리들로 만들어지기 때문이다. 요컨대 "변별적 이상 음운 요소"는 한 언어에 포함되는 동시에 그로부터 배제되는 것이다. 더 정확히 말해서, 그것들은 정확히 하나의 언어로부터 배제되는 만큼 그 언어에 포함되는 듯 보인다. 집합 논리가 성립하기 위해서 배제해야 했던 역설적인 단위 존재entities의 음성적 등가물인 감탄사라는 소음은 모든 언어가 제가끔 가진 소리의 집합에 속하면서 또한 속하지 않는 "요소elements"에 해당한다. 이 요소들은 어떤 음운론 체계에서도 환영받지 못하지만 그렇다고 내칠 수도 없는 구성원이다. 어떤 언어도 이 요소들 없이 존속할 수 없지만, 어떤 언어도 이들을 자기에게 속한 것으로 인정하지 않는다.

이러한 음성적 요소들이 겉보기보다 덜 "비정상적"이라는 사실을 지적한 언어 사상가 혹은 언어 창조자 가운데 단테를 능가할 이는 없다. 단테는 언어에 관한 미완성 논고인 『속어론』에서 원죄 및 낙원 추방 이후로 인간 언어는 항상 "아Heu!"라는 절망의 감탄사로 시작될 수밖에 없다고 주장했다.[7] (그런데—주목할 만한 사실로서—이 발화의 표기 형태에는 단테가 쓰던 중세 라틴어에는 쓰이지 않던 철자가 적어도 하나는 포함되어 있는데, 그것은 순수 대기음 h이다.) 이 시인의 견해는 진지하게 숙고할 만한 가치가 있다. 인간 언어의 근본 형식이 진술, 질문 혹은 명명이 아닌 감탄이라는 사실은 어떤 의미를 갖는 것일까? 단테의 견해를 문자 그대로 받아들이는 것은 아마 오해일 것이다. 왜냐하면 그것은 언어의 실제 조건이 아니라 언어 일반의 정의를 가능케 하는 구조적인 조건을 규정하는 것이기 때문이다. 단테는 감탄사가 바로 그 구조적 조건이라고 생각했다. 감탄사가 존재할 수 있는 한 언어 역시 존재할 수 있지만, 감탄사에 선행하는 언어는 있을 수 없다는 것이 이 시인-철학자의 생각이었다. 다시 말해 외칠 수 없는 언어는 결코 진정한 인간 언어일 수 없다는 것이다. 아마도 이것은 감탄사와 의성어를 발화할 때, 그리고 인간적이지 않은 소리를 흉내 낼 때만큼 언어의 강도가 세지는 때는 없기 때문일 것이다. 제가 가진 소리 및 의미의 영역을 떠나는 순간, 바로 이 순간보다 언어가 더 '언어다워'지는 순간은 없다. 이 언어는 자신이 갖지 못한—혹은 가질 수 없는—소리 형태, 즉 동물의 소리, 자연의 소리 혹은 기계 소음을 제 것으로 삼는 언어다. 이곳에서 언어는 발화할 수 없는 말 너머를 가리키면서 자기보다 앞서 있는 동시에 또한 자기를 뒤따르는 비언어nonlanguage를 위해 스스로를 개방한다. 이곳은 한 언어의 화자가 스스로 낼 수 없다고 생각하는 이상한 소리를 실제로 냄으로써 언어가 문자 그대로의 의미에서 '감탄사exclamation'로 등장하는 곳이다. 여기서 언어는 '외-침calling-out/ex-clamare/Aus-ruf'이 된다. 자기 너머로 혹은 자기보다 앞선 곳으로, 인간적이지 않은 언어의 소리, 언어가 결코 완벽하게 기억할 수 없지만 그렇다고 완전히 망각할 수도 없는 소리로 외-치는 것이다.

히브리어에는 아무도 발음할 수 없는 글자가 있다. 대다수 네이티브 스피커들조차 결코 완벽하게 익히지 못하는 고전 아랍어의 저 악명 높은 강세 치음 ض, 혹은 외국인들이 발음하기에는 너무나 어려운, 그래서 심지어 로만 야콥슨이 웬만해서는 하지 않던 개인적인 고백을 통해 꿈속에서조차 발음할 수 없었다[1]고 말한 체코어의 복합 치찰 유음 ř과는 달리, 이 철자는 특별히 까다롭거나 어려운 소리를 표현하지는 않는다. 히브리 철자 **알레프**aleph(א)를 발음할 수 없는 까닭은 이 소리가 너무 복잡해서가 아니라 반대로 너무 단순해서다. 다른 모든 철자와 달리 이 철자는 누구도 발음할 수 없는데, 왜냐하면 이것은 아무 소리도 표현하지 않기 때문이다. 물론 알레프가 항상 그래왔다고 생각되지는 않는다. **알레프**는 본디 성문 폐쇄음을 만들기 위한 후두의 운동을 가리키는 것으로 여겨져왔다. 아랍어의 **알리프**alif(ا)보다는 오히려 **함자**hamza(ء)에 가까운 이 히브리 철자는 단순히 조음의 제스처를 표현하는 것이었다. 이 철자의 소리는, 고전 아랍어의 위대한 문법학자인 시바와이Sībawayh가 언젠가 함자에 대해 묘사한 것처럼, "소리를 만들어내기 위해 흉부가 갑자기 떨릴 때" 나는 소리와 같다.[2] 스피노자는 『히브리어 문법 요강』에서 알레프의 음성적 성격에 대해 아주 정확하게 서술한 바 있다. 그는 이 철자가 "유럽어의 다른 어떤 소리로도 설명할 수 없는" 것이라고 적었다.[3] 엄밀하게 말해서, 알레프는 제대로 조음되지 않은 소음noise을 표현하는 것이며, 스피노자의 표현을 빌리자면, 그저 "목구멍이 열리면서 들리는 소리의 시작"을 표시하는 것에 지나지 않는다.[4] 그러나 이런 식의 설명은 문법학자들이 인정하는 것보다 훨씬 단순한 이 철자의 진짜 본성을 다소 은폐한다. 오랫동안 고전 아랍어의 함자에 비견되어 알레프에 부여됐던 "조음적/분절적articulatory" 가치는 실상 이 히브리어 철자가 가진 것이 아니며, 과거에는 그 가치를 가졌을 거라는 믿음 역시 문헌학적이고 언어학적인 재구성 작업에 의해 만들어진 것 이상도 이하도 아니다. 이것은 마치 이전에 어떤 이들이 **알레프**〔와 **그** 소리〕를 만들어냈고, 시간이 흐른 뒤 사람들이 그 소리를 망각했다는 식의 생각이다. 현대 히브리어의 수많은 발음 가운데 이 철자에 해당하는 소리는 없다. 알레프는 이 모든 발음들에서 묵음을 통해 자신과 결합하는 모음을 지지하는 역할을 하는 것으로 간주된다. 한때 알레프가 표현한다고 생각했던 비-소리non-sound의 성격, 즉 조음의 중단/휴지interruption라는 성격마저 지금은 박탈당한 상태이다.[5]

음성적 성격이 이토록 빈약함에도 불구하고 **알레프**는 유대 전통에서 특권적인 철자이다. 히브리어 문법학자들이 이 글자가 자모 체계alphabet에서 으뜸간다고 생각한 것은 우연이 아니다. 최초의 위대한 카발라 저작 가운데 하나인 『바히르의 서〔광명의 서〕』는 알레프를 다른 어떤 기호보다 오래된 것, 성서에 사용된 모든 철자 조합보다 더 근원적인 것으로 규정하고 있다. "알레프는 모든 것, 심지어 토라보다 앞선 것이다."[6] **알레프**의 묵음은 단순히 기호에 지나지 않는 것이 아니라 **알레프**에게 변별적인 지위가 부여되는 이유이기도 하다. 『조하르*Zohar*』의 서론은 이 철자가 특권적 지위를 갖게 된 것을 〔소리의 차원이〕 예외적으로 빈약한 데 따른 보상으로 설명한다.

> 거룩한 분, 찬양받으소서, 그분께서 세계를 창조하실 때 〔히브리어 자모〕 철자들이 그분 곁에 계셨다. 그분께서는 세계 창조 이전 이천 년 동안 이 철자들에 대해 명상하시고 또 그것들을 가지고 유희하셨다. 그분께서 세계를 창조하시기로 결심하셨을 때, 각각의 철자들이 마지막 것에서부터 첫번째 것까지 차례차례 그분 앞으로 나왔다.[7]

모든 철자들이 제가끔 창조의 도구가 되고 싶어 한 것은 지극히 당연한 일이다. **타브**tav(ת)부터 **기멜**gimel(ג)까지 그녀들(히브리어 철자들은 여성형이다)은 모두 제가끔 〔창조의 도구로〕 입후보할 만한 훌륭한 자질들을 갖추고 있었지만, 궁극적으로 그것들은 충분하지 않았다. 타브는 자신이 "진리의 봉인(אמת)"을 만든다고 말했고, 신shin(ש)은 자신이 신의 이름인 "전능Almighty(שדי)"의 첫 글자라고 주장했으며, 차디tsadi(צ)는 자신이 "의로움righteous(צדיקים)"의 시작이라고 말했다. 이렇듯 마지막 철자부터 시작하여 모든 철자들이 차례로 신 앞에 나와 제 미덕을 자랑했다. 마침내 베트bet(ב)의 차례가 되었을 때 그녀는 신께서 "하늘에서도 땅에서도 찬양받으시는 것은 제 덕분"임을 상기시켰다. 덕분에 그녀는 토라 첫머리의 첫 두 단어에 모두 출연하는 특권을 차지하게 되었다. "태초에 〔신께서〕 창조하시기를……(בראשית ברא)" "'물론!' 전능하신 분, 찬양받으소서, 그분께서 대답하셨다. '나는 너와 함께 세계를 창조할 것이다. 너는 세계 창조를 개시하는 철자가 될 것이다.'"[8]

이 모든 과정이 진행되는 동안 알레프는 숨어 있었다.

알레프는 앞으로 나서기를 꺼렸다. 거룩하신 분, 찬양받으소서, 그분께서 그녀에게 말씀하셨다. "알레프, 알레프, 어찌하여 너는 다른 철자들이 하듯이 내 앞으로 나오지 않는 것이냐?" 알레프가 대답했다. "세계의 주님이시여, 저는 다른 모든 철자들이 끊임없이 당신 앞으로 나아가는 것을 보았습니다. 그런데 제가 무엇을 할 수 있겠나이까? 더욱이, 당신께서는 이미 베트에게 귀중한 선물을 주시지 않았나이까? 위대한 왕께서 한 종에게 이미 내려주신 선물을 거둬들여 다른 종에게 주는 것은 온당치 않나이다." 거룩하신 분, 찬양받으소서, 그분께서 그녀에게 말씀하셨다. "알레프, 알레프, 내 비록 세계는 베트와 함께 창조할 것이나, 모든 철자들 중의 으뜸은 네가 될 것이다. 나는 오직 네 안에만 통일성을 둘 것이고, 너는 세계에서 이루어지는 모든 계획과 모든 일의 시작이 될 것이다. 모든 통일은 오직 알레프 너에 의해서만 가능할 것이다."[9]

세계 창조의 첫번째 철자 지위를 빼앗겼음에도 불구하고, **알레프**는 모든 구성/건축construction의 근본 원리가 되었다. 자모 체계의 처음에 위치한 이 철자는 숫자로는 '1'의 가치에 상응한다. 알레프가 처음에 보여준 침묵이 바로 그녀가 다른 모든 철자들보다 높은 위상을 갖게 된 이유다.

히브리 성서에 대한 가장 유명한 고대 주석서 가운데 하나인 『베레시트 라바흐*Bereshit rabbah*』는 첫 장에서 토라의 첫 부분에 외견상 공백이 있어 보이는 까닭을 해명하는 여러 해석들을 소개하면서, 태초에 **알레프**가 부재했던 까닭에 관해 상세하게 고찰한다. 랍비 요마Yoma는 랍비 레비Levi를 대신하여 다음과 같은 질문으로 논의를 시작한다. "어찌하여 세계는 **베트**와 더불어 창조되었는가?"[10] 다른 『미드라시〔주석서〕 아가다*midrash aggadah*』는 한 걸음 더 나아간다. "〔「창세기」라는〕 텍스트는 '신께서 태초에 창조하셨다'로 적힐 수 있었을 것이고, 그렇다면 첫번째 철자는 **알레프**가 되었을 것이다." (알레프는 「창세기」의 첫 구절에 쓰인 신의 이름 אלהים의 〔첫번째〕 철자다.)[11] **베트**가 첫번째 철자의 지위를 가진 것에 대해 다양한 이

유들이 제시되었음에도 곧이어 현자들은 **알레프**가 부재하는 까닭을 딱 잘라 묻는다. “어째서 **알레프**가 아니었을까?”

> 왜냐하면 그것은 저주의 기호이기 때문이다〔저주(ארירה)를 뜻하는 히브리어는 알레프로 시작된다〕. 다른 해석에 따르면, 그 이유는 이교도들이 “저주의 기호로 창조된 세계가 어찌하여 존재할 수 있는가?”라고 말하지 못하게 하기 위해서라고 한다. 진실로, 거룩하신 분, 찬양받으소서, 그분께서 말씀하셨다. “그러므로 나는 은총〔ברכה〕의 기호 아래 〔세계를〕 창조했다. 그러므로 세계는 존재한다.”[12]

그러나 팔레스타인 랍비들이 실망감을 느끼기 전에 이미 태초의 장면에 대해 당혹감을 느낀 이가 있었는데, 그것은 다름 아닌 알레프 자신이었다.

> 랍비 아하를 대신해 랍비 엘리에제르께서 말씀하셨다. 〔아담부터 시나이 산의 계시에 이르기까지 존속했던〕 스물여섯 세대 동안 알레프는, 거룩하신 분, 찬양받으소서, 그분의 영광스러운 보좌 앞에서 탄식했다. “세계의 주님이시여, 제가 첫번째 철자임에도 불구하고 당신께서는 저와 더불어 세계를 창조하시지 않았습니다!” 거룩하신 분, 찬양받으소서, 그분께서 대답하셨다. “세계와 세계 안의 모든 것들은 단지 토라를 위해서 창조된 것이다. 토라에 이렇게 씌

어 있지 않더냐? '주님께서는 지혜〔즉, 토라〕를 가지고 땅을 만드셨다'〔「잠언」 3장 19절〕. 그리고 내일 시나이에서 토라를 내려주면서 말을 할 때 나는 무엇보다 너를 발음할 것이다: '나〔אנכי, 즉 알레프 철자로 시작되는 단어〕는 주 너희의 하나님이다'〔「출애굽기」 20장 2절〕."[13]

십계명의 첫머리를 떠올리게 만드는 이 이야기(후대의 수많은 미드라시에서 누차 되풀이된다[14])는 〔창조라는〕 중요한 장면에 부재했던 철자에게 토라의 전수 장면에서 결정적인 역할을 맡김으로써 하나의 시작에서 다른 시작으로 논의의 차원을 옮긴다. 시나이 산에서의 계시가 유대 전통에서 가장 근본적인 사건임을 감안한다면, 여기서 **알레프**에게 부여된 명예가 얼마나 큰 것인지 짐작하기는 어렵지 않다. 간단히 말해 이스라엘 역사에서 이 철자가 가진 특권은 가히 독보적이다.

계시의 본질이 정확히 무엇인가 하는 물음이 명시적으로 탐구의 주제로 등장했을 때, 주석가들은 자연스럽게 **알레프**로 시작되는 신적인 단어들의 원래 형태는 무엇인가라는 문제에 맞닥뜨렸다. 이 문제에 관한 근본적인 논의를 담고 있는 탈무드 논고 『마코트 *Makkot*』는 시나이 산기슭에서 이스라엘의 모든 자녀들이 귀로 직접 들은 말은 「출애굽기」에 나오는 다음 두 문장뿐이라고 못 박았는데, 이 두 문장은 모두 "나(אנכי)"라는 단어의 첫 글자 **알레프**로 시작된다. 그것은 "나는 (주 너희의 하나님이다)" 그리고 "너희는 (내

앞에서) 다른 신들을 섬겨서는 아니 된다"라는 두 계명이다.[15] 『당혹한 자들을 위한 안내서*The Guide of the Perplexed*』 2권에서 마이모니데스는 "시나이 산에서의 말씀speech"에 대해 자세히 고찰하면서 이 전거source를 인용한 적이 있다. 그러나 그는 이 견해들과 분명히 거리를 두었다. 그는 이스라엘인들이 "나는 (주 너희의 하나님이다)" "너희는 (내 앞에서) 다른 신들을 섬겨서는 아니 된다"라는 말을 전능하신 분의 입에서 직접 들었다는 랍비들의 주장은 순전히 사변에 지나지 않는다고 반박했다. 그것은 "신의 존재 및 통일성에 관한 원리가 〔한낱〕 인간 이성에 의해서 생각될 수 있다"는 뜻이기 때문이다.[16] 이렇게 쓴 다음 마이모니데스는 이스라엘인들이 실제로 들은 소리는 무엇이었는가 하는 물음에 대해 다음과 같은 보다 겸손한 대답을 제시했다. "내가 보기에 시나이 산에서 신의 말씀은 오직 모세에게만 온전히 들렸을 뿐, 이스라엘 백성에게는 들리지 않았음이 분명하다."[17] 성서 텍스트에 백성들은 오직 그분의 "목소리(קול)" 만을 들었다고 기록된 사실에 주목한 이 철학자는 신께서는 2인칭 단수를 향해 말씀하셨으며 백성들이 "들은 것은 전능한 목소리일 뿐 분명한 말이 아니었다"[18]고 결론 내린다. 지나치게 엄격한 감이 없지 않지만, 어쨌든 마이모니데스는 "이스라엘 백성들은 단지 하나의 소리를, 그것도 단 한 번 들었을 뿐"이라고 추론한다.[19] 이로써 철학자는 비단 이 성서 구절에 대한 랍비 주석을 다시 썼을 뿐 아니라 이 구절에 대한 가장 급진적인 신비주의적 해석의 길을 예비한 셈이다. 『당혹한 자들을 위한 안내서』에 쓰인 "하나의 소리"라는 말은 시나이에서 처음으로 발화된 "나(אנכי)"라는 단어를 떠올리게 하는데, 이 단어는 "나는 내 영혼을 글쓰기 속에 줄여 넣는다"[20]라는 완결된 아람어 문장의 속기형stenogram이기도 하다. 그러나 동시에 마이모니데스의 이 견해는 극히 사소한 한 가지 차이점만 제외하면 18세기 하시디즘 랍비인 리마노프의 멘델Mendel of Rymanów의 견해와 완전히 똑같다. 언젠가 게르숌 숄렘Gershom Scholem은 멘델의 견해를 다음과 같이 요약한 바 있다. "이스라엘이 들은 모든 것은 알레프이며, 이 철자와 더불어 히브리 텍스트의 첫번째 계명이 시작되었다. 즉 아노키anokhi, '나'라는 단어 속의 알레프와 더불어 시작된 것이다."[21]

점점 더 강력한 밀도로 응축되는 일련의 과정을 거치면서 신의 계시는 결국 가장 작은 하나의 요소로 축소되기에 이르렀다. 다시 말해 신의 계시는 시나이 산에서 토라 텍스트로 전수되는 것에서 출발하여, 이스라엘의 모든 백성이 들은 첫 두 계명을 표현하는 하나의 소리인 "나(אנכי)"라는 단어를 거쳐, 다시 이 단어의 첫번째 철자 **알레프**로 압축되는 가장 극단적인 경우에까지 다다른 것이다. 『바히르의 서』는 이 철자를 "십계명의 정수"[22]로, 그리고 『조하르』는 "모든 단계의 처음이자 끝"이며 "모든 단계를 적어 넣을 수 있는 글자inscription"로 정의한다.[23] 그러므로, 결국 마이모니데스가 언급한 단 한 번의 "전능한 목소리"는 기이한 침묵이었음이 밝혀진 셈이다. 즉 전체 계시가 아무도 그 소리를 기억하지 못하는 하나의 철자로 환원된 것이다. 혹시 이 사실을 신학적인 견지에서 다시 고찰한다면 당혹감이 다소 누여질지도 모르겠다. 신께서 당신 스스로를 인간들이 언제나 이미 망각한 단 하나의 철자로 나타내신다는 것이 가능한 일일까? 신의 말씀의 유일한 재료인 묵음 철자는 모든 언어를 출현시키는 망각을 표시한다. **알레프**는 모든 알파벳이 시작되는 망각의 처소를 지킨다.

머지않아 모든 언어가 소리를 잃어버릴 것이다. 이것은 움직일 수 없는 사실이다. 이 현상은 비단 통시적으로만, 즉 한 언어가 성장, 쇠퇴, 소멸하는 과정에서만 관찰되는 것은 아니다. 언어가 〔성장하고 소멸하는〕 과정상의 단 한 순간에 대한 공시적인 분석만으로도 이 언어의 화자가 언제나 이미 망각한 소리를 찾아내기에는 충분하다. 『음운론의 원리』에서 트루베츠코이는 자음과 모음을 각각의 고유한 성격에 따라 분류할 수 있다면, 모든 언어를 변별적인 대립쌍으로 이루어진 유한 집합으로 규정할 수 있다는 것을 체계적으로 상세하게 증명했다. 예를 들어 프랑스어의 소리 형태를 연구하는 언어학자라면, 우선 (i, y, u와 같은) 구강모음oral vowels과 (ɛ, œ, ɑ̃와 같은) 비강모음nasal vowels을 구별하고, 또 자음의 경우에는 (p, t, k와 같은) 폐쇄음인가 (*f*, s, ʃ와 같은) 마찰음인가, 아니면 (l과 같은) 설측음인가 (j, ɥ, w와 같은) 반자음semi-consonants인가를 구별하면서 시작할 수 있다. 이러한 일반적 차이들을 규명하는 것에서 출발하여 그는 더 미세하고 정밀한 차이들로 나아갈 수 있다. 예컨대, 프랑스어 구강모음에서 폐쇄음은 개방음에, 그리고 반半-폐쇄음은 반半-개방음에 대립되는 것으로 분류할 수 있다. 그리고 일련의 개방형 구강모음들 역시 전설음은 전설순음 및 후설음과 구분된다. 자음의 경우도 유사하다. 일련의 소리들이 가진 자질을 구별하면서 음운론적 초상화를 그려나가다 보면, 이 작업의 마지막 단계에 다다랐을 때 한 언어에서 정의상 어떤 음이 변별적이고 어떤 음이 그렇지 않은가를 규명할 수 있게 된다. 그러나 이것으로 언어 연구가 끝나는 것은 아니다. 소리와 의미의 전문가라면 여기서 더 나아가야 한다. 프랑스어의 소리 형태를 제시하는 작업은 이 언어에 포함되는 소리들의 집합 및 그로부터 배제되는 집합에 더해 제3의 집합을 추가해야만 완료된다. 즉 프랑스어의 경계선상에 놓여 있는 음소들, 이 언어가 계속해서 습득하고 있는 유의미한 소리들 및 이 언어가 이미 상실하고 있는 자음과 모음 들을 추가해야 하는 것이다.

이렇게 해서 이 골족 언어의 소리 형태를 연구한 언어학자들은 현대 프랑스어에는 완전한 꼴을 갖춘 서른세 개의 음소 외에 세 가지 소리가 더 있다는 사실을 알아냈다. 음운학자들은 이 소리를 경우에 따라 "문제적" "소멸 위기의" 혹은 "멸종 위기의 음소들 phonèmes en voie de disparition"[1]이라고 번갈아 불렀다. '문제적 음소들'은 한 언어 안에서 구성된 소리 협회의 정규 회원은 아니지만, 그럼에도 이 협회와 전혀 관련이 없지는 않다. '소멸 위기의 음소들'은 한 언어의 소리에 속한다고 명확히 분류될 수 없지만 동시에 그 바깥에 있다고 말할 수도 없다. '멸종 위기의 음소들'은 모든 소리 체계의 경계선상의 애매한 구역에 거주한다. 이 소리들은 모든 언어를 언어 아닌 것과 결합하는 동시에 분리하는 무인 지대no-man's-land에 살고 있는 셈이다. 현대 프랑스어에서 이 소리들은 모두 모음으로 벌써 오래전부터 소실되는 과정에 있지만, 이 소리들이 존재한다는 사실은 전통적으로 프랑스어를 규정해온 변별적 대립을 필연적으로 낡은 것으로 만든다. 그 소리들은 다음과 같다. '과제task'를 뜻하는 tâche(tɑʃ)에 쓰이는 희귀한 ɑ, 이 소리는 '얼룩stain'을 뜻하는 tache(taʃ)의 '중간'모음 a와 구별된다. 다음으로 '갈색brown'을 뜻하는 brun(bʀœ̃)의 비강모음 œ는 '어린 가지sprig'를 뜻하는 brin(bʀɛ̃)의 비강모음과 대립한다. 그리고 전통적으로 1인칭 대명사 je(ə)와 '치수size'를 뜻하는 mesure(məzyʀ)에 쓰이는 모음으로 간주되던 ə는 웬일인지, 비록 분명하게는 아니지만, '매듭knot'을 뜻하는 nœud(nø)의 전설모음 ø, '시간hour'을 뜻하는 heure(œʀ)의 œ와 더불어 '코nose'를 뜻하는 nez(ne)의 반폐쇄음 e와 '태어난born'을 뜻하는 naît(nɛ)의 반개방음 ɛ와 대립하는 것으로 여겨진다.

'멸종 위기의 음소들' 가운데 가장 파악하기 어려운 것은 말할 것도 없이 세번째 것이다. 이 소리는 항상 프랑스어에 속하는 소리로 여겨져왔지만, 이 소리에 대한 정의는 현대 언어학자들에게 실로 막대한 어려움을 안겨주었다. 마르탱 리겔Martin Riegel, 장-크리스토프 펠라Jean-Christoph Pellat, 르네 리울René Rioul의 권위 있는 저서 『프랑스어 문법 방법론*Grammaire méthodique du français*』을 보면, 이 소리가 고유한 권리를 가진 음소로서가 아니라 음운론적 분류 일체를 완강하게 거부하면서도 다른 한편으로는 분명한 변별적 자질을 결여한 까닭에 온갖 이름을 걸칠 수 있는 어떤 '문제'로서 등장하는 것을 볼 수 있다. 이 교재primer의 저자들은 y, ø, œ 음소를 포함하는 일련의 소리들을 설명하면서 다음과 같이 적었다. "여기서 우리는 e의 문제에 맞닥뜨리게 된다. 때로 ə로 표기되는 이 소리는 조음의 측면에서 일반적으로 반개방, 반전설 그리고 반후설의 중간음으로 설명된다. 그러나 우리가 현실 속에서 듣는 소리는 실상 이 설명과 약간 다르다. 때로 이 소리는 '퇴화된 e〔e caduc〕'로 지칭되는데, 아닌 게 아니라 '탈락하거나' 사라지는 경우가 종종 있다. 또한 이 소리는 때때로 '묵음 e'로 불리기도 한다. 그러나 이것이 음소로 규정될 수 있는 것은 묵음이 아닐 때다. 왜냐하면 만약 이 소리가 묵음이라면 관찰 가능한 실재에 결코 부합하지 않을 것이기 때문이다. 달리 말해, 그것은 아무것도 아닌 것이 된다. 그리고 이 소리는 또 어떤 때는 '비-강세non-tonic e'로 불리기도 했다."[2] 이후 수수께끼 같은 이 모음을 다루는 장에서 저자들은 이 음소의 존재 자체에 대해 심각한 의혹을 제기한다. "ə의 음운론적 실재, 혹은 다르게 부르고 싶다면, 이 소리의 변별 기능은 심히 의심스러워 보인다. 한편으로 이 음소는 이웃한 음소 ø와 œ에 음성적으로 대립하지 않는다. 〔……〕 그리고 무엇보다 이 음소는 자신이 포함된 단어에서 탈락하는 경우가 빈번하지만, 이것은 의사소통에 아무 영향도 미치지 않는다. 다시 말해 'lafənɛtʀ'라고 말하든 'lafnɛtʀ'라고 말하든, 그것은 여전히 la fenêtre〔창문〕이다. 그리고 'une bonne grammaire〔훌륭한 문법〕'는 그저 간단히 'ynbɔngʀam(m)ɛʀ' 혹은 'ynəbɔngʀam(m)ɛʀ'로 발음될 수 있다. 단지 '음성적 윤활유(마르티네Martinet)'에 불과한 이 음소는 특정 자음들이 가능한 한 서로 맞붙지 않도록 하는 것 외에 다른 기능은 갖고 있지 않다."[3]

그렇다면 우리는 언어학자들에게 어째서 이 '문제적 음소'를 깔끔하게 포기하지 않느냐고 묻지 않을 수 없다. 존재하지 않는 듯 보이는 소리, 엄격한 음운론적 관점에서 다른 어떤 소리와도 대립하지 않는 소리, 기껏해야 "음성적 윤활유"에 지나지 않는 소리 하나에 그들이 이토록 관심을 쏟는 이유는 무엇일까? 대답은 간단하다. "퇴화된" "묵음의" 혹은 "비-강세의non-tonic" e가 결정적인 역할을 하는 영역이 존재하기 때문이다. 시詩가 그것이다. 음절을 셀 때 이 음소의 가능성을 고려하지 않으면, 우리는 프랑스 시의 리듬을 인지할 수 없다. 예를 들어, 말라르메Stéphan Mallarmé의 다음 시구를 보자. "Ce lac dur oublié que hante sous le givre."[4] 따로 떼어 놓고 보면 확실히 알 수 없지만, 열두 개 음절로 구성되었으며 여섯번째 음절 후에 통사론적 휴지를 지닌 이 한 조각 언어segment는 알렉산드리아 율격을 이룬다. 그러나 묵음이든 소리가 나든 관계없이 hante의 마지막 e를 "퇴화된" e로 생각할 경우 이 운율은 인지할 수 없게 된다. 즉 누군가 이 단어를 현대 프랑스어에 따라

'sølakdyrubliekeãtsuleʒivʀ'라고 발음한다면, 그는 열한 개의 음절만 발음한 셈이며 이 시구의 운율을 완전히 놓치게 된다.

이 '멸종 위기의 음소'는, 프랑스어 영토에서는 추방당했는지 모르지만, 그럼에도 불구하고 살아남았다. 철창 신세로나마 프랑스어로 쓰여진 시 속에 살아 있는 것이다. 프랑스 시의 독자라면 누구도 소멸 위기에 처한 이 소리를 시야에서 떨쳐내지 못한다. 프랑스어의 음악〔성〕을 느끼고 싶은 사람이라면 이 '문제적인 e'를 결코 외면할 수 없다. 왜냐하면 이 음소가 없다면 시의 리듬을 구성하는 일련의 반복적인 음절을 식별하기란 전혀 불가능하기 때문이다. 그에게 다른 선택지는 없다. 이 언어의 음악을 〔제대로 감상하고 식별하기〕 원한다면, 소멸 위기의 이 음절이 원할 때면 언제든 들어올 수 있도록 소리의 문을 열어두어야 한다. 그렇지만 이 경우에도 확실한 것은 없다. 이 연기 같은 소리가 시구 안에서 소리로 들리기를 원할 수도, 원치 않을 수도 있기 때문이다. 이 소리가 시구 안에 현전하는가 아니면 부재하는가의 여부는 언어학적이고 역사학적이며 운율학적인 요소들의 복잡한 상호작용에 의해 결정된다. 물론 프랑스어 운율학 전문가들은 오랫동안 이 요인을 규명하기 위해 노력해왔다. 그러나 그들의 과제는 결코 쉬운 것이 아니었다. 결국 문제는 다음과 같다. 더는 존재하지 않는 동물의 움직임의 특징을 어떻게 확실하게 알아낼 수 있을까?

프랑스 작시법에 관한 최근의 한 저작은 이 소리를 "불안정한 e," 혹은 좀더 정확하게 말하자면, "선택적 e"로 규정하고 있다. 즉 이 소리는 주어진 단어에 나타날 수도, 나타나지 않을 수도 있다는 얘기다. 브누아 드 코르뉠리에Benoît de Cornulier는 다음과 같이 적었다. "해당 '단어'를 두 가지 형태로 나타날 수 있게 하는 이 가능성을 우리는 e 옵션e option이라 부를 수 있을 것이다."[5] 이 정의는 저 "소멸 위기의 음소"가 시에 존재하는 이유에 대한 탁월한 설명을 제공한다. 즉 존재하지 않을 수 있었지만 존재하게 됐을 때 e는 발음된다는 것이다. 그렇지만 이 음소가 부재하는 경우는 어떤가? "e 옵션"의 발명자가 설득력 있게 적었듯이, 이 연기 같은 소리가 시구에 출현하지 않는다면 어떻게 그것이 존재한다고 가정할 수 있겠는가? 이 e가 음절 수에 산정되지 않는 경우에 대해 이 학자는 과학적인 엄밀성을 내보이며 다음과 같이 적었다. "우리는 진지하게 그것을 **모음**이라 부르거나 모음이라는 이름을 붙일 수 없다. 왜냐하면 존재하지 않기 때문이다. 이런 입장을 고려한다면, 우리는 다만 모종의 모음—관습적 정서법에 따라 e로 표기되는—이 (어떤 조건들하에서) 실현된 것이라고 말할 수 있을 뿐이다. 그러나 사용되지 않은 e, 생략된 e는 〔……〕 실제로는 e가 아니고, 모음도 아니며, 실현되지 않은 모음도 아니다. 부재하는 소리는, 설령 철자에 의해 자리를 갖는다고 해도, 〔목〕소리 없는voiceless 소리 혹은 묵음mute sound조차도 아니다."[6]

"실현될 수 있었지만" 실현되지 않은 소리란 무엇일까? 물론 이 음운학자는 "진지하게 그것을 **모음**이라 부르거나 모음이라는 이름을 붙일 수도 없다. 왜냐하면 존재하지 않기 때문이다." 그러나 그조차도 이 음소를 완전히 무시할 수는 없었다. 그는—적어도—한 가지 사실, 즉 이 음소가 실현될 수 있었지만 그러지 못했다는 사실만큼은 "언급해야" 했기 때문이다. 다시 말해 그는 언어 안에 주어진 어떤 "옵션"이, 실제로 실현되지 못했더라도, 어쨌든 실현되었을 수는 있다는 점을 상기시킨 것이다. 그러니까 지각될 수 없고 존재하지 않는, 명명될 수 없는 것임에도 불구하고 명명된 e는 여전히 시 안에 남아 있다. 유령처럼 출몰하는 형태로 말이다. 말라르메 시의 구조를 아무리 엄밀하게 분석하더라도, 이 시의 영토에서 저 '문제적 음소'를 추방할 수는 없다. 이렇게 보면 언어 속에서 침묵에 빠진, 심지어 시라는 마지막 거처에서마저 보이지 않는 어두운 구석으로 물러난 이 '불안정한' 철자는 실로 '멸종 위기에 처한' 것 이상이다. 이 철자는 죽은 것이다. 이 언어학자가 마치 시체를 부검하듯 냉철하게 지적했듯이, 이 철자를 "〔목〕소리 없는 소리 혹은 묵음"이라고 부르는 것조차 이미 너무 멀리 나아간 것이다. 그럼에도 불구하고 이것은 여전히 (남아) 있다. 소리의 사라짐 속에 '소리의 부재'로서 남아 있는 것이다. 그리고 이렇듯 제 언어 속에서 사라져가는 철자를 예술의 재료로 삼아 소리로 빚어내는 것이 시인들의 과제이다.

모든 것이 그렇듯 철자 역시 궁극적으로 죽음에 이르게 마련이며, 시간이 지나면서 점점 쓸모를 잃게 된다. 〔한때〕 언어 안에서 아무리 도드라지는 역할을 맡았던 철자라도 얼마 지나지 않아 희한한 것, 더 나아가 희소한 것이 되기 마련이며, 마침내 완전히 쇠락하고 만다. 그렇지만 문자소grapheme에게는 여러 가지 길이 주어져 있다. 경우에 따라 정도 차는 있을 수 있지만, 자모의 소멸은 전적으로 자연적인 과정, 말하자면 점진적이고 불가역적인 사건이다. 이 사건은 〔해당 자모를〕 쓰는 공동체가 내리는 결정과는 전혀 무관하다. 고대 헬레니즘 문자를 생각해보자. 우리가 아는 바의 고전 문학 전통이 필사-전승되던 시기에 이미 그리스 문자 체계에서 사라지기 시작한 문자들이 있다. 그중에서 가장 유명하고 자주 언급되는 것은 그리스어 자모 체계의 여섯번째 문자인 반자음 digamma(F)로, 이 문자가 사용된 흔적은 호메로스에게서도 발견된다. 이와 더불어 흔적을 찾을 수 있는 글자 중 세 가지만 들자면, koppa(Ϙ)와 sampi(ϡ), 그리고 san(Ϻ)을 꼽을 수 있다.[1] 그러나 사실 알파벳 체계에서 자모가 사라진다는 사실의 증거를 찾기 위해서라면 고대 그리스 같은 먼 시공간까지 거슬러 갈 필요도 없다. 영어만 해도 자모를 잃은 과거가 있다. 노르만족의 침공 이후 앵글로색슨 언어의 철자들 중에서 eth(ð), thorn(þ), aesc(ᚫ), ash(æ), wynn(ƿ)이 서서히 사라졌고, 이 오래된 문자 체계를 대표하는 자모 중 가장 마지막 것인 yogh(ʒ)가 곧 이들을 뒤따랐다. yogh에 대응하는 유럽 대륙 언어의 자모 g가 영어 알파벳abecedarium에 자리를 잡았기 때문이다.[2]

그러나 글자들은 정책과 결정에 의해 사라지기도 한다. 좋든 나쁘든 글자의 운명은 그것을 사용하겠다는 혹은 하지 않겠다는 사람들의 결정에 달려 있을 수 있다. 대충 훑어보기만 해도 문자의 역사는 다음과 같은 야만적인 사실을 드러낸다. 즉 철자들은 자신이 속해 있는 문자 체계에서 강제로 추방당할 수 있다는 것이다. 예를 들어 표트르 대제Peter the Great는 1708년에 정서법을 강력하게 개혁하면서 그리스어에 기원을 둔 (θ, ξ, Ψ와 같은) 희소 철자figure를 키릴 문자 체계에서 즉각 추방한다고 선포했으며, 또 10월 혁명 직후 새롭게 들어선 소비에트 연방의 대표적인 언어학자들은 〔당시〕 자모 체계가 지나치게 크고 복잡해서 후대에 가면 더 이상 사용되지 않을 것이라고 단언했다. 그러니까 1917년은 특이한 z 기호에 해당하는 зело(ς), i에 해당하는 두 개의 희귀 철자 восьмиричное(i)와

десятиричное(ї), 그리고 오랜 전통과 명성을 가졌던 모음 (폐쇄음 e에 해당하는) ять(ѣ)가 공식적으로 퇴출당한 해인 셈이다. ѣ는 아주 유서 깊은 언어, 즉 슬라브 정교회가 쓰던 자모 체계에서 유래한 것으로서 혁명기에 갑자기 불가리아 언어권으로 추방당했다(다음 사실을 덧붙여야겠는데, ѣ는 불가리아의 발칸 문자 체계에서도 오래 머무르지 못하고 1945년에 다시 내쫓기고 말았다).[3]

또한 철자들은 한 번 이상 소멸할 수 있고, 정신이 그렇듯이 오랫동안 낡은 유물로 취급받다가 〔갑자기〕 귀환하여 존재감을 드러낼 수도 있다. 이에 대한 고전적인 사례는 현대 영어에서 '에이치aitch'로 명명되는 문자소 h이다. 오늘날 이 문자의 이름 첫머리에는 특이하게도 h가 〔즉, 자기 자신이〕 빠져 있다. 언어학자들이 순수 대기음 혹은 성문 마찰로 특징짓는 소리의 기호인 h는 로마 문자를 쓰는 거의 모든 언어의 알파벳에 들어 있다. 그러나 이 철자가 나타내는 음가音價는 실제 발화에서 인지되지 않는 경우가 많다. 그리고 한 언어에서 다른 언어로 옮겨질 경우 가장 먼저 탈락하는 것 역시 거의 항상 h이다. 그러나 이것은 〔때로〕 심각한 결과를 낳기도 한다. 다수의 h와 두 개의 변별적 대기음(순수 h와 한층 심한 마찰음인 X)을 가진 이름의 소유자 하인리히 하이네Heinrich Heine는 이에 대해 잘 알고 있었다. 1850년에서 1855년 사이에 쓴 회고록에서 하이네는 독일에서 파리로 망명한 이후 제 이름이 겪었던 굴곡에 대해 다음과 같이 적었다.

파리에 도착한 직후 이곳 프랑스에서 나의 독일 이름 '하인리히 Heinrich'는 곧장 '앙리Henri'로 번역되었다. 나는 어쩔 수 없이 이 이름을 받아들였다. 그리고 이 나라에서는 결국 나 스스로를 그렇게 부를 수밖에 없었다. 왜냐하면 '하인리히'라는 단어는 프랑스인들의 귀에 전혀 들리지 않고 또 프랑스인들은 뭐든지 자기들이 편하고 쉬운 대로 만들어버리기 때문이다. 그들은 '앙리 하이네Henri Heine'란 이름도 제대로 발음하지 못했다. 그래서 대부분의 사람들에게 내 이름은 앙리 엔Enri Enn 씨였다. 게다가 많은 사람들이 다시 이걸 줄여서 '앙리엔Enrienne'으로 부르고, 심지어 어떤 사람들은 나를 엉 리엉〔무無〕Un Rien 씨라고 부르기까지 한다.[4]

"하인리히 하이네"에서 "무無 씨"가 되기까지는 단 네 걸음이면 충분했다. 이 사례에서 지리학적이고 언어학적인 의미에서의 "번역"은 반역에 그치지 않는다. 그러나 만약 이 시인이 서쪽이 아닌 동쪽으로 가기로 선택했다면, 그 결과는 실로 죽음이었을 것이다. 다시 말해 평생 도무지 알아들을 수 없는 발음으로 된 이름을 갖고 살았어야 했을 거라는 말이다. 만약 그랬다면 그의 이름은 그저 '무'로 사라지는 것이 아니라 좋게 봐도 아주 당혹스러운 '무언가'로 변했을 것이다. 가령 'Geynrich Geyne'(Генрих Гейне)처럼 말이다. 이것은 오늘날 러시아인들이 부르는 그의 이름이다.

사실은 처음부터 호흡에 딸려 있는 이 철자가 까다로운 문제를 만들어왔던 것이다. 유클리드 이전 그리스 문자 체계도 h를 포함하고 있는데, 이것이 로마 문자 h의 선조라는 점에는 의심의 여지가 없다. 대기음을 표시하는 이 철자는 그보다 앞서 셈족어의 ḥēt를 받아들인 결과 생긴 문자(日)에서 유래한 것으로 간주된다(셈어 ḥēt는 다시 히브리어의 ח와 아랍어의 ح를 생성시킨다). 그러나 그리스어의 h는 오래가지 못했다. 적어도 대기음의 기호로서는 그랬다. 기원전 5세기 초까지 이 문자소는 모음으로서의 음가를 지니고 있었지만, 이 음가는 결국 그리스어 철자 eta(ê̩)에게 넘어간다. 반면 글쓰기〔표기〕에서 이 대기음 음소는 "반쪽짜리 H," 즉 ⊢로 표기되었다.[5] 이때부터 h는 두 가지 길, 즉 소리의 길과 기호의 길에서 공히 소멸에 이르게 된다. 고전 그리스어가 쓰이던 시기에 한동안 자음을 표시하던 이 음소는 점차 약하게 들리는 "초기 대기음 initial aspiration"에게 자리를 내주었다. 이렇듯 쇠약해진 대기음은 헬레니즘 시대에 이르러 그리스어에서 자취를 감춘다. 기원후 4세기 혹은 그 이전일 수도 있는데, 대략 이 시기 문서 자료를 보면 이 소리가 이미 오래전에 사라졌음을 알 수 있다. 같은 시기 파편 형태의 문자 ⊢는 크기가 더욱 줄어들었고 더 이상 표기 체계에서 어엿한 한자리를 지킬 수 없게 되었다. 프톨레마이오스 왕조 시대 알렉산드리아의 문헌학자와 문법학자 들은 이것을 다른 철자 위에 조그맣게 표시하는 기호로 변화시켜 해당 철자에 변화를 주는 기능을 하게 만들었다. 더 후대의 학자와 필사가 들은 이를 더욱 축약시켜 변별 발음부호diacritic로 만들었다. 〔발음이 살짝〕 변화되는 모음 앞에 위치하는 이 기호는 크기가 마침표보다 약간 큰 것으로서, 대략 오늘날 우리가 쓰는 아포스트로피apostrophe와 비슷하다고 보면 된다. 그리하여 헬레니즘 시대에 이 문자소의 최종 형태는 그리스어 전문가들에 의해 ʻ으로 귀착되었다. 이후로 이것은 더 이상 철자가 아닌 "숨〔혼〕spirit"으로 간주되었다(더 정확히 말하자면, 모음 앞에 대기음이 부재함을 뜻하는 "부드러운 숨"〔spiritus lenis 혹은 πνεύμα ψιλή〕과 구별되는 "거친 숨"〔spiritus asper 혹은 πνεύμα δασεîα〕을 가리킨다).

이와 대조적으로 라틴 자모 체계는 표면상으로 h를 알파벳의 완전한 구성원으로 인정했다. 그러나 로마어에서도 이 문자소는 그리스어의 대기음 못지않게 실체 없는 소리를 표현했던 것 같다. 어느 역사언어학자가 썼듯이 "기본적으로 〔이 소리는〕 약하게 조음되는 것으로서 언어〔발성〕 기관의 독립적인 행동을 수반하지 않으며 〔……〕 따라서 사라지기 쉽다."[6] 그러므로 로마인들이 이 철자가 자신들의 언어에서 정확히 어떤 위치를 차지하는지 제대로 알지 못했다는 것은 의심할 여지가 없다. 예컨대 『웅변 학교*Institutio oratoria*』에서 퀸틸리아누스는 h가 도대체 "철자"가 될 수 있는지 의심을 내비친 적이 있다.[7] 그의 입장은 겉보기에는 매우 강경한 듯하지만, 사실은 매우 관대하고 개방적인 편에 속했다. 후대의 문법학자들, 가령 프리스키아누스Priscian와 마리우스 빅토리누스Marius Victorinus는 한층 단호한 어조로 이것은 "철자가 아니라 단지 호흡의 기호h litteram non esse ostendimus, sed notam aspirationis"일 뿐이라고 규정했다(이 표현은 프리스키아누스의 영향력 있는 저서 『문법학』에 적혀 있다[8]). 헬레니즘 시대에 그랬던 것처럼 로마 시대에도 이 소리는 본성상 불확실한 것이었고, 단어 안에서 어떤 자리를 차지하든 쉽게 사라지는 성질을 지니고 있었다. 그런 까닭에 역사적으로 이 철자는 점진적이고도 불가역적으로 소멸할 수밖에 없었다. 먼저 고전 시대에는 모음들 사이에서 소멸했고(즉 ne-hemo가 nemo가 되는 식), 다음에는 단어 가운데에서도 특정 모음 뒤에 위치하면 사라졌으며(dis-habeo가 diribeo가 되는 식), 마침내 로마 공화국 말기에 이르러서는 마지막 거점이었던 단어 첫머리에서마저 떠나야 했다(Horatia와 hauet을 Oratia와 auet으로 쓰는 것이 일반적인 표기법이 되는 식).[9]

이윽고 최상의 교육을 받은 소수의 라틴어 화자를 제외하고는 이 연기 같은 소리의 원래 위치가 어디였는지 아는 사람이 없게 되었다. 이 호흡을 빼거나 덧붙일 줄 안다는 것이 일종의 구별 지표처럼 된 것이다. 카툴루스는 한 시에서 박식하다고 알려진 아리우스Arrius가 엉뚱한 자리에 에이치aitch를 붙였다며 조롱한 바 있다.[10] 그리고 아우구스티누스는 『고백록』 제1권의 유명한 한 구절에서 당대의 교사教師들을 비난하면서 카르타고의 이른바 거장magistri들이 대기음에 대해 문법적인 강박을 갖고 있다고 쏘아붙였다.

> 오 주 나의 하느님, 언제나처럼 참아주소서. 이미 아시듯이 이 세상의 인간들은 그들에게 전해 내려온 문법 규칙은 엄격하게 지키려고 하면서도 당신에게서 받은 영원한 구원의 규칙은 무시합니다.

전통적인 발음 규칙을 배우거나 그것을 가르치는 사람들은 '인간(h)ominem'을 발음할 때 'h'를 빼고 발음하는 것이 당신의 계명을 어기고 다른 사람, 그의 이웃을 미워하는 것보다 더 심각한 문제라고 생각합니다.[11]

정서법에 대한 교사들의 집착은 분명 저급한 대중과 구별되려는 의도의 산물이었다. 대중은 어원상으로 이 호흡의 올바른 위치가 어디인지 전혀 몰랐기 때문이다.

그렇지만 당대의 학식 있는 자들 중에서도, 어째서 어떤 단어들은 대기음을 갖는 반면 다른 단어들은 그렇지 않은지 모르겠다고 말하는 이들이 있었다. 예컨대 아울루스 겔리우스Aulus Gellius는 아우구스티누스보다 대기음이 본래대로 발음되던 시기에 족히 두 세기는 더 가까운 시대에 살았지만, 이미 그도 이 라틴 '철자'의 위상이 문제적이라는 사실을 잘 알고 있었다. 그래서 그는 『아테네의 밤 *Attic Nights*』의 한 장을 할애해 이 소리가 단어들에 선별적으로 나타나는 문제에 관해 고찰했다. 그는 이 소리를 덧붙이는 것은 전혀 불필요한 일이라고 주장했다. 특정한 표현에 "힘과 생동감firmitas et vigor"을 불어넣는 동시에 고전 시대 아테네인들의 특징적인 억양을 되살리기를 원했던 고대 로마인들의 구성물에 지나지 않는다는 것이었다.

철자 H—사실 철자라기보다는 혼spirit이라고 불러야 하겠지만—는 단어들을 발음할 때 힘과 생동감을 주기 위해 선조들이 덧붙인 것이다. 그들은 이를 통해 더 신선하고 생생한 소리를 낼 수 있다고 생각했다. 그것은 아테네 언어에 열광했던 로마인들이 본떠 만든 소리였다. 다른 그리스 민족들과 달리 아테네인들은 hikhthus(ἰχθύς, 생선), hippos(ἵππος, 말), 그리고 그 밖에 수많은 단어들을 대기음을 앞세워 발음했다. 우리의 선조들도 lachrumae(눈물), sepulchrum(묘지), ahenum(청동으로 된), vehemens(폭력적인), incohare(시작하다), helluari(폭식하다), hallucinari(꿈), honera(짐), honustum(짐 진) 등의 단어를 같은 방식으로 발음했다. 이 모든 단어들에 이 철자 혹은 호흡을 덧붙인 이유는, 말하자면 어떤 활력sinew을 불어넣음으로써 소리에 힘과 생동감을 더하는 것 외에는 없다.[12]

의미론적으로 고유한 '존재 근거'를 갖지 못한 문자 기호 h는 아울루스의 시대에 모종의 미스터리였음이 분명하다. 한때 대기음 음소였던 것이 늦어도 서기 2세기부터는 따로 설명이 필요한 호흡 현상이 되었던 것이다.

그러나 이 고대의 '호흡소breather'는 고전기 및 후기 고대의 권위 있는 문법학자들이 존재를 인정해주고 정서법상으로 형태를 갖도록 해준 덕분에 로마 제국이 멸망하고 수 세기가 흐른 뒤에도 사라지지 않을 수 있었다. 그것은 중세의 대학 및 학교의 문서 언어를 통해 존속했다. 프리스키아누스처럼 h의 '철자'로서의 지위를 부정했던 페트루스 헬리아스Petrus Helias조차 이 글자가 알파벳 체계에서 자리를 갖는 것까지 문제 삼지는 않았다.[13] 진짜 위기는 나중에 찾아왔다. 근대 초기 유럽에 민족어vernacular 문법학이 출현하면서 이 '흔'은 느닷없이 실로 엄혹한 시험을 통과해야 했다. 15세기 중반부터 이탈리아, 스페인, 프랑스, 영국의 문법학자, 식자공 및 교사 들은 이 문자소를 민족어 정서법이라는 재판정에 회부하기 시작했다. 뿐만 아니라 그들은 때로 이것을 완전히 없애려고까지 했다. 〔이러한 움직임의〕 극단적인 한 축은 이탈리아인들이었다. 라틴어에 맞서 민족어의 권리를 강력하게 주창했던 최초의 민족이었던 까닭에, 이탈리아인들은 이 고전적인 기호에 대해 누구보다 적대적일 수밖에 없었다. 1525년 출간된 정서법에 관한 『논고*Il polito*』에서 클라우디오 톨로메이Claudio Tolomei는 이 문자소가 가질 수 있는 기능에 대해 자세히 고찰한 뒤 다음과 같은 가혹한 판결verdict을 내렸다. "확실히 말해두건대, 누가 뭐라든 h를 우리의 글자로 받아들일 수는 없다."[14] 같은 해에 조반 조르조 트리시노Giovan Giorgio Trissino 역시 『문법적 회의*I dubbî grammaticali*』에서 h는 "철자가 아니"라고 적은 뒤 다음과 같이 덧붙였다. "그것은 전혀 쓸모없는 호흡의 표시이다"(그가 사용한 개혁 철자법으로 쓰자면, nota di fiatω tωtalmente ωzioSa).[15]

프랑스와 스페인의 문법학자들은 이 오래된 대기음에 대한 판결에서 한결 온건했던 것 같다. 물론 그들도 이탈리아의 인문주의자들처럼 기호로서의 h가 가진 독특성을 잘 알고 있었다. 예컨대 조프루아 토리Geoffroy Tory는 1529년 출간한 『샹플뢰리: 글자들의 참된 균형에 관한 기술과 과학』에서 h를 "모음도 자음도 묵음도 유음도 아닌, 따라서 철자가 아닌" 것으로 규정했다.[16] 그리고 1533년에 간행된 『프랑스어의 다양성과 방언들 간의 차이에 관한 책*Liber de differentia vulgarium linguarum et Gallici sermonis varietate*』이라는 획기적인 저서에서 샤를 드 보벨Charles de Bovelles은 이 기호가 지시하는 소리에 대해 다음과 같이 썼다. "혼란스럽고 불분명한 귀의 지각이 눈의 도움을 받지 않는다면, 프랑스인들의 말에서 이 소리를 듣는 경우는 거의 없다."[17] 그러나 이 문헌학자들은 프랑스어 문자 체계에서 h를 없애야 한다고 어디서도 말하지 않았다. 최초의 스페인어 문법학자였던 안토니오 데 네브리하Antonio de Nebrija는 1517년에 출간된 『카스티야어 정서법 규칙』에서 이 기호의 근대적인 용법을 체계적으로 정당화한 바 있다. h를 고유한 권리를 가진 철자로 간주하면서, 그는 한때 라틴어에서 대기음을 담당했던 이 기호가 스페인어에서는 적어도 "세 가지 역할three offices"을 한다고 주장했다. 즉 이 기호는 라틴어 f를 스페인어에서 계승하고(facio의 근대적 형태인 hago가 그 예다), 몇몇 경우들에서 모음 u를 표시함으로써 (가령 *huerto*〔uerto〕에서처럼) 모음과 자음을 분리〔해서 발음〕할 수 있도록 돕는 역할을 하며, 마지막으로 c 다음에 위치할 경우 "스페인어에 고유한 소리"를 가리킨다. "mucho〔많은〕, muchacho〔젊은이〕에서 보듯 이 소리를 표시하는 다른 철자는 없다"(현대 언어학에서 이 소리는 마찰음 ɥ로 표시된다).[18]

소멸 위기에 처한 이 기호에게는 근대 초기의 영국에도 스페인 못지않게 친구들이 많았다. 근대 영어는 앵글로색슨 대기음의 묘지 위에 세워진 것이 분명하다. 이미 16세기에 근대 철자 l이 이전 철자 hl-를 축출했고(가령 'loaf〔덩어리〕'가 고대 영어의 hlāf를 대체했다), 한때 hn-이 자리했던 곳에 단독 표기된 n-이 확고하게 둥지를 틀었다(가령 hnutu는 근대적인 형태의 'nut〔견과〕'로 대체되었다). 그리고 고어에서 hr-이 가졌던 지위 역시 단독 표기된 r-에게 완전히 넘어갔다(이렇게 해서 hrōf가 'roof〔지붕〕'로 바뀌었다).[19] 아마도 영어 문법학자들은 h에 의해 표시된 호흡의 마지막 잔여를 잃고 싶지 않았던 것 같다. 제1세대 영어 정서법 학자들은 〔다른 사안에서야〕 어쨌든 논란이 된 이 문자소를 방어하는 일에는 모두 힘을 합쳤다. 영어 철자법에 관한 최초의 논고(『영어의 참되고 올바른 글쓰기에 관하여*De recta et emendata linguae Anglicae scriptione*』, 1568)에서 토머스 스미스 경Sir Thomas Smith은 "그리스어를 좋아하는 일부 사람들이, 말하자면, 글자들의 의회에서 h를 축출했고quidam nimium græcissantes, è litterarum tanquam senatu moverunt," 또 다른 사람들은 이것을 다른 철자로 "대체해서 쓴다"는 것을 잘 알고 있다고 단언했다. 그러나 그는 네브리하와 마찬가지로 자신은 이 철자를 다른 모든 철자와 동등한 것으로 생각한다고 말하면서 다음과 같이 주장했다. "당신이 이걸 철자라 부르든 혼이라 부르든" 상관없이 영국인들은 "자유롭게 h를 쓰고 있다."[20] 대략 한 세기가량 지난 뒤 윌리엄 홀더William Holder 역시 비슷한 어조로, 권위 있는 사람들이

h에게 철자로서의 완전한 지위를 허락하지 않는다 해도, 이 철자를 공식적으로 영어의 영토에 편입해야 할 객관적인 이유는 충분하다고 주장했다. "애매하고 하찮은 소리가 아니라 충분히 식별 가능한 소리를 내므로 이 기호는 알파벳에 병합되는 것이 옳다."[21]

근대 유럽 언어의 문법 및 정서법에 관한 정전들이 확정되고 한참이 지난 뒤, 이 연기 같은 순수 대기음의 정확한 지위가 무엇이냐는 물음은 계몽주의의 지적 프로그램에서 핵심적인 사안이 되었다. 크리스티안 볼프Christian Wolff의 제자이자 뛰어난 신학자였던 크리스티안 토비아스 담Christian Tobias Damm은 1773년 『종교에 관한 고찰*Betrachtung über die Religion*』을 출간했는데, 이 책에서 그는 특정 단어들의 중간이나 끝에 이 문자소를 쓰는 독일인들의 전통적인 관행에 대해 철저한 방법론적 비판을 제출했다. 그에 따르면 이것은 결코 독일어의 관습을 반영하는 것이 아니었다. "보편적이고 건전하며 실천적인 인간 지성을 가진 자로서 우리 독일인들의 정신은 지각없고 생각 없는 매문가들과 이른바 설교자들unachsamen, unbedenkenden Brodtschreibern *und so genannten Kanzellisten*에 의해 결코 발음되지 않는 철자 h가 독일어의 음절 사이에 삽입됐다고 말할 권리를 이제는 갖게 됐다. 앞서 언급한 h를 쓰는 관행은 쓸모도 없고 근거도 없으며 야만적인 행위로서 외국인들의 눈앞에 우리 민족을 욕보이는 것이므로 철폐되어야abgeschaffen 한다."[22] 『종교에 관한 고찰』이 "앞서 언급한 h"뿐 아니라 그보다 더 중요한 어떤 문제를 제기하고 있다는 것은 담의 진술의 마지막 부분을 보면 특히 분명해진다. 여기서 이 프로테스탄트 신학자는 위협적인 어조로 다음과 같이 선언하고 있다. "철자를 쓸 때 불충하게도 소문자 h를 쓰는 자는 보편적이고 건전하며 실천적인 인간 종교의 위대한 계시와 신비에 대해서도 마찬가지로 불충하고 부당한 태도를 취하는 것이다."[23]

오늘날 담의 『종교에 관한 고찰』이 유명해진 이유는 이 책이 당대의 가장 껄끄러운 목소리였던 요한 게오르크 하만Johann Georg Hamann에게서 격한 반응을 이끌어냈기 때문이다. 하만은 이 문자소를 옹립하기 위해 즉각 『철자 H를 위한 새로운 변론*Neue Apologie des Buchstaben* H』을 써서 같은 해인 1773년에 출간했다. 〔담의 주장을〕 "정서법상의 결투orthographischer Zweikampf"라고 명명하면서 이 도전을 받아들인 하만은 제 논적이 철자법 개혁을 위해 제시한 두 가지 근거에 대해 따져 물었다. 첫번째 근거는 h가 발음되지 않는다는 것이고, 두번째는 발음되지 않는 철자를 쓰는 행위는 유럽 민족들 사이에서 독일 민족을 조롱거리로 만든다는 것이다.[24] 하만은 이 두 가지 근거가 터무니없다고 결론 내린다. 담의 제안은 "결백한 숨〔호흡〕에 대한 노골적인 십자군 전쟁"이며 "〔정말로〕 언어를 고민하는 사람Sprachgrübler이라면 필히 철자로 인식했을 존재에 대한 근거 없는 공격"이라는 것이다.[25] 이 변론가는 이렇게 물었다. 어째서 하고많은 철자들 중에 담은 유독 h만을 문제 삼는가? 하만의 생각에 따르면, 만약 이 철자의 흠결이 발음되지 않는다는 점에 있다면, 그가 문제 삼지 않은 복자음 l, 복자음 s(혹은 ß), 복자음 t 등의 음소들 역시 마찬가지였다.[26] 담의 제안에 따라 철자법이 개정된다면 그에 따라 변화될 독일어의 풍경을 하만은 다음과 같이 묘사했다. "극심한 분열일 것이다! 가히 바벨탑의 혼란일 것이다! 철자들이 뒤죽박죽 꿀꿀이죽처럼 될 것이다!"[27] 그리고 하만은 독일인들이 묵음 에이치를 쓴다면 외국인들에게 "야만인" 취급을 받을 거라는 담의 주장 역시 일축했다. 하만은 묻는다. 영국인, 프랑스인, 그리고 이들에 앞서 이미 라틴어를 쓰던 민족들 역시 독일인처럼 "무책임하게Unverantwortlichkeit" 고대로부터 h를 물려받아 쓰지 않았는가?

변론가를 자처한 하만은 논고의 끝부분에서 기실 그의 편지는 두 가지 이유, 즉 직업적인 이유와 한층 내밀한 이유에서 쓰였음을 밝힌다. 여기서 하만은 **허구 인물**persona ficta을 화자로 설정하는데, 가난한 학교 선생인 이 인물은 철자법을 배우기 위해 초조하게 자신을 기다리는 세 개 반 학생들을 성실히 가르치는 것이 꿈의 전부인 소박한 삶을 살고 있다. 저자는 특히 하인리히Heinrich라는 이 인물의 기독교식 이름 자체가 이미 논쟁 주제인 문자소와 긴밀히 결부되어 있다고 주장한다. 그런데 사실 이 가명은 화자보다는 오히려 저자 자신이 그 문제와 더 긴밀하게 관련된다는 사실을 은폐하고 있다. 즉 저자는 스스로 생각한 것보다 훨씬 더 깊숙이 사태에 연루되어 있는 것이다. 왜냐하면 이 사상가의 이름〔Hamann〕이 그를 말 그대로 "H의 남자*H* man, 더 정확히는 *Ha-mann*"으로 만들기 때문이다. 실제 독일어에서 〔그의 이름은〕 소리와 표기의 층위에서 공히 'H의 남자'를 가리킨다. 책의 마지막 단락에서 이 변론가-저자가 논란이 된 글자character에게 마지막 말을 남겨야겠다고 느낀 것은 아마 이 때문일 것이다. 자칭 '하인리히'는 다음과 같이 적었다. "만약 소문자 h의 코에 호흡이 남아 있다면, 아마 h는 자기를 주장할 것이다." 이로써 변론 자체는 마무리되고 이어서 부록이자 결론 부분이 시작된다. 그 제목은 다음과 같다. 「H가 작성한 새로운 자기 변론Neue Apologie des Buchstaben H von ihm selbst」. 여기서 이 대기음은 저 학교 선생의 논변을 간략하게 되풀이한 뒤 마지막에 가서 다소 초조한 어조로 제 이름을 스스로 옹호한다. H는 이렇게 말한다. "놀라지 말라. 거추장스럽고 말 못하는 짐승 같은 내가 인간의 목소리로 너희에게 말하는 것은 너희의 잘못된 태도를 벌하기 위함이다. 너희의 생명은 나의 존재, 곧 숨에 달려 있다!"[28]

끊임없이 죽음의 위험에 처해야 했던 h의 길고 긴 삶에서 하만이 그를 지지해준 마지막 사람은 아니었다. 이 문자소의 다른 위대한 옹호자들 가운데 단 한 명만 꼽자면, 하만보다 한 세기 남짓 후의 카를 크라우스Karl Kraus를 들 수 있다. 크라우스는 몰락한 이 철자를 기리며 「어느 소리의 죽음에 바치는 애가Elegie auf den Tod eines Lautes」를 지었다. 이 시의 첫 연은 다음과 같은 열정적인 탄원으로 시작한다. "언어의 신께서 h를 보호해주시기를Dass Gott der Sprache dieses h behüte!"[29] 그러나 고전고대 시기 문법 교육이 시작된 이래로, 말하자면 자음도 모음도 아닌 이 기호에게 글로 쓰여진 "숨"으로서의 고유한 권리를 인정해준 것은 아마도 18세기 하만의 논고가 처음일 것이다. 쇠퇴한 이 기호를 옹호하는 그의 글 속에서는, 비록 단 한 번 그저 스쳐 지나가는 목소리이지만, 죽은 문자들 가운데 가장 도드라지는 하나의 문자가 제 목소리를 내고 있다. 그것은 혼의 문자였다. 또는 모든 문자의 혼이라고 불러도 좋겠다. 왜냐하면 아무리 폭넓은 권리를 인정받고, 또 아무리 탁월한 기능으로 존중받더라도, 이 "거친 숨"을 거치지 않고 기호로 쓰일 수 있는 소리는 없기 때문이다. 그러니까 모든 소리는 에이치라 불리는 이 기호가 지시하는 들숨과 날숨에 의해 존재로 들어오고 무로 사라져간다. 제 이름에서 h를 제거했던 시인〔파울 첼란Paul Celan〕의 말을 비틀어 인용하자면, H는 우리의 숨이 언어에 남겨둔 흔적이다.[30] 아마도 이것이 h가 어떻게든 우리를 떠나지 않을 이유일 것이다. 즉 h가 나타나고 사라지는 리듬은, 비록 불규칙한 것이라고 해도, 곧 우리 언어의 불가피한 호흡expiration의 리듬이기 때문이다.

추방

어떤 이유에서든 하나의 언어가 망각되면, 그 화자들은 문자와 소리의 일부가 아닌 전부를 쓸 수 없게 될 수 있다. 그럴 때 우리는 그 언어가 죽었다고, 아니 더 정확히는 새로운 언어가 쓰이기 시작했다고 말한다. 〔언어의 죽음이나 탄생 따위의〕 개념들은 사후적인 고찰을 통해 오래전에 사라진 대상을 탐구하는 역사언어학에 속한다. 물론 사람들이 한때 자신들의 것이었던 언어를 망각하기 시작하는 순간에 어떤 일이 일어나는지 분명히 말하기는 어렵다. 가능성은 많다. 미처 그 사실을 알아채기도 전에 언어가 자취를 감추는 경우도 있다. 물론 언어는 한때 그것을 쓰던 사람들의 기억 속에 남아 있는 한 회상을 통해서 존재할 수 있다. 그러나 어떤 언어도, 심지어 성스러운 언어라고 해도, 덧없는 시간을 비껴갈 수는 없다. 일례로, 모세오경의 언어는 한 권의 책이지만 다양한 텍스트들로 구성된 히브리 성서의 다른 언어들에게 조금씩 자리를 내주다가 「다니엘서」에 등장하는 칼데아Chaldea 사람들의 언어, 즉 고대 '시리아어Syriack'에 이르러 완전히 자취를 감춘다. 근대 문헌학자들은 이 언어를 시리아어와는 다르지만 친족어인 아람어Aramaic로 판명 내렸다. 실제로 네부카드네자르 왕의 꿈 해몽가〔다니엘〕의 언어였을 뿐 아니라 이스라엘의 후손을 자처했던 사람들의 언어이기도 했던 셈족의 이 두번째 언어는, 고대 근동 지방 사람들의 삶 속에서 한 세월을 보낸 뒤 세번째 언어인 아랍어에게 자리를 내주었다.

성서 히브리어의 소멸은 유대인들에게 결코 회피할 수 없는 신학적인 문제를 안겨주었다. 성서는 적어도 부분적으로는 주해될 수 있고 번역될 수 있으며 후대에 덧붙여진 표현들로부터 성서에 고유한 표현을 솎아내는 것 역시 가능하다. 이에 대한 증거는 『탈무드』의 한 페이지만 펼쳐 봐도 충분히 찾을 수 있다. 『탈무드』를 보면 단 하나의 계명을 주해하는 데 적어도 세 가지 언어가 쓰인다는 것을 알 수 있다. 혹은 아랍어를 쓰는 유대인들의 기념비적 저작인 『타지*Taj*』를 떠올려도 좋다. 히브리어 원본 「신명기」의 다언어polyglot 편집본인 『타지』의 아람어 번역본은 『타르굼*Targum*』이라 불리는데, 이것은 10세기에 사아디아 가온Sa'adīa Gaon이라는 사람이 혼자 완성한 것이다. 『타르굼』에는 유대 성서 문자에 쓰인 표현들이 아랍어로 기록돼 있는데, 이 표현들은 공교롭게도 여러 측면에서 히브리 알파벳으로 쓰여진 『쿠란*Qur'ān*』의 특징적인 어조 및 표현을 연상시킨다. 『탈무드』와 『타지』는 해석학적·주석적·문헌학적 기술을 통해 시간에 의해 분리된 두 언어 형식 사이에 가교를 놓으려는 시도의 산물이었다. 즉 이 두 책은 한 언어가 다른 언어로 넘어간 뒤 결국 잊혀지는 과정에서 켜켜이 쌓인 망각의 층들을 횡단하려는 시도였다.

그러나 소실된 언어의 여러 차원들 중에는 유독 되살리기 어려운 것도 있다. 그중 하나가 소리이다. 태동기의 고전 아랍어 문법학파 이후에 활동했던 대다수 히브리어 문헌학자들은 일찍부터 성스러운 언어의 소리에 관해 토론을 벌여왔다. 이 토론에서 소리의 형태가 〔언어〕 구성의 모체matrices가 되는 분야, 즉 시학의 전통〔규약〕convention을 규정하는 문제를 둘러싸고 가장 열띤 논쟁이 벌어진 것은 지극히 자연스럽다. 시작詩作과 관련해서는 유대인의 근원 언어도 다른 언어와 하등 다를 바 없다고 믿는 사람들에게 이 문제는 결코 무시할 수 없는 것이었다. 〔성스러운〕 히브리어의 시는 어떻게 쓰여졌을까? 성서 자체는 이 문제에 대해 아주 피상적인 진술만을 제공하고 있을 뿐이다. 성서에는 비평가 혹은 작가가 뽑아낼 수 있는 작시 원리에 대한 언급이 전혀 없다. 10세기 모로코에서 두나시 하-레비 벤 라브라트Dunash ha-Levi ben Labrat라는 이름을 가진 시인이자 문헌학자가 새로운 아이디어를 제안했다. 히브리어 시는 이슬람교가 출현하기 전 아랍 반도의 시인들이 쓴 운율에 따라 지어졌다는 것이 그의 생각이었다. 물론 베두인족의 운율 체계가 그보다 더 오래된 셈족 언어로 이식되기 위해서는 어느 정도 조율이 필요했다. 특히 히브리어 모음 체계는 고전 아랍어와 근본적으로 달라서, 아랍어의 운율 중 몇 가지는 도저히 성서 언어에서 재생될 수 없는 것으로 판명됐다. 그러나 두나시는 일련의 원본 시선을 검토함으로써 특정한 제한 요소들이 분명히 인지된 상태에서 아랍어의 시작 체계가 히브리어에 적용되었다는 사실을 보여주었다. 고전 아랍어 시의 열여섯 가지 원조 리듬 가운데 최소한 열두 개가 운율 '번역'에 의해 복원될 수 있다는 것이다(그리고 오늘날 우리가 알고 있는 히브리-아랍 운율학을 가장 완벽한 형태로 제시한 스페인 문헌학자 사아디아 벤 마이뭄 이븐 다난Sa'adīa ben Maimūm Ibn Danan은 심지어 나머지 네 개의 리듬까지 성서 언어에 적용될 수 있다는 견해를 피력했다).[1]

이 고대 언어가 본디 자체적으로 리듬을 가지고 있었다고 믿는 이들이 외국어 리듬이 히브리어에 체계적으로 차용되었다는 견해에 대경실색했음은 두말할 나위 없다. 12세기 스페인의 시인이자 철학자 예후다 하-레비Yehuda ha-Levi는 『하자르의 책*The Book of the Khazars*』으로도 알려져 있는 유대교 변론서 『경멸당한 신앙을 위한 논변과 증거의 책』을 썼는데, 이 책은 심지어 이 성스러운 언어가 소멸한 것은 아랍어 운율을 사용한 탓이라고 시사하고 있다.[2] (그러나 정작 이 대화록 자체가 아랍어로 쓰여 있는 까닭에 예후다 하-레비가 직접 이 주장을 했다고 선뜻 말하기는 어렵다. 게다가 하-레비 자신이 히브리어에 사용된 아랍어 운율학의 최고 대가 중 한 명이었다.) 사실 두나시가 아랍어 운율 체계를 도입한 이래로 이 운율을 사용하는 데 대한 반대는 꾸준히 있어왔다. 특히 스페인의 위대한 문법학자이자 사전 편집자인 메나헴 벤 사루크Menaḥem ben

Saruq의 제자들이 거세게 반발했다. 메나헴은 10세기 말에 최초로 성서 히브리어 사전을 편찬했는데, 이 사전에 대해 두나시는 일련의 가차 없는 문헌학적 "응답(תשבות)"을 통해 비난을 가했다. 비난당한 스승을 옹립하기 위해 들고 일어선 제자들은 맞수 문법학자의 '응답'에 대한 '응답'을 작성했다. 여기서 그들은 두나시가 정리한 작시법 체계뿐 아니라 이 체계에 기초해 두나시가 직접 지은 시들에 대해서도 그의 도발에 뒤지지 않는 가차 없는 비판을 되돌려주었다. 『메나헴의 제자들이 두나시 벤 라브라트에 맞선 응답의 책』은 두나시가 스스로 발명한 아랍-히브리 운율에 따라 지은 시들이 범한 문법적 오류들의 목록을 제시하는 것으로 시작된다. 제자들은 논적에게 이렇게 따져 묻는다. "당신이 시에서 쓴 단어들의 오류가 이토록 명백한데도 아랍어 운율이 유대인들의 언어에 적합하다고 계속 우길 수 있겠는가?"[3]

메나헴의 제자들은 서론에서 일련의 성찰을 행하는 가운데 자신들이 논적과 벌이는 사전학적·문법학적·음성학적 토론의 궁극적인 이유에 대해 숙고한다. 이유는 간단했다. 히브리어의 정체성을 규명할 필요가 있었던 것이다. 왜냐하면 14세기 프로방스의 사상가 조제프 카스피Joseph Caspi가 누차 말한 것처럼, 히브리어는 이미 오래전에 사라졌기 때문이다. "우리의 언어는 소실되었다(לשוננו נאבד)."[4] 중세 문법학자의 눈에 이 사실이 얼마나 중요하게 보였을지 짐작하기는 어렵지 않다. 이 성스러운 언어의 운명과 먼 옛날 이 언어를 위임받아 간직하던 민족의 운명은 어떻게 해서 갈라진 것일까? 제자들의 설명은 이렇다. 유대인들이 자신들의 언어를 망각하게 된 까닭은 그들이 한때 부여받은 땅에서 쫓겨난 이유와 정확히 일치한다. 즉 그들은 그 땅에 살고 그 언어를 쓸 자격을 상실한 것이다. 그들은 단지 지리학적으로만 추방당한 것이 아니었다. 그들은 언어학적으로도 추방당했다. 그리고 이 추방으로 인해 그들은 태곳적에 신께서 당신을 계시하시던 〔목〕소리로부터 돌이킬 수 없이 멀어지고 말았다. 제자들은 신께서 명하신 추방을 가리키는 기술적인 용어들을 동원하여 다음과 같이 적었다.

> 우리의 땅에서 추방당하지 않았더라면, 우리는 안전하고 평화롭게 살던 저 고대 언어를 여전히 소유하고 있었을 것이다. 우리는 우리 언어의 소소한 세목과 다양한 부분에 대해 완전히 파악하고 있었을 것이며, 경계를 위반하지 않으면서 운율을 사용하는 법도 잘 알았을 것이다. 모든 민족의 언어는 나름의 운율과 문법을 가지고 있다. 그러나 추방당한 이후 우리는 언어를 잃어버렸다. 우리가 저지른 죄의 무게 때문이다. 우리가 저지른 잘못의 위중함 때문에 우리의 언어는 자취를 감췄다. 우리의 언어가 한때 지녔던 풍부함은 퇴색했고 초라해졌다. 신께서 당신의 백성을 가엾게 여기시어 기적을 베풀지 않으셨다면, 오늘날 남아 있는 작은 흔적들마저 완전히 소실되어 바람결에 날아갔을 것이다.[5]

언어가 추방당했다는 것은 무슨 뜻일까? 한 개인이나 한 민족이 그 혹은 그들의 땅에서 추방당했다고 말하는 것이 당연히 더 상식적인 얘기일 것이다. 때로 언어가 추방과 연관되는 경우도 분명히 있다. 가령 추방당한 작가의 경우가 그렇다. 이에 대해서는 조지프 브로드스키Joseph Brodsky가 인상적으로 묘사한 바 있다. "추방당한 작가가 된다는 것은 캡슐에 담겨 우주로 방출되는 개 혹은 사람이 되는 것과 같다(물론 사람보다는 개와 더 비슷하다. 왜냐하면 〔당신을 추방한〕 그들은 결코 당신을 다시 찾지 않을 것이기 때문이다). 그리고 당신의 캡슐은 당신의 언어다. 은유를 마무리하자면, 캡슐에 들어간 여행객은 금세 깨닫게 된다. 자기가 탄 캡슐은 지구가 아닌 지구 바깥의 먼 우주를 향해한다는 것을."[6] 그러나 중세 문법학자들이 묘사한 상황은 이보다 더 복잡하다. 왜냐하면 이 경우는 개별 작가가 아닌 언어 전체가 추방당한 것이기 때문이다. 브로드스키의 비유를 계속 이어가자면, 이 캡슐에는 아무도, 심지어 개 한 마리조차 타고 있지 않다. 우리는 여기서 내용물과 그릇을 구별할 수 없다. 왜냐하면 히브리어 자체가 자신의 신화적인 고향을 완전히 떠났기 때문이다. 그러므로 승객과 캡슐은 둘이 아닌 하나인 셈이다. 따라서 추방당한 작가와 추방당한 언어는 근본적으로 다르다. 전자는 자기가 떠난 그 땅에 살고 있는 사람들에 의해 '복권되는retrieved' 꿈을 꿀 수 있다. 비록 그 꿈이 부인否認의 형태를 띤다 해도 말이다. 브로드스키가 다음의 문장을 괄호 속에 넣은 것은 그래서 시사적이다. "그들은 결코 당신을 다시 찾지 않을 것이다." 그렇지만 후자의 추방은 결코 되돌릴 수 없다. 이 언어에서 "오늘날 남아 있는 작은 흔적들"은 〔언제까지나〕 망명 중일 것이다. 왜냐하면 이제 그 땅으로 돌아갈 수 있는 길은 없고, 그 땅이 한때 누렸던 '풍요로움wealth' 역시 완전히 사라졌기 때문이다.

확실히 메나헴의 제자들은 언어의 순수성을 지키겠다는 허망한 대의를 따르는 파르티잔이라고 말할 수 있다. 그들은 이 언어가 오래전에 상실됐음을 알면서도 그렇게 했다. 이 성실한 문법학자들은 머지않아 패배하게 된다. 그들이 필사적으로 저지하려 했던 바로 그 문학이 크게 성공을 거두었기 때문이다. 제자들의 '응답'이 쓰여진 지 채 한 세기도 지나지 않아 스페인에서는 아랍어 운율로 지어진 히브리어 시들이 다수 출현했는데, 이 시들은 성스러운 언어의 경계를 침범함으로써 비길 데 없는 아름다움과 복잡성을 획득했다. 그리고 이 전통은 히브리 문자의 역사 속에서 칸소canso와 소네트 같은 로맨스 형식으로 지어진 중세 및 르네상스 시대 이탈리아와 프로방스 지방 유대인들의 시에서부터, 후대 동유럽 유대인들이 게르만어와 슬라브어에서 강약 운율을 차용하여 지은 시로 면면히 이어진다. 그러나 이 제자들은 그들에 앞서 혹은 그들 이후로 누구도 보지 못한 한 가지 사실을 파악했던 것 같다. 그것은 언어 역시 기원의 장소에서 추방당할 수 있다는 사실, 그리고 언어는 한때 그것이 가졌던 부유함을 완전히 잃은 후에도—어쩌면 잃었기 때문에—여전히 성스러운 것으로 남을 수 있다는 사실이다. 히브리어 시 역사상 최고의 황금기가 이슬람 점령기의 스페인에서 일어났다는 사실, 즉 히브리어 작가들이 자신들의 고향 땅을 제 의식 속에서 완전히 지워버린 때였다는 사실은 결코 우연이 아니다. 그러니까 결국 추방이 언어의 진정한 고향이며, 언어를 망각할 때가 〔오히려〕 언어의 비밀 속으로 들어가는 순간인 셈이다.

끝장

때로는 한 언어 전체가 수명을 다한 후에 어떤 임계점, 즉 더 이상 자기 자신으로 존재할 수 없는 지점에 다다르는 듯 보인다. 통상 우리가 이 끝에 대해 붙이는 명칭은 유기체와 관련하여 쓰는 말, 즉 죽음이다. 이 표현이 통용된 것은 이미 오래전부터인지라 기원에 있어서 이 비유figure가 정확히 어떤 것을 의미했는지 제대로 기억하는 일은 때로 어렵다. 어떤 의미에서 우리는 언어가 '죽는다'고 확실하게 말할 수 있을까? 〔그러나 사실〕 이 용법은 비교적 최근의 것이며, 〔훨씬 전부터〕 언어에 대해 성찰해왔던 서구의 많은 문화들은 이 표현을 알지 못했다. '문법의 기술(τέχνη γραμματική)'의 발명가들, 즉 프톨레마이오스 시대 알렉산드리아의 문헌학자와 철학자 들은 호메로스와 고대 아테네인의 언어를 '살았는가' 아니면 '죽었는가'라는 관점에서 고찰하지 않았다. 그리고 헬레니즘 시대 선배들에 뒤이어 라틴어에 관한 체계적인 이론을 제시했던 도나

투스Donatus와 프리스키아누스 역시 오늘날 우리에게는 너무나 친숙한 이 생물학적 비유를 사용할 생각은 하지 못했다. 그런가 하면, 고전 이슬람 문화가 "문법(نحو)"이라고 불렀던 분야의 연구 대상이었던 언어학적 존재 또한 '삶'과 '죽음'이라는 말로 지칭하기에는 부적합한 것이었다. 그들의 연구 대상은 『쿠란』의 비길 데 없이 "명징한 아랍어(العربية المبينه)"로서, 이것은 아랍 문학의 수많은 "우아한 표현(اللغة الفصحة 혹은 الفصيحة)"들의 표본이었다. 성서 언어의 쇠락을 기록한 유대인 학자들 역시 고대 히브리어를 필멸의 피조물로 묘사할 엄두는 내지 못했다. 왜냐하면 그들에게 히브리어는 "거룩한 언어(לשון הקדש)"였고, 따라서 여타의 썩어가는 존재와는 근본적으로 다른 본성을 갖는 것이었기 때문이다. 분명 인간들은 성서 언어를 잊어버렸다. 그러나 인간들이 망각했다는 이유로 이 언어가 늙어 죽었다고 말할 수는 없다. 일례로 12세기 스페인 작가 알-하리지al-Ḥarizi의 문학적 역작 『타케모니*Taḥkemoni*』의 우의적인 프롤로그에는 성서 언어가 인간의 모습으로 등장하여 이 시인에게 유대인의 언어를 아랍인의 그것 못지않게 우아한 언어로 만들어주기를 간구한다. 이 언어는 그동안 자신을 소유했던 자들에게 당한 수모에 대해 탄식하는데, 그럼에도 불구하고 히브리어는 여전히 제 형식을 간직하고 있다. 결코 잃어버릴 수 없었다. 그러니까 이 성스러운 언어는 아무리 심한 모욕과 수치를 겪었어도 여전히 영원히 아름다운 "지혜의 딸"로, "태양처럼 순결한 처녀"로 남아 있는 것이다.[1]

하고많은 것 중에 하필 언어를 두고 죽음을 이야기하게 된 것은 어떻게 그리고 언제부터였을까? 호라티우스가 『시학』에서 언어의 요소들을 성장과 소멸의 관점에서 설명한 사실은 잘 알려져 있다. 그는 나뭇가지에 잎이 무성하게 피고 지듯이 "단어들vocabula"도 마찬가지라고 말했다.[2] 그리고 세비야의 이시도르Isidore of Seville는 『어원 혹은 기원』에서 라틴어의 역사를 서로 다른 네 개의 시대로 구분했다. 그가 상정한 **프리스카**Prisca, **라티나**Latina, **로마나**Romana, **믹스타**Mixta의 네 시대는 각 존재자의 "삶의 단계들life stages"과 유사한 것으로 알려져 있다.[3] 그렇지만 오늘날 우리에게 익숙한 방식으로 언어의 탄생과 죽음을 묘사하고, 언어의 시간을 필멸하는 존재의 삶의 시간life span과 다르지 않은 것으로 보는 견해가 제출된 것은 이탈리아 르네상스 시대에 이르러서였다. 언어의 삶과 죽음에 관한 비유들이 급증한 것이 이때였다. 로렌초 데 메디치Lorenzo de' Medici의 라틴어와 이탈리아어에 관한 논의는 이들 가운데 1세대에 속한다. 그는 "유년기"를 지난 이탈리아어가 아직 "청춘"의 단계에 속해 있으며 더 완벽한 "젊음과 성년의 단계"를 맞이할 준비를 하는 중이라고 말했다.[4] 1542년 출간된 스페로네 스페로니Sperone Speroni의 『언어들의 대화』에서 피에트로 벰보Pietro Bembo는 "근대 언어"를 "아직 작고 연약한 가지에 불과해서 꽃을 피우거나 먹음직한 열매를 맺지 못한 것"으로 묘사한다. 이 생각에 기초하여 그는 근대 언어를 고전고대의 두 언어〔그리스어와 라틴어〕와 대비시키는데, 이에 따르면 후자는 "늙어 죽은" 언어, 아니 사실상 "더 이상 언어가 아니라 그저 잉크와 종이에 지나지 않는다."[5] 이 책에 등장하는

"아첨꾼Courtier"은 심지어 더 멀리 나아간다. 그는 라틴어 역시 "이제는 차갑게 말라버린" "잔해"에 지나지 않으므로 "침묵해야 한다"고 주장했던 것이다.[6] 민족어를 옹호하는 이 논변에서 우리는 언어의 죽음에 대한 최초의 명시적인 표현을 찾을 수 있다. 이 아첨꾼은 라틴어에 관해 다음과 같이 말했다. "당신들은 물론 라틴어를 흠모할 수 있고, 계속 입에 담을 수도 있을 거요. 죽은 시체인 그 언어를 말이오. 그렇지만 당신네들이 죽은 라틴어로 말하는 동안 우리 바보들은 우리의 살아 있는 민족어〔속어〕로 말할 것이오. 그래서 우리는 신께서 주신 언어로 쉽고 편안하게 말할 수 있다오."[7]

스페로니 이후 이 비유는 점점 더 일반화되었고, 불과 몇 십 년 지나지 않아 고전어와 근대어 사이의 유사성 및 차이에 관한 성찰에서 기초적인 역할을 맡게 된다. 프랑스 민족어의 역사에서 더없이 중요한 의미를 갖는 『프랑스어의 실례 및 옹호*Défense et illustration de la langue française*』(1549)에서 조아생 뒤 벨레Joachim Du Bellay가 한 주장은 처음부터 끝까지 〔탄생과 성장과 죽음이라는〕 유기체적 은유로 이루어져 있다. 『언어들의 대화』에서도 그랬지만, 뒤 벨레의 논고에서도 민족어는 이제 막 피어나는 식물로 등장한다. 늙은 나무인 라틴어와 달리 민족어라는 젊은 나무는 "할 수 있는 최대한으로 많은 열매를 맺고" 있다. 1570년 출간된 『에르콜라노*L'Hercolano*』를 집필하던 무렵 베네데토 바르키Benedetto Varchi는 "분절된"(혹은 쓰여진) 언어와 "분절되지 않은"(혹은 쓰여지지 않은) 언어를 구별하는 보편적인 관점에서 언어 유형의 차이를 제시할 수 있었다. 이 책에서 "언어의 분류와 반포division and declaration"에 관한 문제를 다루는 장에는 대략 반세기 전 스페로니의 구별을 상기시키는 동시에 이를 더욱 심화하는 다음과 같은 구절이 들어 있다. "언어들 가운데 어떤 것은 살아 있고 어떤 것은 죽었다. 죽은 언어는 다시 두 종류로 나뉜다. 첫번째는 완전히 죽은morte affatto 언어라 부를 수 있고, 두번째는 반쯤 살아 있는mezze vive 상태의 언어라고 부를 수 있다."[8] 〔삶과 죽음으로만 구성되었던〕 분류학이 이제 정도 차를 인정하기 시작한 것이다. 가령 유럽의 민족어들은 모두 살아 있는 언어로 간주된 반면, "에트루리아어Etruscan"는 "완전히 죽은" 언어로, 그리고 일반적으로 쓰이지 않지만 그래도 여전히 쓸모를 잃지 않은 그리스어, 라틴어, 옛 프로방스어Occitan 등은 삶과 죽음의 경계선상이라는 특이한 상태인 것으로 간주됐다.

이 새로운 언어학적 범주는 오래지 않아 애초에 자기에게 정체성을 부여해준 언어들과 완전히 결별했고, 그래서 이제는 모든 언어를 살았는지 죽었는지 여부로 나눌 수 있게 되었다. 16세기 말에는 〔기존의〕 대칭 구도가 완전히 뒤집혀서 '살아 있는 언어들' 중의 첫번째였던 이탈리아어가 오히려 유럽 민족어 중에서 최초로 '죽은' 언어가 되고 말았다. 1599년의 한 편지에서 베르나르도 다반자티 Bernardo Davanzati는 16세기 초에 성행했던 속어[민족어]vulgar lingua 옹호론자들의 수사를 거꾸로 뒤집어, 민족어(그가 이 편지를 다름 아닌 이 민족어로 썼다는 사실에 주목하자)는 본성상 고전고대의 언어들과 다르지 않다고 말했다. 그는 이렇게 적었다. "내가 보기에 우리는 살아 있는 우리의 이탈리아어로 문학을 쓰는 것이 아니다. 우리는 문학 언어로 쓰일 수 없었던 천한 이탈리아어, 그러니까 마치 죽은 언어를 배우듯 피렌체의 세 작가에게 배운 이탈리아어로 쓴다. 그들 역시 모든 것을 말할 수는 없었기 때문이다."[9]

이 인문주의자들은 그들이 발명한 유기체 비유가 성공을 거둘 거라고 예상하지는 못했던 것 같다. 르네상스 시대에 만들어진 이 공식formulation은 이후 계속 영향력을 확장했고, 마침내 언어를 살아 있는 것 혹은 죽은 것으로 규정하는 것은 일종의 상식처럼 되었다. 우리 시대는 분명 언어의 죽음이라는 관념이, 이렇게 말해도 된다면, 전대미문의 생명력을 얻은 시대이다. 오늘날 '언어의 죽음language death'은 전문적인 학술 용어처럼 되었고, 언어학의 여러 분야들 중에는 이 현상만을 따로 연구하는 분야가 있을 정도이다. 이 분야의 학자들은 언어가 퇴화obsolescence한 정도를 구별하는데, 이것은 16~17세기 학자들조차 감히 엄두를 못 냈을 정도로 바로크적인 작업이라고 할 수 있다. 언어학적으로 "반쯤 살아 있는half-life" 상태를 정의하는 데 그쳤던 바르키와 달리, 오늘날 사회언어학자들은 유령 언어의 전체 목록을 꼼꼼하게 작성하고 언어 퇴화의 단계를 세세하게 구별하는 데 수고를 아끼지 않는다. 많은 학자들이 바르키의 3분법은 너무 단순해서 언어 소멸의 다양성을 제대로 반영하지 못한다고 말한다. 이 때문에 1992년 언어학자 마이클 크라우스Michael Krauss는 "빈사moribund" 언어라는 개념을 제안했고, 이것은 영향력을 갖게 되었다. 그는 이 개념을 한 공동체에서 어른들은 계속 쓰지만 아이들은 배우지 않는 멸종 위기의 언어에 적용했다.[10] 그리고 같은 이유에서 또 다른 학자는 한층 더 세밀한 기준을 세워 "위험한 상태의unsafe" 언어를 두 종류로 구분했다. 첫번째는 단순히 "멸종 위기의" 언어이고, 다른 하나는 더 엄밀한 의미에서 "거의 멸종 직전인nearly extinct" 언어이다.[11] 그러나 이보다 더 세세하게 언어의 운명을 분류하는 저서들도 많다. 소멸하는 언어는 다양한 증상과 이 증상들이 진행된 정도에 따라 최소한 네 가지 단계로 구분할 수 있다고 논해진다. 첫 단계는 "잠재적 멸종 위기의" 언어, 다음은 "멸종 위기의" 언어, 세번째는 "심각한 멸종 위기의" 언어이며, 마지막은 실제로 "빈사" 상태에 들어간 언어이다. 어떤 학자는 이 마지막 단계를 "손으로 꼽을 정도의 화자들, 대개는 아주 늙은 나잇대의 사람들만 남아 있는 상태"로 묘사하기도 했다.[12]

오늘날 '언어의 멸종'에 관해 광범위하게, 때로는 논쟁적으로 서술하는 문헌들을 보면, 많은 사람들이 우리 시대를 아주 빠른 속도로 언어들이 멸종해가는 시대로 여기는 듯한 인상을 받게 된다. 20세기의 마지막 10년 동안 국가 및 국제적인 차원에서 정부 및 민간의 지원을 통해 수많은 단체들이 설립되었다. 이들은 지구촌이 "단일 언어의 시대monoglot millennium"를 맞게 될지 모른다는 두려움에서 갈수록 심각해지는 현상에 대처하기 위해 생긴 단체들이다. 1993년 11월 유네스코UNESCO는 '멸종 위기 언어 프로젝트'의 발족을 공식 발표했다. 그리고 2년 후 미국 정부는 자체적으로 '멸종 위기 언어 기금'을 설립했는데, 이 기금의 창립 선언문은 사뭇 절박한 어조로 전 세계 언어학자들의 즉각적인 응답을 요청하고 있다. "역사적으로 언어는 늘 사멸해왔습니다. 그러나 오늘날처럼 위협적인 대량 언어 멸종이 일어난 시대는 없었습니다. 언어 전문가들인 우리는 결코 외면할 수 없는 현실에 직면해 있습니다. 그것은 우리의 연구 대상들 중 상당수가 미래 세대에게 전수되지 못할 거라는 사실입니다. 우리 눈앞에서 수많은 민족 문화유산들이 허물어지고 있습니다. 아무것도 하지 않고 수수방관했다는 비난을 받으시겠습니까?"[13] 1995년 영국이 설립한 '멸종 위기 언어를 위한 재단'이 발행한 소식지에는 이 현상의 범위와 심각성을 보고하는 기사가 실렸는데, 여기서 언어 멸종은 인류 역사가 "파국으로 치닫는 전환점 catastrophic inflexion point"으로 묘사된다. "상황의 심각성을 아는 언어학자들은 세계 언어의 절반 이상이 빈사 상태에 있어서 다음 세대로 전수되기 어렵다는 진단에 동의한다. 그렇다면 우리와 우리의 자손들은 역사상 유례없는 세계에서 살아가는 셈이다. 두 세대가 채 지나기도 전에 세계 언어들의 대부분이 사멸할 것이다."[14]

이 연구 분야에서 생물학적이고 식물학적이며 동물학적인 저 비유가 정확히 어떤 의미를 갖는지 본격적으로 논의한 문헌을 찾아보기는 어렵다. 동시대 어느 학자의 다음 언급은 분명 일리 있는 말이다. "그러나 아직 언어의 죽음에 관한 이론은 없다."[15] 막 움트기 시작한 이 분야의 대표적인 연구서들은 대체로 언어의 '죽음'이 개체 혹은 심지어 종 전체의 죽음과 같은 것이라는 단일한 전제에 기초해 있다. 이 전제는 다소 강하게 자주 강조되지만, 결코 의문시된 적은 없다. 일례로, 이 새로운 분야에서 최근 출간된 『언어 죽음』이라는 강령적인 제목의 입문서는 다음과 같은 선언으로 시작된다. 이것은 형식적으로는 명징하지만 내용적으로는 모호하기 짝이 없는 문장이다. "언어의 죽음은 현실이다."[16] 책의 서두에 수수께끼 같은 이 문장에 대한 해명이 제시되어 있기는 하지만, 거의 아무 도움도 되지 않는다. 왜냐하면 저자는 아무 설명 없이 언어학적 존재를 생물학적 존재에 견주는 것은 적절하다는 주장만 되풀이하기 때문이다. "'언어의 죽음'은 죽음이라는 꺼림칙한 느낌과 울림을 가진 단어가 쓰인 여느 표현 못지않게 절박한 마지막 말이다. 한 언어가 죽었다고 말하는 것은 한 사람이 죽었다고 말하는 것과 같다. 달리 표현할 길이 없다. 왜냐하면 어떤 언어를 말하는 사람이 없다면 그 언어는 존재하지 않는 것이기 때문이다."[17] 이 추론의 한계를 찾아내는 것은 어렵지 않다. 만약 이 생각이 타당하다면, 다음과 같은 식의 주장들이 전부 논리적으로 타당하다고 주장해야 할 것이기 때문이다. 급회전pirouettes〔발레 용어〕, 시간대time zone, 금기taboo, 그리고 아르페지오arpeggio〔펼침 화음〕 따위도 인간처럼 태어나고 죽는다. 왜냐하면 그것들도 "인간이 없다면 존재하지 않을 것이기 때문이다." 언어의 죽음의 전문가들이 이 주장에 즉각 동의할 거라고는 생각하기 어렵다.

어쨌든 언어의 죽음을 믿는 사람들은 이 현상의 이론적이고 실제적인 귀결이 어떤 것인지 분명히 아는 것 같다. 이 질병의 원인을 규명하는 것은 언어의 죽음 및 건강에 관한 전문가들의 몫이다. 그 원인은 (화산 폭발, 지진 등의) 자연 재해나 (추방, 학살 등의) 지정학적 사건 같은 결정적인 요인들에서 대중매체에 의한 외국어의 영향 따위의 기술적인 요인들에 이르기까지 다양하다. 생물학적 비유를 철저히 신봉하는 한 사회언어학자는 후자의 원인에 대해 "문화적 신경가스"라는 표현을 쓰기도 했다. 그 밖에 간단히 규정하기 힘든 심리학적이고 사회학적인 요인들도 있다. 가령 어느 언어학자는 특정한 화자들에게서 "자신감 결여"라는 현상을 발견했는데, 그는 이것이 "언어 자살"이라는 전문 용어로 지칭되는 행위로 이어질 수 있다고 말한다.[18] 이 전문가는 위와 같은 병인학etiology에 기초해 이런저런 치료법을 제안하지만, 아마추어 관찰자의 눈에 그것들은 그다지 효과 있어 보이지 않는다. 그 책이 제시하는 해결책은 가령 다음과 같다. 사멸해가는 언어를 쓰는 화자들에게 더 많은 특권·권력·재산을 주기, 멸종 위기의 언어를 기록해두도록 장려하기, 그들에게 인터넷 등의 전자 기술을 가르쳐주기 등이다. 희망에 찬 저자의 말을 빌리자면, 마지막〔세번째〕 해결책은 〔그 언어들에게〕 "지리학적으로 한 장소에 국한되지 않는 정체성을 부여해주며," 이를 통해 다른 경우라면 빈사에 이르렀을 그 언어의 화자들이 "세계 어느 곳에 있든 제 친척, 친구, 동료 들과 더불어 언어적 정체성을 지킬 수 있게 해준다."[19] 어떤 사람들은 국가와 같은 더 큰 정치적 기관establishment이 후원하는 한에서만 그러한 기술은 효과를 볼 수 있다고 생각한다. 그래서 몇몇 사회언어학자들은 언어를 돌보는 정책이 국민의 후생복지를 관리하는 더 큰 정책의 일부로 관리되어야 한다고 주장한다. 여기서 언어학적 현상과 생물학적 현상의 등치는 훨씬 더 큰 함의를 갖게 된다. 생물학적이고 언어학적이며 정치적인 프로그램을 설계한 데이비드 크리스털David Crystal은 다음과 같이 적었다. "내 관점은 분명하다. 의사가 환자의 생리학적 건강을 무엇보다 우선하듯이, 언어학자는 멸종 위기의 언어를 쓰는 사람들의 언어적 건강을 우선해야 한다."[20]

언어의 죽음을 초래하는 것으로 여겨지는 현상들은 너무나 다양하며, 그래서 이 분야의 전문가들은 생각보다 훨씬 큰 어려움에 맞닥뜨리는 경우가 적지 않다. 이 문제가 얼마나 복잡한지는 몇 가지 사례들만 봐도 충분히 알 수 있다. 1998년 영국에서 열린 멸종 위기 언어를 위한 재단의 제2차 회의에서 올레 스티그 안데르센Ole Stig Andersen은 「우비흐어의 매장The Burial of Ubykh」이라는 제목의 글을 발표했다. 이 글은 최근에 사라진 언어들에 관한 공식 보고서에 가까운 것이었다. 그는 이 분야의 전문 용어를 써가며 다음과 같이 공표했다. "1992년 10월 8일 새벽, 마지막 화자인 테브피크 에센치Tevfik Esenç가 숨을 거둘 때 서西코카서스 지방의 언어인 우비흐어도 죽었다. 미리 약속을 잡지 않은 채 이 유명한 마지막 화자와 인터뷰를 하기 위해 마을에 도착한 나는 불과 몇 시간 전에 그가 죽었다는 이야기를 들었다. 그는 그날 매장되었다."[21]

이탈리아 문헌학자 벤베누토 테라치니Benvenuto Terracini의 기억에 따르면, '언어의 죽음'에 관한 연구가 출현하기 거의 반세기 전 이탈리아 방언에도 유사한 사건이 일어났다. 그것은 비우Viù 지방의 프랑코-프로방스 계곡 주민들이 쓰던 언어였다. 테라치니에 따르면, 이들의 방언은 주변의 산지 주민들이 쓰던 언어들과 거의 닮은 점이 없었다. 왜냐하면 역사적으로 그것들과 전혀 관련이 없었기 때문이다. 이 언어는 북부 이탈리아의 피에몬테Piedmont 지방 언어에서 유래했다. 13세기에 피에몬테의 사보이Savoy 공작이 일군의 광부와 철공 들을 이곳으로 보냈던 것이다.[22] 테라치니는 다음과 같이 적었다.

> 처음 이 식민지를 방문했을 때, 한 늙은 남자가 눈에 띄었다. 〔……〕 그는 이 지방의 언어를 전통 방식에 따라 가장 잘 말하는, 아니 거의 유일한 사람으로 보였다. 이뿐만이 아니었다. 그는 비단 이 방언을 썼을 뿐 아니라, 제 언어에 대해 알았고 수집가적인 열정으로 사랑했다. 자그마한 집의 현관 앞에 앉은 그는 자신의 단조로웠던 삶을 세세하게 회상하여 들려주길 좋아했다. 민간으로 전승된 이야기를 섞어가면서 그 식민지의 기원과 역사에 관련된 일화들을 말해주었다. 이 예배당은 아무개 집안이 지었고, 저기 산마루는 그의 선조들이 계곡 맞은편에서 쳐들어온 부족과 맞서 싸운 곳이고 등등…… 그는 종종 젊은 세대들이 제 모〔국〕어를 잊어버렸다며 불평을 늘어놓기도 했다(그리고 그럴 때는 모종의 자부심 같은 것을 내비치곤 했다). 그는 사실상 자신이 그 식민지를 대표하는 마지막 사람이라고 생각했다.[23]

언어의 멸종에 관한 유사한 일화들은 20세기 이전에도 있었다. 때로 이 일화들은 놀라울 정도로 세세한 부분까지 정확하게 기록되어 있다. 예컨대 위대한 문법학자 조제프 방드리Joseph Vendryes는 언젠가 이렇게 말했다. 19세기 자료를 보면, 희귀 로망어 방언 베글리오어Vegliotic는 마지막 화자인 안토니오 우디나Antonio Udina가 77세 되던 해에 사고로 바다에 빠져 익사한 1898년 6월 10일 완전히 소멸하고 말았다. 그리고 18세기의 한 전문가의 소견에 따르면, 콘월어Cornish는 1777년 12월 26일 돌리 펜트리스Dolly Pentreath 여사가 숨을 거두면서 사라졌다. 그녀의 죽음 이후 살아남은 켈트어의 수는 눈에 띄게 줄어들었다. 그러나 현대 학자들보다 훨씬 앞서 언어의 돌연한 사라짐에 대한 설명을 제시한 이는 네니우스Nennius였다. 그의 설명은 현대의 학설들 못지않게 정확하며, 그보다 한층 오싹하다. 이 라틴 역사학자에 따르면, 영국에 처음 도착한 아르모리카족Armorican은 여자와 아이를 제외한 그곳의 토착민을 모조리 죽였다고 한다. 이후 그들은 자신과 관계 맺은 여자에게서 태어난 아이들이 부계 쪽의 순수 브르타뉴어Breton만을 쓰게 하기 위해 학살에서 살아남은 여자와 아이 들의 혀를 모조리 잘라버렸다.[24]

이 이야기들에 허황되고 과장된 요소가 있다는 점을 부정하기는 어렵다. 특히 역사 연대기에 기록된 단 한 차례의 극단적인 폭력만으로 한 언어 전체가 지구상에서 사라졌다는 마지막 이야기는 더욱 그렇다. 이 이야기들은 아마도 언어의 종말을 상상하는 허구에 지나지 않을 것이다. 그러니까 이 이야기들은 다른 방식으로는 결코 해결될 수 없었을 한 가지 질문에 대해 할 수 있는 유일한 대답인 셈이다. 그 질문은 다음과 같다. "어떻게 언어가 사라진다고 확신할 수 있을까?" 언어의 멸종에 관한 이야기들은 분명 이론의 여지 없이 〔언어의〕 죽음을 확정하는 데 필요한 증거 자료를 제공하기 위한 것이다. 그러나 정작 이 자료들 자체가 한 가지 방식 이상의 독해를 부추긴다.

한 언어학자는 「우비흐어의 매장」에 담긴 안데르센의 설명에 대한 논평에서 다음과 같이 말했다. "실제로, 우비흐어는 〔……〕 테브피크 에센치가 죽기 훨씬 전에 이미 죽어 있었다. 만약 당신이 한 언어의 최후의 화자라면, 당신의 언어는—의사소통의 도구라는 점에서는—이미 죽어 있는 셈이다."[25] 이렇게 보면, 언어학적 사망의 구조는 보기보다 훨씬 복잡한 것이 된다. 〔언어의 죽음이라는〕 사건은 공식적인 발생 시간보다 앞서 이미 일어났었던 것이 된다. 사건이 실제로 일어났다고 생각되는 바로 그날에는 실제로 아무 일도 일어나지 않은 것이다. 방드리도 돌리 펜트리스라는 인물의 죽음과 함께 콘월어가 소멸했다는 견해에 대해 유사한 의문을 제기했다. "신께서 은총을 내리셔서 그녀에게 특별한 장수를 허락하셨다. 그녀는 102세 생일을 맞은 이후로도 더 살았던 것이다. 인간의 기대수명이라는 관점에서 본다면, 콘월어는 더 일찍 사라졌어야 했다. 그러나 정말로 그 언어는 그녀가 죽을 때 함께 죽은 것일까? 늙은 돌리는 이 언어를 쓰는 유일한 사람이었다. 그렇지만 어떤 언어가 〔제대로〕 말해질 수 있으려면, 최소한 두 사람은 있어야 한다. 그렇다면 콘월어는 그녀에게 대답할 수 있는 마지막 사람이 숨을 거둔 순간에 이미 죽은 셈이다."[26] 이에 반해 테라치니는 반대 방향에서 자신의 실수를 인정했다. 즉 사멸이라는 서글픈 운명에 처한 일인어一人語, isogloss에 대해 자신과 이야기를 나누던 그 노인의 죽음 이후로도 오랫동안 비우 지방의 방언은 살아 있었다는 것이다. 이 문헌학자는 저 방언의 "마지막 대표자 앞에" 서 있던 순간을 회상하면서 사실은 자신이 실수를 범했다고 덧붙인다. 이 희귀한 언어의 소멸을 정확하게 파악하는 일은 그렇게 쉬운 일이 아니었다. 물론 이 언어학자는 병든 이 언어가 어떻게든 죽을 거라는 생각을 버리지는 않았다. 테라치니는 이렇게 썼다. "나는 잘못 생각했다. 10년 후 나는 그 마을에 다시 한 번 가볼 수 있었다. 내가 만난 노인은 죽었고, 그와 함께 그의 모든 이야기들도 영원히 묻혔다. 그럼에도 유령 언어는 계속 살아 있었다. 심지어 나는 노인이 했던 일이 그의 손자, 손녀 그리고 제자(이들은 제 할아버지와 스승을 '마에스트로 Maestro'라고 불렀다) 들을 통해 일종의 부활을 경험하고 있다는 사실도 알게 되었다. 즉 역사에 의해 사망 판정을 받은 생명이 마지막 숨을 내쉬고 있었던 것이다. 언제일까? 나는 모른다. 그러나 어느 시점에 이르면 이 지루한 고통도 끝날 거라고 생각한다."[27]

유령 언어가 완전한 끝에 다다르는 "어느 시점"이란 무엇일까? 언어학자는 자신이 그 시점을 규정하는 데 실패했음을 시인했다. 그렇지만 그는 그 시점의 존재에 대해서는 추호도 의심하지 않았다. 이렇게 보면 〔언어의 죽음의〕 확실한 시점을 포착하려는 가장 결연한 시도들조차 결국 실패할 수밖에 없다는 생각을 지우기가 어렵다. 연기처럼 흩어진 그 순간을 포착하려 했던 전문가들도 결국에는 언어가 실제로 사라지고 한참이 지난 후에야, 게다가 엉뚱한 시점을 가리킬 수밖에 없었다. 돌리 펜트리스와 테브피크 에센치의 죽음이 그런 경우이다. 반대로 테라치니가 비우 계곡 마을에서 만난 나이든 친구의 죽음에서처럼, [실제 언어의 죽음보다] 앞선 시점을 가리키는 경우도 있다. 이 결정적인 순간은 자신을 붙잡으려는 학자들의 손을 연기처럼 계속 빠져나가는 것 같다. 마치 사라짐의 순간을 확실하게 기록하고 기억하려는 모든 시도에 저항하는 모종의 요소가 사라지는 언어들 안에 이미 들어 있는 듯 말이다. 언어의 사망신고서를 날조하는 것은 결코 쉬운 일이 아니다. 언어의 죽음에 대한 가장 공신력 있는 증거자료들조차 실제 언어라기보다는 그 자료를 꾸민 관료들의 확신을 반영하는 것에 불과할지 모른다. 언어가 끝에 다다른다는 것을 증명하려는 시도는 좋든 나쁘든 실제 언어와는 아무 관련이 없는 어떤 욕망, 비록 표현되지는 않더라도 존재하는 어떤 강한 욕망에 의해 부추김당하는 것이 틀림없다. 이 욕망을 가진 자들은 언어의 묘지기keeper가 되기를 원한다. 이들은 실로 언어가 영면永眠에 들었고 무덤에 묻혔기 때문에 두 번 다시 일어나지 못할 거라는 확신을 얻기 위해 무망한 시도를 감행한다. 모든 언어의 사망신고서는 사망한 바로 그 언어로 기록된다. 그리고 이 경우 언어의 죽음을 말하는 모든 자료는 언어의 건강과 질병에 관한 전문가들이 생각하기 싫어하고 완고하게 배척하는 한 가지 가능성을 증명한다. 그 가능성이란 언어에는 끝장dead ends 나는 순간이 없을 수 있다는 것, 끝없이 흘러가는 언어의 시간은 생명체의 시간과 같지 않을 수 있다는 것이다.

문턱

언어의 영역에서 격변이 일어나는 것은 물론 예외적인 경우다. 신비의 대륙 아틀란티스가 바다 밑으로 가라앉았을 때 그와 함께 영영 자취를 감춘 사람들에게 닥쳤던 불운이 언어에게 찾아오는 일은 거의 없다. 대개의 경우 언어의 소멸은 급작스럽지 않고 점진적이며, 시작되는 시점에는 대부분 감지할 수 없는 까닭에 오히려 치명적일 수 있다. 예컨대 히브리어는 정확히 어느 시점에 아람어로 바뀌었고, 고대 로마의 저잣거리에서 사용되던 라틴어는 정확히 언제 근대 유럽어, 우리가 '이탈리아어'라고 부르는 언어가 되었는가? 이론상으로는 언어가 끝에 다다른 순간을 정확히 말할 수 있다면 언어가 시작되는 시점 역시 규명할 수 있어야 하지만, 언어의 임종 시기에 대해서는 기꺼이 한마디씩 하는 전문가들조차 언어의 탄생 시기를 말하기는 주저한다. 문제는 언어의 시간 속에서는 뚜렷이 감지할 수 있는 사건이 드물다는 데 있다. 설령 지각할 수 있는 사건들이 있다 해도 그것들은 죽음보다는 오히려 변신의 질서에 속하는 것처럼 보인다. 언어의 죽음이라는 관념을 가장 완강히 견지하는 사람들조차 이 사실은 인정할 수밖에 없을 것이다. 테라치니에 따르면, 대체로 "언어가 죽는다는 것은 다른 언어로 변한다는 뜻이다."[1] 그리고 방드리의 견해에 따르면, 변화의 기간은 일반적으로 "아주 긴 시간"이다.[2] 더 자세히 톺아보면, 언어의 죽음은 특정 시점의 사건이 아니라 몇 세기에 걸친 이행에 가까운 것으로 보인다. 사람들이 죽음의 순간이라 여기는 것은 많은 경우 사건이 아니라 문턱인 것 같다. 어떤 언어 형식이든 "한 언어 체계에서 다른 언어 체계로 불가피하게 이행하는 과정에서는" 결국 이 문턱을 지날 수밖에 없다.[3]

그러나 이 문턱의 정확한 본성은 언어의 역사가들에게 극심한 어려움을 유발해왔으며, 이론의 측면에서든 실제의 측면에서든 좀체 해결책을 찾을 수 없는 것으로 보인다. 어떤 학자는 "언어 변화와 언어 죽음"의 전문가들이 직면한 도전을 『오디세이아』 4권에서 호메로스의 영웅 오디세우스가 바다의 신 프로테우스의 정체를 밝혀내야 했을 때 직면했던 도전에 견주기도 했다. 오디세우스가 맞닥뜨린 것은 사자로, 뱀으로, 심지어 크고 옹골찬 나무로까지 변신하는 존재였다. 유한한 관찰자의 눈을 가볍게 피해 달아나는 이런 존재를 어떻게 인식할 수 있겠는가?[4] 문제는 언어의 변신이 단순히 신화에 나오는 신의 변신처럼 연속적이라는 점에 있지 않다. 언어의 변화는 한 지점에서 다른 지점으로의 이행을 분명히 표시하는 변별

점을 허용하지 않는 데 그치지 않는다. 문제는 더 복잡하다. 언어의 영역 안에서 제 모습을 바꾸는 것은 언어의 어떤 부분과 어떤 지점들인가? 이미 알려진바 19세기에 역사언어학이라는 학문이 출현한 것은 종의 진화에 관한 신-라마르크주의 학설의 영향하에서였다. 해부학적으로 특징적인 부분들을 변이시킴으로써 생명체가 진화하듯, 언어적인 존재들linguistic beings 역시 그렇게 진화한다는 것이 당대 사람들의 생각이었다. 이 학문의 창시자들에게는 얼마나 매혹적인 것이었는지 몰라도, 실제로 그런 식의 동형설은 거의 쓸모가 없었다. 이유는 간단하다. 언어의 형식은 사지나 내장을 갖고 있지 않기 때문이다. 베르나르 세르킬리니Bernard Cerquiglini가 적확하게 간파했듯이 "언어에는 아가미도, 지느러미도, 날개도, 유기체에 속하는 어떤 요소도 없다. 언어에 있는 것은 오직 이질적인 영역들(통사론, 어휘론, 의미론 등)뿐이며, 이것들은 독립적으로 존재하고 각기 고유한 역사성을 갖는다."[5]

변신의 경로를 추적하기 위해서는 변화하는 존재의 원래 형태와 이후 변화된 형태를 규정하는 특성을 알아야 한다. 그렇지만 언어를 관찰할 때 우리가 취할 수 있는 많은 접근법들은 다양하고 심지어 상충하는 결론으로 우리를 이끌기도 한다. 가령 세르킬리니가 계발적인 분석을 보여준 바 있는, 라틴어에서 프랑스어로의 이행을 생각해보라.[6] 이 고대어에 고유한 특성을 내림조 체계에서 찾는 사람이라면, 그는 이 언어의 근대 계승어가 출현한 시기를 1세기에서 5세기 사이로 추정할 것이다. 그러나 라틴어의 핵심을 동사 체계에서 찾는 사람이라면 5세기에서 10세기 사이 어디쯤에 이행의 결정적인 계기가 있다고 생각할 수밖에 없을 것이다. 왜냐하면 로망어에 특징적인 활용 체계가 생성된 흔적을 찾을 수 있는 것은 이때부터이기 때문이다. 이 활용 체계에 따르면, 가령 시제는 'to have(habere)' 동사와 원형〔부정형〕 혹은 과거분사의 활용이라는 토대 위에서 형성된다. 그렇지만 언어의 진화를 추정할 수 있는 언어적 정의역을 형태론이 아닌 음운론에서 찾는다면, 추정 가능한 이행 시기는 어떤 현상에서 결정적인 요인을 찾는가에 따라 다르게 선택될 것이다. 옛 언어와 비교했을 때 새 언어의 본질적 특성이 강세 모음의 소거에 있다고 본다면, 후자는 기원후 1세기에서 3세기 사이에 출현한 것이 된다. 반면 고저 억양melodic accent에서 강세 억양accent of intensity으로의 이행에서 중요한 차이를 발견하는 사람이라면, 5세기 이후 어느 때쯤으로 시기를 추정할 것이다. 그리고 이 두 언어 사이의 이행에 결정적인 요소를 어말모음의 소멸로 보는 사람이라면, 라틴어는 8세기에 이르러서야 비로소 프랑스어가 되었다는 것이 그의 결론일 것이다.

엄밀한 어원론적 관점에서는 풀 수 없는 문제임에도 불구하고 주기periodicity에 관한 물음이 계속 제기되는 데에는 분명 실용적인 이유가 있다. 가령 우리는 앙투안 메이예Antoine Meillet가 제시한 규준을 하나의 발견술적heuristic 기준으로 삼을 수 있을 것이다. 그에 따르면 화자 집단이 보기에 하나의 언어가 다른 언어로 바뀌었다는 증거가 존재한다면, 그 언어는 "죽은" 것으로 간주된다.[7] 좋든 나쁜

든 이 원칙은 언어의 삶과 죽음을 전적으로 화자들의 의식이 결정하는 문제로 만든다. 이것은 언어학자들이 해당 언어를 사용한 공동체보다 먼저 소멸 여부를 판정하는 것을 허락하지 않는다. 비록 외부 관찰자가 보기에는 이미 오래전에 그 언어가 사라진 것처럼 보인다 해도 그렇다. 예컨대 골 지방의 주민들이 더 이상 라틴어를 쓰지 않고 있다는 생각을 스스로 표현하기 전까지, 역사학자들은 그들이 이미 프랑스어를 쓰고 있다고 주장할 수 없는 것이다. 설령 그들이 고전어와는 아주 이질적인 표현들로 기록된 자료들을 찾았다 해도 마찬가지다. 이러한 기준은 역사적인 연구에서는 기껏해야 근사치 결과를 제시할 수 있을 따름이다. 오늘날 우연히 우리 손에 들어온 자료들에 기록되기 전에 먼저 그 사람들에게 언어 변화에 대한 의식이 없었다고 누가 확신할 수 있겠는가? 언어의 출현—혹은 소멸—을 기록할 만한 의식의 존재를 확인할 수 있는 일반적이고 타당한 기준은 어떤 것일까? 시기에 관한 모든 결정은 본성상 틀릴 수밖에 없는, 엄격한 의미의 실증적인 데이터가 아닌 해석에 의존하는 것이다. 이 해석에 기초하여 동시대 역사학자와 문헌학자들은 남아 있는 자료의 상이한 언어학적 기록들을 정리한다.

세르킬리니는 『경건왕 루도비쿠스의 아들들에 관한 역사*De dissensionibus filiorum Ludovici pii*』의 저자 니타르트Nithard의 필사를 통해 민족어 역사 기록에 「스트라스부르 서약」으로 알려진 결정적인 선언문이 프랑스어로 작성된 842년이 프랑스어의 출현 시기라고 논증한 바 있다. "프랑스어는 언제부터 존재했는가?"라는 고전적인 물음에 대해 이 역사언어학자는 다음과 같은 대답을 제시하면서 카롤링거 왕조의 귀중본 자료에서 "프랑스어가 탄생"했다고 본 자신의 견해를 정당화한다. "향후 고유한 발전 과정을 거치게 될 변별점과 특이성이 인지되기 시작한 것은 이날부터다. 이날부터 사람들은 그 변별점과 특이성을 의식적으로 의사소통 및 권력관계에 활용하기 시작했는데, 이는 지식의 형태 즉 글쓰기를 통해 이루어졌다."[8] 마찬가지로 우리는 15세기 말 프랑수아 비용François Villon이 「옛 프랑스어로 지은 발라드」를 쓸 무렵에는 더욱 많은 변화들이 일어나 이미 새로운 언어가 출현한 상태였다고 결론 내릴 수 있다. 현대의 언어사학자들은 이 새로운 언어 형태를 '중세 프랑스어'라고 부르지만, 비용이 이 언어로 시를 쓰던 시대에 그것은 어떤 의미에서도 '중간적〔중세적〕'인 것이 아니었다. 그 자신이 '옛' 언어라고 부른 언어로 작품을 쓰기 시작한 시인은 저 발라드를 통해 12~13세기 시인들의 언어에 대해 일종의 패러디를 하고 있다. 즉 그는 주격 접미사 s를 명사에 마구잡이로 붙였는데, 이 접미사는 오일어langue d'oïl 형태론에서는 변별 기능을 가졌었지만 그가 살던 당대에는 분명 소멸한 것이었다.

이런 정황을 보면, '삶'과 '죽음'이라는 용어는 아무 쓸모가 없어 보인다. 왜냐하면 이 말들은 언어의 시간에 대해 왜곡된 이미지를 만들 수밖에 없기 때문이다. 언어의 시간은 분할되는 것이 아니라 연속적인 것이며, 이 시간 속에서는 발생과 소멸이 서로 별개의 계기들로 분리될 수 없기 때문이다. 이 문제에 관한 한 우리 시대는 언어의 동일성 및 차이에 관한 중세의 성찰을 여전히 뛰어넘지 못하고 있다. 우리는 『속어론』을 통해 속어〔민족어〕의 성격을 규정하면서 단테가 취했던 관점에서 많은 것을 배울 수 있다. 이 시인-철학자는, 그 자신의 표현을 빌리자면, "아이들이 주변 사람들에게서 배우는" 언어, 모든 사람에게 공통된 언어를 〔탐구〕 대상으로 삼았다. 그러나 그는 현대의 많은 언어 전문가들과 달리 이 공통된 언어를 언어의 유의미한 형태 및 소리를 지배하는 일련의 규칙들에 의거해 규정하지 않았다. 단테는 인간 언어의 특징적인 성격은 다름 아닌 시간 속에서 본질적으로 변할 수 있다는 점이라고 주장했다. 즉 인간 언어에 내재한 "변화 가능성variebilitas"이 수 세기에 걸쳐 작용하면서 필연적으로 수다한 인간 언어들을 만들어낸다는 것이다. 단테는 자신의 논고 제1권에서 이렇게 설명한다. "단일 민족의 언어는 시간이 경과하면서 변한다. 따라서 결코 동일한 것으로 남아 있을 수 없다. 이것이 서로 멀리 떨어져 있는 민족들의 언어가 수없이 다양한 측면에서 서로 구별될 수밖에 없는 까닭이다."[9]

어떤 의미에서는 모두가 알고 있다. 단테가 말한 사실, 즉 언어가 "결코 동일한 것으로 남아 있을 수 없다"는 것을 말이다. 그러나 이처럼 단순한 사실로부터 도출되는 결론은 보기와는 달리 실로 납득하기 어려운 것이며, 경우에 따라서는 언어의 본성 및 발전에 관한 저작을 쓴 사람들조차 이해할 수 없는 것일 수도 있다. 예컨대 방드리는 다음과 같은 말로 "언어의 죽음"에 관한 책의 서두를 열고 있다. "죽음은 삶에 속한 자연의 행위다." 그리고 결론에서 그는, 비록 명시적이지는 않지만, 다음과 같은 말로 언어의 '삶'을 변화의 능력으로 규정하기까지 한다. "만약 우리가 어떤 언어 안에서 실수할 수 있는 권리를 갖지 못한다면, 그 언어는 죽은 것이라고 말할 수 있다."[10] 그리고 이미 보았듯이, 테라치니 역시 언어의 '죽음'이라 불리는 것은 언어의 발전 과정의 중단이 아닌 다른 언어로의 불가피한 변형이라고 생각했다. 그러나 생물학적 비유의 힘은 강했다. 두 언어학자 모두 결국에는 언어의 본질적 변화 가능성에 대한 자신들의 생각을 버렸던 것이다. 그들은 언어의 삶과 죽음이라는 허구가 가진 호소력에 흔들리고 말았다. 이 문제를 다룬 저서를 마무리하면서 방드리는 프랑스어의 정체성을 지키자고 열정적으로 호소한다. "프랑스어라는 이 아름다운 유산의 순결을 지키는 것은 우리 각자가 해야 할 일이다. [……] 이것은 우리 모두의 과제이며, 이 과제의 달성은 우리 각자가 하기에 달려 있다."[11] 이 언급을 통해 우리는 언어에 변화 가능성이 내재해 있다는 인식이 그로부터 필연적으로 도출되는 결론, 즉 언어는 결코 "순결을 지킬" 수 없다는 결론에 직면하여 눈에 띄게 후퇴하고 있음을 볼 수 있다. 언어가 순결을 지킬 수 없는 까닭은 그것이 변화하는 한에서만 지속하기 때문이다. 모든 언어의 본질적인 변화 가능성에 직면한 순간, 테라치니는 기꺼이 언어의 '삶'이라는 비유를 포기하려는 듯 보인다. 이 비유가 궁극적으로 문제의 대상이 가진 본성에 적합하지 않다는 사실을 인정한 것이다. 그러나 곧이어 그는 더 높은 단계로 올라가면서 생물학적 [비유의] 힘을 회생시킨다. 그는 이렇게 적었다. "모든 것을 고려해볼 때, 언어의 변화 가능성은 죽음의 관념뿐 아니라 심지어 탄생의 관념까지 초월하는 무한한 생명력을 표현한다."[12]

"죽음의 관념뿐 아니라 심지어 탄생의 관념까지 초월하는 생명력"이란 무엇일까? 이 학자는 방법상의 이유로 스스로 포기해야 했던 바로 그 비유를 어떻게든 지키고 싶었던 것 같다. 저 더 큰 힘의 정확한 실체가 무엇인지는 전혀 분명치 않으며, 따라서 힘이 아닌 다른 명칭들도 얼마든지 적합하게 쓰일 수 있다. 우리는 이렇게 물을 수도 있다. 이 문헌학자는 "죽음의 관념과 심지어 탄생의 관념까지 초월하는 유령적인 힘"이라고 말할 수도 있지 않았을까? 언어와 관련해서는 누가 어느 단계에서 쓰든 '삶'과 '죽음'이라는 말은 적절하지 않은 것 같다. 경우를 막론하고 우리는 이 말들을 피해갈 수 있다. 생명체의 성장 및 소멸이 아닌 다른 방식의 이행을 생각할 수 있다. 가령, 바람에 실려 계속 움직이는 사막의 모래, 붙잡으려는 손가락 사이로 기어이 빠져나가는 모래를 생각해보면 좋다. 우리는 몽테뉴에게서 이러한 자연의 비유를 찾아볼 수 있다. 몽테뉴는 자신이 삶에서 배웠고 또 『에세』에서 쓴 언어, 끊임없이 달아나는 그 언어에 관한 일종의 초상화를 그렸다. 1540년 언저리에 그는 이렇게 적었다. "나는 소수의 사람들에게 짧은 시간 동안만 읽히기 위해 이 책을 썼다. 이 책이 오래 살아남도록 하는 게 문제였다면, 나는 더 견고한 언어로 썼을 것이다. 우리의 언어가 지금 이 시간에도 겪고 있는 계속적인 변화를 감안한다면, 지금의 언어 형태가 50년 뒤에도 여전히 쓰일 거라는 희망을 과연 누가 가질 수 있겠는가? 이 언어는 매일 우리의 손아귀를 빠져나가며, 내가 살아온 세월만 두고 봐도 절반이나 바뀌었다. 우리는 지금 이 언어가 완벽하다고 말한다. 모든 시대가 제가끔 그렇게 말해왔다. 언어란 계속해서 도망치는 것, 원체 제 모습을 바꾸는 것인 만큼, 나는 언어 자체를 생각하는 데는 관심이 없다."[13]

언어의 시작과 끝은 몽테뉴의 이 말에 의해 가장 잘 이해될 수 있을 것 같다. 언어의 시작과 끝은 "계속적인 변화" 속에 있는 두 가지 계기에 다름 아닐 것이다. 이 변화를 통해 모든 언어는 화자들에게서 "도망치고" "제 모습을 바꾼다." 이 두 개의 소실점fleeting point에서 화자들은 수많은 그럴 듯한 이유들로 너무도 쉽게 잊어버리곤 하는 사실을 문득 깨닫는다. "하나의" 언어는 우리가 미처 알아차리지 못하는 사이에 이미 그 자신으로서 존재하기를 멈춘다는 사실이 그것이다. 많은 이들이 주장한 것처럼, 시작과 끝이라는 두 가지 시점은 비단 한 언어 공동체가 새로운 언어를 제대로 받아들여 쓰고 있다는 사실을 깨닫게 해주는 순간만은 아니다. 이 계기들로 인해 처음으로 새로운 언어가 새로운 언어로서 적시되기는 하지만 말이다. 똑같은 이유에서, 저 두 가지 시점은 한때 자신들이 쓰던 언어를 이미 상실했다는 사실을 언어 공동체가 깨닫는 순간이기도 하다. 언어라는 끊임없는 변화 속에서 형성과 변형, 발생과 소멸, '탄생'과 '죽음'은 따로 떼어놓고 얘기할 수 없으며, 기억과 망각 역시 불가분하게 엮여 있다. 「스트라스부르 서약」의 저자들은 자신들이 프랑스어를 쓰고 있다는 사실 혹은 라틴어를 이미 잊어버렸다는 사실을 의식하고 있었을까? 한 언어의 도래를 인지하는 것은 다른 언어의 소멸을 인지하는 것과 나란하다. 새 언어에 관한 의식에 다다르는 것은 동시에, 이를테면, 옛 언어의 '무의식에 이르는 것'을 함의할 수밖에 없다. 한 공동체가 새로 찾은 언어에 이름을 부여할 때 그들은, 아마도 무심결에, 안녕을 고했던 옛 언어의 표현들을 다시 불러들인다. 시작과 끝은 하나의 문턱이 지닌 양면일 뿐이며, 언어의 시간 속에서 모든 언어를 시나브로 그러나 돌이킬 수 없이 다른 언어로 변하게 만드는 덧없음에 대한 비유이다.

따라서 언어의 덧없는 흐름을 멈추거나 늦추려는 모든 시도는 헛되다. 민족주의적이든 국제주의적이든, 문헌학적이든 생태학적이든, 그런 기획들은 모두 언어가 하나의 대상이라고 믿는다는 점에서 다르지 않다. 언어의 출발점으로 간주되는 본래의 정체성을 기억하고 보존하기 위해 언어학자들은 이 대상에 개입해야 하고 또 개입할 수 있다고 믿는다. 언어가 이미 내던져버린 형태를 보존하려고 애쓰는 그런 노력들은 기껏해야 허망할 따름이다. 우리 시대에도 언어는 어떤 방식으로든 계속 "절반씩" 변화하고 도망치고 제 모습을 바꿀 것이다. 왜냐하면, 단테가 적었듯이, 언어는 "결코 동일한 것으로 남아 있을 수 없으며," 저 에세이스트의 말을 빌리자면, 우리가 원하든 원하지 않든 "매일" 우리의 손가락 사이를 빠져나가기 때문이다. 시간을 제 요소로 가진 덕분에 본질적으로 가변적인 언어는 완전히 소유될 수 없고, 그러므로 또한 완전히 상실될 수도 없다. 언어는 언제나 이미 망각된 것이므로 결코 기억될 수 없다. 언어의 전기biography 작가들이 아무리 애써 노력하더라도 이 변화무쌍한 존재의 변신을 따라잡을 수는 없다.

지층

한 언어가 다른 언어로 이행하는 과정에는, 비록 그것을 기억하는 사람이 없을지라도, 항상 무언가가 남게 마련이다. 왜냐하면 언어는 화자보다 더 많은 것을 간직하고 있으며, 마치 생명체보다 오래된 역사의 지층들로 이루어진 광물 판mineral slate처럼 지나온 세월의 흔적들을 지닐 수밖에 없기 때문이다. 이런 의미에서 "언어가 역사의 아카이브"라면, 랠프 월도 에머슨Ralph Waldo Emerson이 적었듯이, 그것은 관리인이나 보관 목록이 없는 아카이브다.[1] 우리는 오직 부분적으로만 이 아카이브의 소장품들을 조사할 수 있으며, 이곳에서 연구자들이 볼 수 있는 것은 전기를 쓰는 데 필요한 자료들이 아니라 분명한 시작도 끝도 없는 시간 속에서 형성된 퇴적층에 관한 지질학 자료에 가까운 것들이다. 『잃어버린 시간을 찾아서』에서 거의 익명에 가까운 화자가 상기하는 멀고 아득하고 희미한 기원에 대한 다층적인 기억들처럼, 언어 속에 켜켜이 쌓인 과거의 잔해들 역시 거의 뚫을 수 없는 밀도와 복잡성을 지니고 있다. 이 소설 주인공의 내면에서처럼 언어에서도 현재는 퇴적된 과거의 잔해를 반드시 포함하고 있는데, 누군가 이 잔해를 발견하여 더 가까이 보려고 하면 그것은 기억 저편으로 물러나버린다. 그는 이렇게 회상한다. "이 모든 기억들이 서로 겹치며 하나의 덩어리를 이루었지만, 그렇다고 그 기억들 사이에서—가장 오래된 기억과 '향기'로 인해 얻은 최근의 기억, 그리고 내가 다른 사람의 기억 덕분에 재차 갖게 된 기억 사이에서—실제 지질학적인 균열이나 단층은 아니라 해도 적어도 어떤 암석이나 어떤 대리석에서처럼 기원과 나이와 '형성'상의 차이를 나타내는 돌의 결이나 색채의 다양함까지 구분하지 못하는 것은 아니었다."[2]

19세기 초 스칸디나비아 출신의 한 학자, 야콥 호르네만 브레스도르프Jakob Hornemann Bredsdorff는 언어에 대한 이와 같은 지질학적 개념에 기초하여 언어 변화에 관한 한 가지 이론을 제안했다. 이 이론은 1821년 창시된 이후부터 현재까지 줄곧 역사언어학 및 일반언어학에 공히 좋은 쪽이든 나쁜 쪽이든 막대한 영향력을 행사하고 있다.[3] 그의 이론은 단순하다. 시간에 따른 언어의 변화는 그 언어를 쓰는 민족의 정체성과 관련하여 일어나는 역사적인 변화의 반영이라는 것이다. 이에 대한 고전적인 사례는 정복이다. 브레스도르프에 따르면, 한 민족이 다른 민족을 지배하는 시기에는 불가피하게 두 민족이 서로 섞이게 된다. 피지배 민족이 지배자의 억압하에서 사라진다는 것은 자명해 보인다. 그러나 두 민족의 역사적인 만남에 의해 태어난 아이들이 두 민족 모두의 자녀인 것 또한 사실이다. 그들은 정복자뿐 아니라 패배자의 후손이기도 한 것이다. 그래서, 브레스도르프의 생각에 따르면, 민족들 간의 접촉에서 한 민족의 언어는 다른 민족의 언어 앞에 굴복하지만, 자신을 대체한 바로 그 언어 안에서 계속 생존할 수 있다. 새로운 말에 짓눌린 채로도 옛 언어는 제 민족의 언어생활에 관여할 수 있다는 것이다. 한 언어는 한때 그것을 쓰던 사람들에게서 완전히 잊혀지고 지워진 채로도 여전히 후손들에게 저력을 행사하면서 시간 속에서 변화를 만들어 낼 수 있다는 것이 이 학자의 주장이다.

다른 언어 안에 지속적으로 잔존하는 요소, 한 언어에서 다른 언어로 외관상 매끄럽게 이행하는 과정에서도 잊혀진 채로나마 비밀스럽게 간직되는 이 요소에 브레스도르프가 붙인 이름은 '기저층substrate'이다. 이 발상은 언어 발달의 전문가들 사이에서 거의 즉각적인 호응을 얻었다. 그리고 19세기 역사언어학의 창시에 기여한 많은 거장들, 특히 로망어 문헌학의 쟁쟁한 학자들, 예컨대 클로드 샤를 포리엘Claude Charles Fauriel, 프리드리히 디츠Friedrich Diez, 후고 슈하르트Hugo Schuchardt, 그라차도 아스콜리Graziadio Ascoli 등이 이 아이디어를 채택했다. 이들은 신-라틴어족neo-Latin languages의 발달을 설명하기 위해 이 언어들에 공통된 기저층을 상정했는데, 이에 따르면 기저층의 존재는 로마인들이 도래하기 전 유럽 땅에 살던 사람들의 아득한 시대까지 거슬러 간다.[4] 20세기 들어서 '기저층 이론'으로 알려진 이 발상은 19세기 학자들이 탐구하지 못했던 언어학의 수많은 영역들로 확장되어갔다. 예컨대 이 이론은 현대 아랍어 방언, 일본어, 그리고 카리브 지역의 크레올과 같은 다양한 현상의 출현과 발달을 설명하는 데 소환됐다. 브레스도르프 이후 이 이론의 전문용어는 점점 더 세분되었고, 그래서 오늘날 언어 발달에 관해 공부하는 학생들은 한 언어가 다른 언어 안에 남겨둔 요소를 가리키는 전문용어를 적어도 세 가지는 재량껏 쓸 수 있게 되었다. 언어 접촉 및 언어 변화를 다루는 분야의 전문가들은 엄격한 의미의 '기저층'을 '상층superstrate' 및 '근접층adstrate'이라 불리는 언어학적 단위entities와 구별한다. 가령 학자들은 한 민족이 정복 지역 사람들의 언어를 교체, 다시 말해 흡수할 때 생기는 변화를 이야기하는 경우에는 발터 폰 바르트부르크Walther von Wartburg의 '상층'이라는 용어를 쓴다.[5] 그리고 한 언어의 화자들이 다른 언어의 표현들에 상당히 근접함으로써 생기는 언어 변화를 설명하는 경우라면, 전문가들은 마리우스 발크호프Marius Valkhoff가 만든 '근접층'이란 용어를 사용한다.[6]

하나의 단일 언어를 구성하는 '지층'의 수는 많고, 각 지층이 지닌 형식과 중요도는 서로 다를 것이다. 이것은 완벽한 선택의 원리가 존재할 수 없는 어휘 요소의 집합과 관련된 문제일 수 있다. 가령 '피부skin' '셔츠shirt' '케이크cake' '알egg' '동료fellow' 따위의 단어들은 북유럽인들이 영국 제도의 앵글로색슨족과 싸우며 공존하던 시기에 영어가 스칸디나비아 언어에서 물려받은 것이다. 북유럽인들은 때로 영어 어휘의 확장에 기여했는데, 오래된 영어 단어인 '셔츠'와 더불어 지속해온 '스커트skirt'가 그 사례다. 그 밖에도 이들은 앵글로색슨 언어의 옛 형식을 대체하기도 했는데, 가령 영어에 'to take'가 도입됨으로써 근대 독일어의 nehmen〔취하다〕과 친족 관계인 옛 영어 동사 niman은 소멸했다. 그러나 어휘의 지층들은 보다 체계적일 수도 있다. 한 언어는 다른 언어의 명확한 의미론적 장에 속해 있는 단어들의 형식을 빌려 보존할 수 있는 것이다. 히브리어나 아람어에 기원을 두고 있는 이디시어의 종교 및 법률 용어들을 떠올려보라. 혹은 아주 오랫동안 근대 유럽어의 생물학적·동물학적·의학적 분류법을 지탱해온 라틴어 표현들을 생각해보라. 이 모든 사례들에서 한 언어는 다른 언어 안에서 지속하고 있다. 하나의 단일 언어가 가진 어휘들은 그 언어를 형성해온 다층적인 역사의 지층들에 대한 증거인 셈이다.

그러나 한 언어를 다른 언어와 결속시키는 지층이 반드시 어휘적인 것일 필요는 없다. 그것은 음운론적인 것일 수도 있다. 이 견해를 지지하는 학자들의 주장대로라면, 음운론적 지층은 단일 언어의 소리 형태가 가진 가장 근본적인 특성들을 규정할 수 있다. 이 현상에 대한 사례는 결코 부족하지 않으며, 심지어 로망어군이라는 언어학적 영토만으로 제한하더라도 그렇다. 예를 들어 스페인어 음운론의 역사에서 매우 중요한 역할을 맡은 음운 h는 라틴어 *f*에서 유래했는데, 이 변화는 이베리아 반도 주민들의 토속어 음운 특성을 반영한 것이다.[7] 그리고 현대 이탈리아어에서 토스카나 방언의 억양에 특징적인 모음 사이 대기음인 k, p, t는 고대 에트루리아어가 이 지방 언어에 남긴 흔적이다.[8] 스페인, 프랑스, 이탈리아로 이어지는 해안 지방에서 쓰인 방언들에 공통된 수많은 음운적 특성은 이 언어들을 여타의 인도-유럽어와 구별해주는 것으로서, "인종 및 언어의 차원에서 지중해 지역에 공통된 기저층"이 본래 존재했음을 가리킨다.[9]

가장 광범위하게 그리고 격렬하게 논의된 사례들 중 하나는 프랑스어 구개모음으로서, 이것은 프랑스어의 관습적 정서법에 따라 단일 철자 u로 표기되었는데, 이 관습에 따라 현재 통용되는 단어들로는 가령 pur(순수한), dur(단단한) 등이 있다. 오늘날 언어학자들은 이 소리를 세 가지 전순모음(y, ø, œ) 가운데 하나로 분류한다. 프랑스어 음운론 연구자들의 말을 빌리자면, 이 소리는 "프랑스어의 가장 본래적인 특성 가운데 하나로 제 모국어에 이 소리가 없는 화자에게는 커다란 어려움을 유발한다."[10] 이미 19세기에 학자들은 라틴어에서 유래한 프랑스어 단어들을 통해 이 음소가 일관되게 고전어에서 장모음 ū가 있던 자리에 출현한다는 사실을 발견했다. 앞에서 인용한 사례들을 계속 보자면, 로마인들이 purus(pūrus)라고 말했다면 프랑스인들은 pur(pyʀ)라고 말하고, 고대인들이 durus(dūrus)라고 말했다면 한때 골 지방이었던 이 땅의 근대 계승자들은 이제 dur(dyʀ)라고 말한다.[11] 당연히 문헌학자들은 이렇게 자문할 수밖에 없었다. 그렇다면 우리는 ū에서 y로의 이행을 어떻게 이해하고 설명할 수 있을까? 음운의 변화는 아주 독특한 것이어서 각별한 설명을 요구하는 듯 보인다. 한때 라틴어가 쓰였던 유럽 땅에 출현한 모든 언어에서 이 변화가 일어나지는 않았다는 사실을 확인하기 위해서는 로망어계 언어들의 생김새physiognomy를 한번 훑어보기만 하면 된다. 이 모음 변화의 증거는 오직 프랑스 및 프랑스 접경 지역에서 사용되는 언어들에서만 발견된다. 포르투갈, 카탈로니아, 카스티야, 루마니아, 그리고 이탈리아 반도와 섬 지방에서 이 고전적 모음은 변화되지 않은 채로, 즉 고전어 어휘에서 이 모음이 본디 차지하던 자리에 그대로 쓰이고 있다.

에두아르트 코슈비츠Eduard Koschwitz는 1876년 고전 프랑스 문학 작품에 대한 문헌학적 연구서를 출간하면서 이 현상에 대한 설명을 제시한 바 있는데, 이는 이후 이 분야에서 고전적인 설명으로 꼽히게 된다. 코슈비츠 스스로도 인정하듯이, 이 변화에 대한 설명은 그 자신이 창안한 것이 아니었다. 그것은 저명한 권위자 중 한 명인 구스타프 그뢰버Gustav Gröber의 설명이었다. 그뢰버는 이후 『로망어 문헌학 강요』를 저술함으로써 중세 및 근대 문학 연구 분야에서 대표적인 위상을 갖게 된다. 그의 여러 저작과 논문 들은 오늘날에도 이 분야의 학생이라면 반드시 참조해야 한다.[12] 코슈비츠는 그뢰버 교수의 견해를 인용하면서 책의 서두를 여는데, 이에 따르면 흔히 얘기되는 것과 달리 음운 변화가 프랑스어에서만 발생했다는 주장은 정확하지 않다. "북이탈리아 및 라디노어를 쓰는 지방처럼 본디 켈트족이 살던 여타 로망어계 국가들"의 언어와 방언에서도 ū가 y로 변화했다는 것이다.[13] 곧이어 그는 이 변화에 대한 설명을 제시하는데, 여기서 코슈비츠의 결론은 다음과 같다. "u 음이 전혀 없는 언어를 쓰는 켈트족은 원래 u였던 것을 i로 발음하는 쪽으로 적응했고, 이런 식으로 라틴어 모음 u는 비록 i는 아니지만 y로 변화하게 되었다는 주장은 타당하다."[14] 그의 주장에 따르면, 이 모음 변화의 원인은 오래전 로마인에게 패배한 "민족"이 골족에게 남겨준 언어적 유산, 즉 여타 로망어족에 지속적으로 남아 있는 켈트족의 기저층이다.

이 설명은 해당 분야의 학자들에게 열광적인 호응을 얻었다. 그리고 근대 프랑스어 음성 체계에 켈트적 구성 요소가 있다는 그뢰버의 주장이 언어의 역사에서 권위 있는 학설의 지위를 얻는 데는 오랜 시간이 필요하지 않았다. 특히 가스통 파리Gaston Paris, 그라차도 아스콜리, 후고 슈하르트 같은 탁월한 인물들이, 비록 서로 다른 이유와 서로 다른 방식을 통해서였지만, 이른바 켈트 가설Keltenhypothese에 동의했다.[15] 그러나 곧 반대하는 목소리들이 들려왔다. 그리고 프랑스어, 프로방스어 그리고 레토-로망어(혹은 라디노어)에 구개모음이 출현한 것은 켈트어 기저층 때문이라고 주장한 19~20세기 문헌학자와 언어학자 들에 맞서서, 기저층 따위의 용어로는 이 논쟁적인 음소의 탄생을 설명할 수 없다고 이의를 제기한 학자들이 선배들 못지않게 중요한 저서들을 내놓기 시작했다. 비판자들은 이 가설의 비개연성을 증명하는 몇 가지 근거를 제시했다. 첫번째는 비교에 의한 것으로서, y 음과 켈트족 언어 공동체 간의 관련성을 의문에 부치는 것이었다. 빌헬름 마이어-뤼브케Wilhelm Meyer-Lübke는 고전적인 저작 『로망어계 언어 연구 입문』에서 벨리

오와 알바니아 지방 언어들은 y 음을 갖고 있지만 켈트어 기저층을 가진다고 말할 수 없는데, 이에 반해 한때 켈트인들이 살았던 이탈리아 에밀리아 지방의 현대 방언에서는 이 소리의 흔적을 찾아볼 수 없다고 지적했다.[16] 에두아르 폴 뤼시앵 필리퐁Edouard Paul Lucien Philipon 역시 「론 지방의 라틴어 장모음 U」에서 켈트인들이 살았다는 사실이 반드시 이 논쟁적인 소리의 출현을 함축하는 것은 아니라는 견해를 피력했다. 〔프랑스〕 아키텐 지방과 이탈리아 중부 지방에는 켈트인들이 산 적이 전혀 없는데도, 현재 y 모음이 존재한다. 한때 켈트인들이 살았던 론 지방 주변에서는 고대 로마어의 u 모음을 아직 들을 수 있다. 그리고 분명 켈트어군에 속하는 아일랜드 게일 지방의 현대 언어에는 장모음 u가 여전히 모음 체계의 구성원으로 남아 있다.[17] 더욱이 골족 언어 자체에 관한 연구에서도 원조 '켈트 가설'을 부분적으로 논박하는 중요한 증거가 제출되었다. 오늘날에는 골족 언어가 "u 모음이 전혀 없는 것"이 아니라 오히려 u 단모음과 u 장모음을 모두 갖추고 있다는 견해가 일반적으로 받아들여진다.[18]

학자들이 이 특징적인 모음의 형성이 골족의 고대 언어에 의한 것이라는 가설을 의심하게 된 데는 역사적인 고찰 또한 한몫했다. 라틴어 u 모음이 프랑스어 y 모음으로 변화한 것이 "한때 u였던 모음을 i로 발음하는 쪽으로 적응했던" "켈트족"의 작품이라면, 이 음운 변화가 일어난 시기는 켈트인들이 여전히 프랑스에 살고 있었고 골족의 언어가 아직 라틴어에 의해 완전히 대체되지 않았던 때로 추정되어야 한다. 그러나 이 주장을 뒷받침하는 증거는 거의 없다. 아닌 게 아니라 무엇보다 학자들 스스로가 이 모음 변화는 켈트어가, 비록 정점의 상태는 아니었을지라도, 여전히 쓰이고 있을 때 일어난 거라고 생각했다. 가령 근대 프랑스어의 이 소리를 "우리 언어의 가장 오래된 기념비 중 하나"[19]로 여겼던 가스통 파리는 1878년에 이 모음 변화가 기원후 3세기에 일어났을 거라고 주장했다.[20] 그러나 프랑스어 음운의 역사에 관한 연구가 더 정밀해져감에 따라 이 변화의 추정 연대는 점점 더 가까워지기 시작했다. 1887년 루돌프 렌츠Rudolf Lenz는 이 변화가 6세기 혹은 7세기 이전에는 일어날 수 없었을 거라고 논박했다.[21] 3년 후 출간된 마이어-뤼브케의 『로망어계 언어 문법』에서 이 변화는 최대한 빠르게 잡아도 11세기에 생긴 현상으로 소개되어 있다.[22] 그리고 20세기 중반부터 학자들은 이 음운 변화가 13세기, 다시 말해 골족의 언어가 더 이상 프랑스에서 일반적으로 쓰이는 언어가 아니게 된 후로 거의 천 년의 세월이 흐른 시점에 일어났다고 결론 내렸다.[23]

언어는 얼마나 오랫동안 지속할 수 있을까? 기저층 이론가들의 주장을 따른다면, 고대 언어는 사라진 이후에도 여전히 저력을 발휘하면서 잔존한다고 볼 수 있다. 사라진 지 거의 천 년이 흐른 후에도 켈트인들의 모[국]어들 중 일부는 여전히 살아남아서, 말하자면 무덤에 들어가지 않은 채로 라틴계 후계자들에게 계속 영향력을 행사해온 것이다. 주목할 만한 사실은, 프랑스어의 전문가들이 라틴어 ū의 프랑스어 y로의 변화가 켈트어의 퇴화보다 10세기가 지나서야 일어난 사건임을 알게 된 후에도 여전히 '켈트 가설'을 포기하지 않았다는 것이다. 반대로 많은 역사언어학자들은 근대 프랑스어의 음운 체계에 끼친 골족 언어의 영향은 살아 있는 언어가 가질 수 있는 '영향력'은 아니라는 사실이 확정되고 한참이 지난 후에도 계속 영향 가설을 지지했다. 이후로 수많은 설명들이 제시되었다. 그중 일부는 언어를 생물학적 유전의 대상으로 간주하면서 생리학적 특징에 기대려 했다. 가령 앙투안 메이예는 언어 습관은 물리적 특성처럼 세대에서 세대로 전수될 수 있다고 주장했고, 클레멘테 메를로Clemente Merlo는 시간에 따른 조음상의 변이를 "상이한 민족이 가진 다양한 음성적 소질"을 나타내는 기호로 정의했다.[24] 이런 주장들은 이후 소리의 변화를 지나치게 생물학적으로만 설명하는 이론들이 생겨나는 계기가 된다. 일례로, 유명한 한 논문에서 야코뷔스 반 히네켄Jacobus van Ginneken은 발생-언어학적 구성의 관점에서 ū에서 y로의 음운 변화를 프랑스 주민들의 "열성recessive" 인자가 작용한 결과로 설명했다. 필리프 아우구스트 베커Philipp August Becker는 심지어 "켈트어 기관의 유전"이라는 표현까지 썼다. 이 기관이 유전된 것은 y 음소를 만들어내는 "구개음 기질palatal disposition"을 타고난 이들에게 "잠복해 있던 성향이 일깨워졌기" 때문이라는 것이다.[25] 이런 사례들을 보면, 언어학이 언어의 역사에 관해서 전혀 과학적이지 않다는 사실을 쉽게 알 수 있다. 이 학자들의 주장은 때로 20세기 정치의 풍경을 지배한 민족주의적·인종주의적 정체성 이데올로기와 떼려야 뗄 수 없는 관계에 있는 것으로 보인다.

그러나 많은 학자들은 화자의 민족적 정체성이나 소위 생물학적인 유전 따위와는 전혀 관련이 없는 이유로도 과거의 언어가 현재의 언어에 지속적으로 영향력을 행사할 수 있다고 주장했다. 한 언어가 시간차를 두고 다른 언어에 영향력을 미치는 현상에 대해서 수많은 설명들이 제출되었다. 예를 들어, 켈트어가 인도-유럽어에 남긴 유산에 관한 연구에서 율리우스 포코어니Julius Pokorny는 "수 세대가 지난 후 신비롭게 다시 출현하는 언어적 경향"은 "억압당하던 사회계급"의 부흥이라는 사회적인 현상의 언어 차원에서의 등가물로 이해할 수 있다고 주장했다.[26] 문헌학의 원칙에 한층 충실한 태도를 견지했던 라몬 메넨데스 피달Ramón Menéndez Pidal은 오래전에 사라진 언어 형식들이 지속하거나 심지어 회귀하는 듯 보이는 현상을 설명하기 위해 무릇 모든 언어적 변화는 본질상 천천히 점진적으로 일어난다는 주장을 펼쳤다. 그에 따르면, 언어 안에서 변화는 수 세기에 걸쳐 일어나며 모든 과정에는 "잠복기"가 있는데, 이 시기에는 소멸과 발생, 보존과 혁신이 불가피하게 공존한다.[27] 기저층은 아마도 이 양가적 상태의 존재일 것이다. 한 언어와 계승 언어 사이의 애매한 구역에 위치한 기저층은 언어와 민족을 넘어 양자를 계승하는 다른 언어와 민족으로 확장해간다.

이런 식의 설명은 매력적이지만 궁극적으로는 오도하는 것이다. 왜냐하면 이 설명은 언어 안의 '잠복기'가 여러 시기들 가운데 하나에 지나지 않으며, 언어 안에서 서로 다른 형식들이 중첩되는 일은 언어 발달 과정상의 단 한 순간으로 제한된다는 말이기 때문이다. 그러나 기록된 언어의 역사와는 달리 언어 자체에는 시대도 목차도 존재하지 않는다. 언어의 운동은 언제 어디서든 복잡하며, 복잡한 만큼이나 연속적이다. 그리고 우리는 자신들의 연구 대상 안에 이질적인 기저층이 존재할 가능성을, 최소한 이론상으로라도, 완전히 배제하는 것이 언어학자들에게 얼마나 어려운 일인지 알 수 있다. 경계선상의a limine 고고학적 잔여는 하나의 단일 언어가 지속하는 동안에는 언제든 또 어떤 언어학적 요소에 의해서든 은폐되어 있을 수 있다. 어떤 단어, 어떤 소리, 어떤 표현이 다른 언어가 남긴 흔적을 갖고 있지 않을 수 있을까? 골족 언어의 논쟁적인 모음은 어쩌면 예외가 아니라 규칙일지도 모른다. 하나의 언어에는 화자가 생각하는 것 이상의 무언가가 있다. 이것은, 비록 망각 속에서일지언정, 자신을 계승한 소리 안에서 계속 메아리치고 있는 다른 언어에 대한 망각이다. 언어 지질학자들의 꼼꼼한 연구는 분명 서로 이질적인 지층들, 하나의 단일 언어를 구성하거나 해체하는 본래적인 지층과 외래적인 지층을 규정하기 위한 것이었다. 그러나 언어 안에서 잃어버린 시간을 찾는 것은 기억 속에서 잃어버린 시간을 찾는 것 못지않게 지난한 일이다. 한 언어가 지나온 세월은 복원과 재현/재연representation을 거부한다. 이런 의미에서 언어의 단층 및 균열에 맞닥뜨린 화자speaker와 학자는 기억의 광물 덩어리를 끄집어냄으로써 "그 기억들을, 가장 오랜 기억과 가장 최근의 기억을 구별할" 수 있다고 믿었던 〔프루스트의〕 서술자narrator에 비해 무능력하다. 그들은 이 서술자처럼 분별력을 뽐낼 수 없다. 왜냐하면 언어의 '잠복기'는 시작도 끝도 모르며, 모든 언어들이 움직이는 연속체 continuum 안에서는 궁극적으로 적합과 부적합, 발생과 소멸 따위를 확실하게 구별할 수 없기 때문이다. 이 연속체 안에서 차이와 반복은 점점 더 구별할 수 없게 된다. 언어의 지층들은 너무나 많고 다양해서 이들의 끊임없는 변화의 리듬은 결코 한꺼번에 지각될 수 없다.

때로는 한 언어 안에 다른 언어의 흔적이 너무 많아서 그것이 정말로 '하나의' 언어인지 의심이 들 때도 있다. 이에 대한 가장 두드러지는 사례는 정치적·문화적·사회적으로 주변적인 언어 형식들에서 볼 수 있다. '크레올creoles' 혹은 '피진어pidgins'라고 불리는 이 언어는 어떤 때는 놀라울 정도로 민족어와 달라 보이지만, 또 어떤 때는 거의 구별할 수 없을 정도로 비슷해 보이기도 한다. 예컨대 1912년 프라하의 독일어 화자들 앞에서 행한 강연에서 카프카가 동유럽 유대인의 언어, 즉 이디시어(그는 이 언어를 당시 학계의 관습에 따라 은어라고 부른다)의 특징으로 꼽은 것은 "독일어의 먼 변방에서aus der Ferne der deutschen Sprache" 쓰인다는 것, 그리고 유럽의 주요 언어들과 불가분의 관계에 있지만 그 언어들로 환원될 수는 없다는 것이었다. 그리고 이런 이유에서 카프카는 유대-독일적인 이 언어는 일반적으로 어떤 유럽어로든 완벽하게 번역될 수 있지만, 여기서 독일어는 당연히 예외라고 주장했다.[1] 그러나 오늘날에는 매우 위엄 있어 보이는 언어들도 그것들이 실제로 쓰이던 당시에는 자주적인autonomous 언어로서의 지위를 갖는 것인가라는 의심으로부터 자유롭지 못했다. 키케로Cicero와 바로Varro의 스승이자 최초의 라틴어 문법학자였던 아엘리우스 스틸로Aelius Stilo 같은 권위자조차 로마인들의 언어는 실상 그리스어의 방언에 불과하다는 생각을 갖고 있었다. 그의 저작들 중 남아 있는 것은 없지만 여러 자료들로 미루어 볼 때, 그의 견해는 15세기 후반 피에트로 벰보Pietro Bembo와 과리노 베로네세Guarino Veronese 같은 인문주의자들이 새로운 형태로 부활시켜 강력하게 옹호하기 훨씬 전부터 이미 고대인들 사이에 광범위하게 공유되고 있었음을 알 수 있다.[2]

언어에 들어 있는 이질적인 요소를 식별하는 것이 항상 쉬운 일은 아니다. 그리고 어떤 종류의 기저층 이론이든 하나의 단일 언어를 구성하는 다양한 층들의 크기가 서로 다르다는 것은 인정하지 않을 수 없다. 다른 언어 안에 생존해 있는 언어는 분명 제한적인 현상일 것이다. 야쿠어Yaku를 예로 들면, 비록 지금은 기능을 상실했다고 간주되지만 이 언어는 오늘날 에티오피아에서 널리 쓰이는 다수의 식물명 속에 살아남아 있다고 전해진다.[3] 그러나 소멸한 언어가 〔현재〕 쓰이고 있는 언어에 흔적을 남기는 방식은 한층 더 복잡할 수 있으며, 이를 규명하는 것은 쉬운 일이 아니다. 아랍어 방언이 그 고전적인 사례다. 이 방언은 크게 봤을 때 오늘날 아랍 세계에서 유일한 문어로 남아 있는 고전어로부터 파생된 것으로 간주되지만, 어휘, 음운, 문법의 차원에서 상당한 차이를 보인다. 이집트, 이라크, 북아프리카, 시리아-팔레스타인 지역의 다양한 언어들의 공통된 기원을 7세기부터 중동 및 아프리카의 상당 지역을 정복했던 베두인족의 고대 언어로 추적해가는 과정에서 어려움을 느낀 많은 동양학자들은 일찍부터 기저층 이론에 의지해왔다. 이들의 주장에 따르면, 오늘날의 방언들은 아랍 침략 당시까지 쓰이고 있던 토착어들이 고전 아랍어와 다양하게 접촉한 덕분에 발달한 것이다.

1958년 출간한 연구서에서 이레네 하르벨Irene Garbell은 "한 언어의 형성은, 비록 느릴지는 몰라도, 연속적인 과정이며, 이 과정의 매 단계는 현재의 전반적인 패턴뿐 아니라 과거의 흔적들 역시 반영하게 마련"이라고 말하면서, 시리아, 레바논, 팔레스타인 등지에서 쓰이는 수많은 언어들에 공통된 특유한 소리 체계는 아랍인의 정복 이전에 이 지역에서 쓰이던 셈족의 언어가 아랍어에 끼친 영향의 흔적이라는 가설로 설명될 수 있다고 주장했다. 그녀는 이렇게 적었다. "이 지역의 아랍어 방언들에 일어난 음운 변화는 어쩌면, 아니 분명히 아람어의 영향에 의한 것이다."[4] 이 경우에는 모음보다 훨씬 더 큰 문제들이 존재한다. 이 학자에 따르면, 동지중해 연안 지역 아랍어의 음운론은 발달의 측면에서든 체계 구조의 측면에서든 이 언어 안에 잔존해 있는 셈족의 옛 언어에 의해 규정된 것이다. 물론 이 주장은 반박되었지만, 이런 식의 주장은 이 분야에서 결코 희귀한 것unicum이 아니다.[5] 이와 유사하지만 한층 과감한 주장들이 현대 이집트어의 방언들과 관련하여 제출되었다. 이 방언들은 아랍인의 침공 당시 이집트에 살았던 기독교인의 콥트어로부터 많은 영향을 받았다는 것이 일반적인 견해이다. 조지 소비George Sobhy는 고전적인 기저층 이론의 용어를 차용하여 이 견해를 다음과 같이 정식화한다. "콥트인이 무슬림으로 개종하는 경우에는 아랍어를 배워야 했다. 물론 하루 이틀 만에 되는 일은 아니었다. 따라서 그가 동료 신자들co-religionists과 대화를 나누거나 친분을 쌓으려고 할 때 콥트어와 아랍어의 혼합어를 쓸 수밖에 없었다는 것은 자명한 이치다. 수천 명의 사람들이 그렇게 했고, 그래서 이집트 지역 거주민들에게는 새로운 아랍어 방언, 즉 콥트어와 아랍어의 혼합어가 생겨나게 되었다."[6] 이런 관점에서 보자면, 콥트어는 이집트 주민들에 의해 변형된 형태로 거의 1,200년 가까이 사용되어왔음에도 불구하고 여전히 생존해 있는 셈이다. 콥트어는 아랍어에 병합된 것이 아니라 뒤섞인 것이며, 바로 이 '혼합어'가 현대 이집트어에 특징적인 표현들을 만들어낸 것이다.

항상 그렇지만 이 주제에 대해서도 학계의 만장일치 따위는 존재하지 않으며, 이 콥트어 테제에 대한 비판자들은 많다. 이것은 전혀 놀라운 일이 아니다. 과연 누가 사라진 언어의 지속력과 영향력을 과학적인 잣대로 정확히 판별할 수 있겠는가? 언어학적 잔존의 본성과 범위를 평가하는 문제와 관련하여 전문가들의 견해는 상당히 갈린다. 어떤 이들은 명목상으로 아랍어인 현대 이집트어에 외래 요소들이 숨겨진 형태로 잔존한다는 증거를 다수의 음운뿐 아니라 상당수의 문법에서도 찾아낸다. 다시 말해 이 방언에 특징적인 일부 자모뿐 아니라 전형적인 통사 구조 역시 상당 부분 콥트어라는 공통 지층에서 그 흔적을 찾을 수 있다는 것이다. 반면 다른 이들이 보기에 이 영향 관계를 나타내는 사례는 제한적이다. 그렇지만 콥트어 유전 테제에 대해 가장 회의적인 견해를 가진 사람들조차 이 옛 언어의 유산이 현대 이집트어에서 음운론의 영역을 넘어 문법의 영역까지 걸쳐 있을 수 있다는 사실을 부정하지는 않는다.[7]

한 언어를 구성하는 지층들의 본성과 범위에 관한 성찰은 궁극적으로 엄밀한 의미에서 언어학적인 물음이 아닌 철학적인 물음에 직면하게 되며, 하나의 언어라는 개념 자체와 씨름할 수밖에 없다. 한 언어는 다른 언어를 얼마만큼 품을 수 있는가? 가령, 동지중해 지역의 방언과 아람어가 대체로 구별될 수 있다는 점을 전제로 한다면, 전자는 후자를 얼마만큼 포함할 수 있을까? 그리고 현대 이집트어의 언어 형태가 아랍어의 곁가지 중 하나라는 점을 전제로 한다면, 이 방언의 문법과 소리는 어느 정도까지 콥트어에 의해 규정될 수 있는 것일까?

이런 의문들이 열띤 논쟁으로 비화하는 것은 문제의 언어학적 대상이 민족어라는 정치적 집합의 공식적인 언어가 되는 순간이다. 하나의 단일 민족을 표상하는 임무를 받은 언어는 분석과 조회identification의 작업에 매우 저항적일 수 있다. 가령 히브리어를 보자. 거의 2천 년 동안 어떤 정치적 조직과도 연계되지 않은 채 계속 쓰여오던 이 언어는 대략 반세기 남짓 전인 1948년 이스라엘 국가가 건립될 때 급작스럽게 공식 민족어로 소환되었다. 이 고대 언어가 민족어로 바뀌는 과정을 지켜본 사람들은 이 과정을 "언어 부활language revival"이라 불렀다. 그러나 이 표현의 부정확성을 알아채기란 어렵지 않다. 언어의 영역에서 '재탄생'과 '부활'은 '탄생'과 '죽음' 못지않게 애매한 말이다. 그리고 이 경우에는, 여러 학자들이 지적했던 것처럼, 그런 말들을 쓰기 전에 매우 신중을 기해야 할 역사적이고 언어학적인 이유들이 아주 많다. 우선 공동체에서 더 이상 기능하지 못할 때 한 언어가 '죽음'에 이르는 것이라면, 히브리어는 결코 죽은 적이 없다는 지적이 있었다. 왜냐하면 구어로서 더 이상 쓰이지 않게 된 이후에도 이 고대 언어는 유대인들 사이에서 계속 문어 표현을 위한 수단으로 쓰였기 때문이다. 유대인들에게 히브리어는 "반쪽짜리 이중 언어diglossic half-language"였던 셈이다.[8] 또 다른 학자들은, 죽은 지 오래인 피조물이 생명력을 회복한다는 통상적인 의미로 '부활'을 이해한다면, 히브리어는 결코 부활한 적이 없다고 말했다. 왜냐하면 현대 히브리어는 고대 히브리어의 어떤 변이형에도 부합하지 않기 때문이다.[9] 많은 언어학자들이 상세하게 지적했던바, 이 고대 언어를 '부활'시키려 한 사람들이 실제로 한 일은, 불가피하게도, 부활과는 전혀 다른 것이었다. 즉 그들은 옛 언어의 토대 위에 새로운 언어를 건설한 것이다. 그들은 발음 규칙을 대거 상실한 언어에 새로운 발음 규칙을 만들어주고, 그 전까지는 성서적인 특징을 지녔던 이 언어의 실재realia를 현대에 적합한 어휘들로 채웠다.

이렇게 출현한 새로운 민족어는 확실히 히브리어로 보이긴 했다.

그러나 그것은 동시에 자신을 창조한 20세기 유럽인들의 흔적 또한 또렷하게 아로새기고 있었다. 이 흔적들은 20세기에 새로 만들어진 어휘들을 넘어 지금도 계속 확장되고 있다. 누구라도 조금만 주의 깊게 들어보면, 이 현대 언어의 음성 체계가 고대 언어에는 결코 있었을 리 없는 요소들을 갖고 있으며, 반대로 고대 언어에 속해 있었음이 확실한 다른 요소들은 결여하고 있음을 알게 된다. 예를 들어, 이 현대 언어의 구개수음 혹은 '떨림음' r을 보면, 이것은 셈족 언어의 혀끝소리 혹은 '굴림음' r(히브리 철자 레시resh〔ר〕에 전형적으로 상응하는 아랍 철자 rā〔ر〕가 그 예다)이 아닌 근대 고지 독일어 철자 r에 훨씬 더 가깝다. 혹은 성서 히브리어 철자 알레프aleph(א)와 아인ʿayin(ע), 테트tet(ט)와 타브tav(ת), 그리고 카프kaf(כ)와 코프qof(ק) 간의 변별 대립을 생각해보라. 이들의 등가물은 현대 히브리어가 아닌 현대 아랍어에 있다. 물론 어원학적으로 이 문자들을 보존하고 있는 것은 현대 히브리어지만 말이다. 더욱이 형태론과 문법의 측면에서 이스라엘어는 셈족에 특유한 다수의 구조적인 특징 대신 인도-유럽어에 더 가까운 특징들을 갖추고 있다. 이밖에 접미사를 가지는 명사의 형태 및 연계 관계construct state를 버리고 대신 이것들을 근대 유럽어의 대칭 구성을 상기시키는 전치사 של를 기초로 삼아 만들어진 분석적 소유격 표현으로 대체하려는 광범위한 경향 역시 유사한 사례로 꼽을 수 있다. 그리고 현대 히브리어는 고대 히브리어의 형태론을 보존하면서도 셈족어의 음가 대신 근대 유럽어에 상응하는 음가를 상당수 채택했다. 이에 해당하는 사례는 이스라엘 히브리어의 음성 체계다. 이것은 형태론의 측면에서는 성서 히브리어를 닮았지만, 의미론의 측면에서는 인도-유럽어에 더 가깝다.[10]

이 특징들은 모두 부인할 수 없는 사실이다. 그리고 언어학자들이, 서로 상이하게 해석하긴 했지만, 공히 이 사실을 언급했다는 점은 지극히 자연스럽다. 일부 전문가들에게 그 특징들은 상대적으로 중요하지 않은 것으로 보였다. 즉 그들에게 셈족의 현대 언어 안에 있는 인도-유럽어라는 "근접층"의 기호들은 대다수 히브리어 부활주의자들의 모〔국〕어, 즉 이디시어를 가리키는 증거였던 것이다.[11] 그러나 다른 학자들에게 그것들은 이 현대 민족어가 가진 셈족 언어로서의 정체성을 의문에 부치기에 충분해 보였다. 1928년에 출간된 『셈어 입문』에서 이미 고트헬프 베르크슈트레서Gotthelf Bergsträsser는 팔레스타인 시온주의자들이 쓰는 새로운 언어는 셈족 언어라기보다는 "투명한 히브리어 의상을 걸친 유럽어 중 하나"임을 밝힌 바 있다.[12] 유대 국가가 창립된 지 20년이 지난 후 한 이스라엘 언어학자는 심지어 제 나라의 언어를 두고 "동유럽 언어의 번역어 이상도 이하도 아니"라고 말하기까지 했다.[13]

이 주제에 관해 지금까지 개진된 테제들 중 가장 급진적인 것은 아마도 텔아비브 대학 언어학 교수 폴 웩슬러Paul Wexler의 테제일 것이다. 1990년 웩슬러는 얇지만 더없이 도발적인 저서를 출간했는데, 이 책은 『현대 히브리어의 분열증적 본성: 셈족의 과거를 찾아 나선 슬라브어*The Schizoid Nature of Modern Hebrew: A Slavic Language in*

Search of a Semitic Past』라는 제목을 달고 있다. 성서 민족의 언어는 유형론과 발생론의 측면에서 공히 이스라엘 국가의 그것과는 아무 관련이 없으며, 이 두 언어 모두에 똑같이 붙어 있는 "히브리Hebrew"라는 언어명glottonym은 두 언어를 가르는 근본적인 특성을 은폐할 따름이라는 것이 웩슬러의 주장이다. 전자는 대략 열여덟 세기 전에 이미 구어로 쓰이기를 멈춘 고대 셈족 언어이며, 후자는 19세기 말 현대적인 형태의 히브리어로 출현한 인도-유럽어이다. 이스라엘 민족어의 출현은 고대 성서 언어의 '부활'이 아니며, 그것의 연속은 더더욱 아니라고 웩슬러는 주장했다. 웩슬러가 보기에, 이 현대 언어는 고대 셈족 언어의 복원을 도모한 자들이 이디시어 어휘들을 성서 어휘들로 교체하고 동유럽이 아닌 지중해 언어에 더 가까워 보이도록 발음을 바꿈으로써 성립한 것이다. 즉 그것은 웩슬러의 표현을 빌리자면 "재음운론화 **겸**cum 재어휘화"라는 "합성 과정"을 통해 만들어진 언어인 셈이다. 이렇게 해서 만들어진 언어는 표면적으로는 고대 유대인들의 언어를 닮긴 했어도 진짜 히브리어로 분류될 수는 없었다. 웩슬러의 견해에 따르면, "이디시어 같은 인도-유럽어를 옛 셈족 히브리어의 '직접적 계승자'로 탈바꿈시키기에는 셈족 언어의 어휘만으로는 역부족이다." 이 사실을 몰랐던 시온주의자들은 아주 이상한 물건을 만들어냈다. 이 연구자의 말을 빌리자면, 이 언어는 "요상한 어휘를 가진 이디시어의 일종"이다.[14]

이 현대 민족어가 탄생할 때 발생한 복잡한 과정에 이 언어학자가 붙인 이름은 "부분적 언어 변환partial language shift"이다. 다른 언어에 굴복한 듯 보였던 이 동유럽 언어는, 비록 시야에서는 사라졌을지언정, 새로운 국가의 인공 "히브리어" 안에 여전히 살아남아 있다. 모든 사람이 퇴화한 것으로 간주한 이디시어는 실상, 말하자면, 자신의 화자와 관찰자 모두에게 잊혀진 상태에서 새로운 삶을 찾아낸 것이다. 이러한 "부분적 언어 변환" 운동은 분명 아주 미묘한 것이며, 이 운동을 정의한 학자는 기저층 이론의 가장 근본적인 공리 중 하나—물론 이것이 실제로 공표된 적은 없지만—를 재고할 수밖에 없었다. 그 공리란 언어 안에서 요소와 집합, 복잡한 지질학적 덩어리와 이 덩어리 내의 단일 지층을 구별할 수 있다는 것이다. 여기서 이스라엘어의 '구성 요소'로 상정된 이디시어는 부분의 한계를 넘어 이 민족어의 문법 및 소리 체계 전체를 규정하는 것이 된다. 그러나 웩슬러는 이 이론의 용어를 고수하면서, 지층들의 대체 혹은 이동 과정이 아무리 복잡하더라도 주요 층과 주변 층이 구별될 수 있다는 생각을 버리지 않았다. 그리고 그는 전래의 판단을 뒤집어 현대 히브리어는 유럽어의 덮개를 쓴 셈족 언어가 아니라 셈족의 첨가물(그의 표현으로는 "요상한 어휘")을 얹은 유럽어라고 주장했다. 그러나 우리는 이 언어학자가 스스로 지지할 수 없다고 생각한 바로 그 제스처를 반복함으로써 결국 자가당착에 빠진 것은 아닌지 의아해진다. 이질적인 요소를 재고함으로써 그는 이 민족어의 정체성 자체를 의문에 부친 다음, 새로운 옷을 입혀 이 언어를 재반포한 것이다. 통상적으로 〔이디시어를〕 대체했다고 간주되는 제 모〔국〕어를 오히려 그 언어의 계승자로 규정함으로써 말이다.

그러나 언어의 변환은 이보다 더 광범위할 수 있고, 변환의 운동은 이 학자가 생각한 것보다 훨씬 더 추적하기 어려운 것일지도 모른다. 언어의 다층적인 인접층들은 계승과 대체라는 단일한 질서를 받아들이지 않을 수도 있다. 이 단일 질서에 따르면, 기저층들은 서로 간에 그리고 이후로 켜켜이 쌓인 층들과 명확하게 구별될 수 있다. 언어 안에 침전되어 있는 광물질을 연구하는 언어학계의 파르티잔들은 자신들이 비교적 확실하게 규명할 수 있다고 생각한 특정한 층들에 집중했다. 그들은 이 층들이 유래한 언어와 이 층들에 덧붙여진 언어 역시 규명할 수 있다고 생각했다. 그러나 이렇게 함으로써 그들은 결국 오류를 범한 것인지도 모른다. 많은 이들이 생각하듯 너무 멀리 나아갔기 때문이 아니라 오히려 충분히 멀리 나아가지 못했기 때문에, 즉 과학적인 양심이라는 명분하에 저 특정한 층들에 대한 연구를 스스로 제한했기 때문이다. 즉 그들은 다른 모든 부분에서는 확실하게 뿌리를 내리고 있는 언어가 유독 이 부분에서만 유동적이라고 생각한 것이다. 〔그러나〕 혹시 언어 안에 있는 모든 것이 단일 집합의 구성원으로 표상되기에는 너무나 많고 또 너무나 다양해서 오직 층들의 끊임없는 변환에 의해서만 규정될 수 있는 것은 아닐까? 언어에는 유동하는 부분 외에 다른 부분은 없다. 그리고 한 언어를 언어로 묶어주는 유일한 응집력은 계속해서 변화하는 여러 방법들을 통해 그 언어를 이전 언어와 결합 혹은 분리하는 기억과 망각의 층 속에 들어 있는지도 모른다. 자신을 배태한 무국적성statelessness에 의해 여전히 관통당하고 있는 저 민족어,

즉 오래전 사멸한 히브리어가 오늘날 '아랍' 방언들 안에 여전히 존속하고 있듯이, 혹은, 마지막 예를 들자면, 한때 그 언어들로 소통하던 사람들이 사라진 이후에도 계속 살아남은 라틴어와 켈트어가 오늘날 '프랑스어'라 불리는 근대 로망어를 탄생시켰듯이 말이다. 이런 의미에서 우리는 '하나의' 언어를 어떤 무정형의 덩어리, 그 안의 여러 층들이 제가끔 이전에 망실된 층들이 남겨놓은 지각 가능한 혹은 불가능한 부재의 흔적을 지니고 있는 어떤 덩어리로 볼 수 있다. 즉 언어는 시간의 흐름에 따라 계속 그것에게서 빠져나간 것들로 이루어진, 말하자면 변환의 총체sum인 것이다.

11장 작은 별

한 언어 형식 안에서 다른 언어의 메아리를 감지하는 것은 언제나 가능하다. 그러나 이 울림의 본성과 의미는 그것을 듣는 귀가 해당 언어의 표현과 어법에 맞게 얼마나 잘 조율돼 있는가에 따라 크게 달라질 수 있다. 때로 이 문제는 다른 언어의 형식을 연상시키는 하나의 소리, 심지어 하나의 철자의 문제일 수도 있다. 가령 러시아어의 마찰구개음 tche(ч)를 보면, 이것은 근대 고지 독일어에서 ("안녕"이라는 뜻의 tschüss에서처럼) 'tsch'라는 철자로 표기되는 소리에 가깝다. 혹은 영어 단어 'thing'의 첫 음인 치간음을 보면, 이것은 고전 아랍어의 철자 thā(ث)와 거의 구별이 불가능해 보인다. 이것은 또 어떤 때는 운율학의 문제일 수도 있다. 아르헨티나 스페인어의 억양은 때로 이탈리아어 억양과 닮은 것으로 간주된다. 그런가 하면, 한 언어의 단어들이 통째로 다른 언어의 단어들과 충격적일 정도로 비슷한 발음인 경우도 있다. 이 유사성을 증명하는 자료들은 수없이 많다. 그리고 많은 경우 언어들 간의 유사성에 대한 의식은 언어 자체에 대한 성찰만큼이나 오래된 것으로 보인다. 예를 들어, 『탈무드』의 랍비 주석가들은 유대 법률 용어에 대한 체계적인 설명을 제시하면서 성서의 모호한 표현들 중 상당수가 아람어 및 아랍어 단어들과 유사한 음성적 형태를 지닌다고 해석한 바 있다. 수 세기 후 히브리어에 대한 체계적인 분석을 최초로 시도한 중세 유대 문헌학자들 역시 같은 생각이었다. 그들은 성서에 나온 단어와 문법을 『쿠란』의 그것들과 관련시켜 연구했다.[1] 서구 고전 시대에도 역시 서로 동떨어져 있는 언어들 사이의 유사성에 대한 의식은 분명히 있었으며, 이 의식은 언어의 구조 및 본성에 대한 성찰이 시작되고 발전하는 데 있어서, 결정적인 것까지는 아니지만, 상당한 역할을 한 것으로 보인다. 예를 들어, 『크라틸로스』에는 프리기아어 단어와 매우 비슷하게 발음되는 다수 그리스어 단어에 대한 논의가 담겨 있으며, 폼페이우스 페스투스Pompeius Festus는 『단어의 의미에 대하여』라는 논고에서 라틴어 단어들은 규칙적인 형태인 경우에도 그리스어 단어들과 매우 닮았다는 점을 보여주고자 했다.[2]

언어들 간의 유사성을 지목하는 것과 이것을 설명하는 것은 전혀 다른 일이다. **사실의 차원에서**de facto 이 두 물음에 대한 논의가 서로 연계되는 것은 사실이다. 플라톤의 대화록에 등장하는 소크라테스는 그리스어와 프리기아어에 공통된 형식들을 열거한 뒤, 망설임 없이 전자가 후자에서 유래했다는 견해를 밝힌다. 페스투스 역시 그리스어와 라틴어의 유사성을 다루는 논고에서 헬레니즘 언어에 음운 교체가 일어난 것은 초기 로마인들에 의해서였다는 주장을 개진한다. 그러나 언어들 사이의 반향에 대한 고찰이 반드시 반향의 원인에 대한 고찰과 논리적으로 연결되는 것은 아니다. 첫번째 물음은 구조에 관한 것이고, 두번째는 역사에 관한 것이다. 첫번째는 현존하는 현상에 대한 분석을 필요로 하는 데 반해, 두번째는 언어들 사이의 상응에 관한 인과관계를 재구성하는 작업을 요구한다. 이런 의미에서, 11세기 스페인의 문헌학자이자 시인 이샤크 아부 이브라힘 이븐 바룬Yiṣḥaq Abū Ibrāhīm Ibn Barūn이 『히브리어와 아랍어 간의 비교에 관한 책*Book of the Comparison Between the Hebrew and the Arabic Language*』에서 더없이 정확한 통찰로 두 언어 사이의 닮은 점을 밝혀내면서도, 이들 사이의 형태론적·어휘론적 유사성의 원인에 대해서는 전혀 의문을 제기하지 않은 것은 전적으로 이해할 만하다.[3] 분명 두 언어의 역사적 관계와 관련하여 중세 문법학자들의 입장은 다양하게 갈렸을 것이다. 그러나 그들의 입장이 무엇이든 그것은 이샤크의 비교 분석과는 근본적으로 무관하다.

오늘날 이 두 문제를 구별하기가 어려운 것은 19세기 초반부터 발전한 언어학이 이후 거대한 단일 기획으로 발전하게 될 모종의 작업을 도모하면서 그것들을 뒤섞었기 때문이다. 즉 언어들 사이의 유사성과 더불어 이 유사성의 궁극적인 원인에 대한 설명을 하나로 제시하려 한 것이다. 현대 언어학은 애초부터 언어들 간의 유사성과 이 유사성을 만들어낸 복잡한 유전 형질을 밝혀내는 것을 목표로 삼는 것이었다. 따라서 현대 언어학의 방법 및 지향은 비교적이고 역사적이 될 수밖에 없었다. 이 복잡한 기획이 최초로 언명된 것은 1788년 2월 2일 캘커타의 아시아 협회Asiatick Society에서 윌리엄 존스 경Sir William Jones이 행한 「힌두어에 관한 강연」에서였다. 벵골 지역 포트윌리엄 시의 고등 판사였던 존스는 그리스어, 라틴어, 독일어, 페르시아어에 관한 지식까지 두루 갖춘 고전학자였다. 뿐만 아니라 그는 인도에 머무는 동안 산스크리트어 연구까지 시작했다.[4] 힌두어에 관한 강연을 하던 당시 그가 고대 인도어에 대해 가지고 있던 지식은 아직 초보적인 수준에 불과했던 것 같다. 그러나 그 지식은 고대 인도어가 그리스-로마 전통에 속한 고전어들과 단지 표면적인 유사성만 갖는 것은 아니라는 신념을 갖게 하기에는 충분했다.[5] 존스는 열띤 어조로 다음과 같이 언명했다.

> 산스크리트어는 경이로운 구조를 가지고 있다. 그리스어보다 더 완벽하고, 라틴어보다 더 풍요로우며, 이 두 언어보다 더 세련되고 정교하다. 그러나 우연이라고 보기에는 공히 문법 형식과 동사 원형의 측면에서 산스크리트어는 그리스어 및 라틴어와 강한 근친성affinity을 띠고 있다. 아닌 게 아니라 어떤 문헌학자philologer도 아마 더는 존재하지 않는, 이 세 언어에 공통된 어떤 원천이 있다고 믿지 않고서는 이 언어들에 관해 연구할 수 없을 정도이다. 또한, 비록 이만큼 강력한 것은 아니지만, 고딕어Gothick와 켈트어Celtick 역시, 물론 아주 상이한 언어와 섞이긴 했으나, 어쨌든 산스크리트어와 같은

기원에서 유래했다고 추정할 만한 상당한 근거가 있다. 만약 여기서 페르시아어Persia의 고대에 관해 논의할 여지가 있었다면, 나로서는 고대 페르시아어도 이 족보에 포함시켰을 것 같다.[6]

이 "문헌학자"의 논변은 자세한 주목을 요한다. 산스크리트어의 정교함과 아름다움에 대한 칭찬으로 말문을 연 그는 이 언어가 라틴어 및 그리스어와 "근친성"을 지닌다고 확언한다. 존스는 이 근친성이 "우연히 생겨났다고 볼 수는 없"다고 말한다. 그는 이렇게 언어의 장에서 우연을 배제함으로써, 그 자신이 말한 대로라면, 어떤 학자도 반박할 수 없을 한 가지 테제를 도출해낸다. 그의 테제는 거의 믿음에 필적할 정도로 강력한 주장이다. 즉 이 세 가지 고전어는 공통된 유전 형질을 갖는 것이 틀림없으며, 나아가 이 유전 형질은 "고딕어" "켈트어" 그리고 "고대 페르시아어"에도 적용될 수 있다는 것이다. 존스는 이 주장을 발표하면서 흥분한 나머지 논리적인 단계들을, 성급한 정도까지는 아니었지만, 서둘러 밟아나갔다. 단 하나의 문장 안에서 그는 산스크리트어의 "경이로운 구조"에 대한 언급에서 출발하여, 고전어들 사이에 일련의 유사성이 존재한다는 가설을 거쳐, 마지막으로 인도 및 유럽의 언어들이 하나의 "가계"를 이룬다는 주장에 도달한다. 이 언어들은 단일한 계보학적 기원, 즉 "아마 더 이상 존재하지는 않을 공통의 원천"을 갖고 있다는 것이다.

존스는 어휘lexis("동사 원형") 및 형태론("문법 형식")에 대해서는 지나가면서 잠깐 언급할 뿐 자신의 주장을 체계적으로 증명하지는 않았다. 따라서 결국 그의 주장은 엄밀한 의미의 학문적 연구라기보다는 문헌학적 직관에 기댄 것인 셈이다. 오늘날 우리 귀에는 그의 논변 중 상당 부분이 다분히 신화적인 영역에 머물러 있는 것으로 들린다. 특히 세번째 강연의 결론 부분에 제시된 "결과"를 생각해보자. 이 학자의 설명에 따르면, "힌두어는 고대 페르시아어, 에티오피아어, 이집트어, 페니키아어, 그리스어, 토스카나어, 스키타이어, 혹은 고딕어, 켈트어, 중국어, 일본어, 페루어와도 아득한 근친성을 가지고 있다." 그리고 그는 정말로 그럴듯하게 들리는 어투를 유지하면서 이렇게 덧붙인다. "이 모든 언어는 어떤 중앙 국가에서 유래한 것이다."[7] 벵골 지역의 이 고등 판사는 근대 주요 유럽어를 산스크리트어 및 페르시아어와 한 집합으로 묶는 "공통의 원천common source"에 관한 가설을 제시함으로써 이후 19세기에 발전한 언어학이 확정하게 될 수많은 테제들을 예비한 셈이다. 이후 100년이 조금 못 돼서 출현한 언어학이라는 분야는 비교 및 역사적 연구 방법론을 택했다. 그리고 학문적으로 점점 더 엄밀성을 갖춰나가면서 언어학은 고전, 중세, 근대 유럽어 및 인도-이란 계통 언어들을 한 집합으로 묶는 복잡한 친족 관계를 규명하겠다는 목표를 세웠다. 즉 그 모든 언어들을 상호 관계를 통해 그리고 이들이 유래한 것으로 간주되는 "동일한 기원same origin"을 통해 규명하려 한 것이다.

사후적으로 봤을 때, 태동기의 문헌학이 전문적인 기술의 측면과 이에 기초하여 도출한 결론의 측면에서 공히 발전한 속도를 보면 실로 놀라지 않을 수 없다. 이 분야에 대한 전문적인 연구는 프리드리히 슐레겔Friedrich Schlegel의 선구적인 비교-역사적 논고 『인도인의 지혜와 언어에 대하여*Über die Sprache und Weisheit der Indier*』(1808)에서 출발하여, 프란츠 보프Franz Bopp의 『고전어 체계에 관한 초기 비교 연구』(1816) 혹은 1819~1837년에 간행된 야코프 그림Jacob Grimm의 『독일어 문법*Deutsche Grammatik*』—이 책은 본질적으로 게르만어의 유형과 역사에 대한 연구이다—을 거쳐, 1833년과 1852년 사이에 출간된 보프의 역작 『산스크리트어, 아베스타어, 그리스어, 라틴어, 리투아니아어, 고딕어, 게르만어, 슬라브어의 비교문법*Comparative Grammar of the Sanskrit, Zend, Greek, Latin, Lithuanian, Gothic, German, and Sclavonic Languages*』에 이르는 시기에 태동하여 곧바로 성숙 단계에 이르렀던 것이다.[8] 1861년 아우구스트 슐라이허August Schleicher가 선배들의 작업을 상당 부분 확대하고 교정한 기념비적인 비교문법 개론서를 출간했을 때, 힌두어에 대한 담론을 통해 존스가 상상했던 "공통의 원천"은 어엿한 학술적 명칭을 갖게 되었다. 그리고 이 명칭은 다시 새로운 문헌학 분야의 명칭으로 확대된다. 그것은 "인도-유럽어," 아니 더 정확히 이 독일 학자가 붙인 이름을 따르자면, "인도-게르만어indoeuropäisch or indogermanisch"이다.[9] 유럽어와 인도어 간 근친성의 아득한 원인은 이제 고유한 권리를 가진 용어로서 전면에 등장할 수 있게 되었다. 슐라이허가 "근원어Ursprache"라 부른 이 언어에서 "게르만어, 리투아니아어, 켈트어, 이탈리아어, 알바니아어, 그리스어, 이란어, 인도어"가 일거에 생겨났다. 이 언어는 벵골 지역의 판사가 꿈꿨던 광대하고 다채로운 가계를—놀랍게도 혼자서—탄생시킨 아버지인 셈이다.[10]

다른 모든 지식의 영역처럼 인도-유럽어학 역시 나름의 공리를 가지고 있다. 이것은, 엄밀히 말하면, 증명될 수는 없지만 명제들의 일관성을 위해 반드시 전제되어야 하는 근본 원리다. 18세기 힌두어에 관한 담론을 통해 최초로 윤곽이 잡힌 이 학문 분야에는, 장-클로드 밀네Jean-Claude Milner가 보여주었듯이, 단 두 개의 공리밖에 없다.[11] 그러나, 비록 수는 적지만, 이것들의 결정력 혹은 파급효과는 결코 작지 않다. 첫번째 공리는 언어들 간의 유사성에는 원인이 있다는 것이며, 두번째는 이 원인이 언어라는 것이다. 비교문헌학자들은 이 이중 전제—이것은 근본적으로 "근원어" 자체의 전제와 다름없는데—의 토대 위에서 대다수 유럽어와 다수 아시아어 간에 일치점을 확립하기 시작했다. 밀네의 다음 진술은 매우 예리하다.

> 따라서 인도-유럽어 문헌학자가 된다는 것은 1) 언어, 즉 〔근본〕 원인이 되는 언어를 구성하는 것, 2) 관찰 대상 언어들 각각을 이 원인-언어에 결속시키는 것이다(우리는 이것을 '어원학'이라 부른다). 즉각 인도-유럽어라는 관념은 이상한 것이라는 생각이 떠오른다. 이것은 그 말의 완전한 의미에서 언어, 즉 모든 측면에서 알려진 어떤 언어와도 비교 가능한 언어이다. 그러나 이 언어를 쓰는 사람은 결코 찾아볼 수 없다. 아닌 게 아니라 누군가 우연히 이 언어의 뚜렷한 흔적을 발견한다 해도, 그것은 효과-언어〔파생 언어〕의 요

소로 간주될 수밖에 없다. 원인-언어를 향한 기나긴 추적은 언제나 실패로 끝난다.[12]

어원학의 예는 특히 시사적이다. 왜냐하면 그것은 인도-유럽어라는 기획의 독창성originality을 예시해주기 때문이다. 아우구스트 포트August Pott가 두 권으로 된 저작 『인도-게르만어 영역에서의 어원학적 연구*Etymologische Forschungen auf dem Gebiete der indogermanischen Sprachen*』 중 제1권을 출간한 1830년대부터 인도-유럽어 문헌학의 연구 원리 및 방법론은 "근원어" 어휘 사전을 만드는 방향으로 발전하기 시작했다. (제1권은 근원 언어에 속한 어원으로 단어 370개를 등재했으나, 1873년 『인도-게르만어의 뿌리-단어들*Wurzel-Wörtherbuch der indogermanischen Sprachen*』이 출간되면서 이 어원의 전체 집합은 2,226개로 확장된다.)[13] 이 작업들은 표면상으로 언어학의 이전 전통인 사전학적 연구의 연장선상에 있다고 볼 수 있다. 그러나 이 새로운 분야의 인식론 및 전문 기술은 근본적으로 새로운 것이었다. 이 새로운 학문의 '뿌리 형태'에 관한 연구는 고대와 중세의 어원학적 사변과는 확연히 달랐다. 세비야의 이시도르의 표현을 따르자면, 고대 및 중세의 어원학적 사변은 무엇보다 사물의 "기원origo" 및 "생명vis"을 이 사물을 지시하는 단어의 형성과 관련하여 설명하는 것이 목표였다.[14] 그런데 인도-유럽어 어원학자들의 방법론과 지향은 가령 블로흐-바르트부르크Bloch-Wartburg의 『프랑스어 어원 사전*Dictionnaire étymologique de la langue française*』이나 그림 형제의 『독일어 사전*Deutsches Wörterbuch*』 혹은 『옥스포드 영어 사전』 같은 동시대의 기념비적인 사전학 연구와도 근본적으로 달랐다.[15] 근대 민족어 사전들은, 물론 각각 정도 차는 있지만, 전통적인 의미에서의 텍스트 연구라는 원칙에 기초하여 단어의 역사를 보여준다. 사전의 각 항목들은 다양한 자료를 통해 해당 단어의 최근 용법에서부터 더 이전 용법으로, 그리하여 궁극적으로는 기록된 자료상으로 가장 오래된 용법까지 거슬러 올라간다. 반면 인도-유럽어 어원학은 텍스트를 거의 참조하지 않는다. 이 어원학이 그 목표를 이루기 위해서는 결국 기존에 알려진 용어들과 결별해야 했다. 이 연구는 가용한 여러 방법들을 활용하면서 해당 언어의 단어들로부터 이들이 유래한 〔근원〕 형식으로 거슬러 가는 방식으로 수행된다. 당연히 이 근원 형식을 증명해주는 자료는 찾을 수 없다. 따라서 언어들의 세계에서 근원-형식은 실로 유일무이한 것이다. 전통적인 사전에 쓰인 용어들과 달리 인도-유럽어 어휘에서 '재구성된' 각 요소들은 불가피하게도 입증할 수 있는 방법이 없으므로 본질상 구성물로 남아 있을 수밖에 없다.

이 사실은 일차적인 중요성을 갖는다. 인식론의 측면에서 이 사실은 인도-유럽어학을 정의상 결코 입증된 적이 없는 언어 형식에만 주목하는 언어학으로 규정한다. 다시 말해 이 문헌학 분야를, 말하자면 언제나 이미 망각된 언어들에 대한 연구로 규정하는 것이다. 또한 이는 이 새로운 학문이 선배들의 그것과 본질적으로 다르게 발전할 수 있도록 하는 보이지 않는 동력이었다. 인도-유럽어학자들은 학문적인 글쓰기 관행을 개혁할 수밖에 없었다. 왜냐하면 이들은 자신들이 전사transcription라는 전대미문의 문제에 직면해 있음을 깨달았기 때문이다. 문제는 단순했다. 즉 인도-유럽어 문헌학자들은 자신들이 '재구성한' 용어를 등재시키는 과정에서 이 단어의 본성을 규정하는 바로 그 특성—다시 말해 본질상 증명될 수 없는 것이라는 특성—을 제거해야 하는 위험을 감수할 수밖에 없었던 것이다. 그래서 결국 이 근원-형식은 인용되[어 쓰이기 시작하]는 바로 그 순간, 다른 형식들과 다르지 않은 것으로 보이게 되었다. 증명되지 않았고 될 수도 없는 이 데이터는, 자신을 창안한 자들이 본래 의도했던 바와는 전혀 다르게, 명명되는 순간 이미 이전 가설 상태의 순수한 가능태에서 벗어나 증명이라는 확실한 토대에 발을 들여놓을 수밖에 없었다. 이 분야의 초창기 학자들은 물론 [공식적으로] 논의하지는 않았지만 분명 이 어려움을 인지하고 있었다. 그래서 그들은 재빨리 이 문제를 회피할 수 있는 장치를 만들어냈다. 그것은 애스터리스크asterisk, *, 혹은 이 장치를 만든 독일의 장인들이 쓴 표현을 따르자면 "별der Stern"이라는 인쇄술적 장치였다.

슐라이허는 자신의 비교문법 개론서 제1판에서 애스터리스크 표기법을 규정했는데, 이는 차후 이 학문의 흐름을 결정짓게 되었다. 서론의 한 각주에서 그는 이렇게 적었다. "* 표시는 추론된 형식을 가리킨다* bezeichnet erschlossene formen."[16] 이때부터 '재구성된' 형식은 첫머리에 * 표시를 달고 등장하게 되었다. 슐라이허가 제시한 첫번째 예는 고대 인도어의 pitā(rs), 그리스어의 πατήρ, 그리고 고딕어 fadar의 뿌리로 추정되는 *fathār였다. 단어 첫머리에 자리를 잡은 순간부터 이 작은 별은 해당 단어를 다른 모든 단어와 구별되게 만들었다. 이 별을 단 단어는 말하자면 실증의 영역에서 빠져나와 문헌학적 가정이라는 증명 불가능한 영역에 안착하는 셈이었다.

이 표기법은 즉각 성공을 거두었으며, 슐라이허 이후로도, 비록 대개는 검증되지 않은 상태이긴 했으나, 역사언어학 분야에서 꾸준히 결정적인 역할을 맡아왔다. 거의 200년에 달하는 기간 동안 이 분야에서 출간된 문헌들을 훑어보면, 애스터리스크 별빛이 조금이라도 반짝거리지 않는 책을 찾기는 어렵다는 것을 알게 된다. 인쇄술적 표기법의 하나인 애스터리스크는 자신이 표시하는 단어의 가치와 지위를 바꿔준다는 면에서 인용부호를 상기시킨다. 그러나 양자는 실제 기능의 차원에서 확연히 구분된다. 인용의 복잡한 논리적 구조에 따르면, 한 단어를 인용부호 안에 위치시키는 것은 인용부호 바깥에서도 쓰일 수 있는 어휘 단위를 지정하는 것이다. 익숙한 개념적 구분을 인용하자면, "'동명사gerundive'는 세 음절로 된 단어다"라고 주장하는 것은 (가령, "동명사는 말에 올라탄 동사다"에서처럼) 독립적으로도 쓰일 수 있는 어휘소lexeme(다시 말해 "동명사")를 언급하는 것이다.[17] 그러나 애스터리스크를 머리에 단 단어는 애스터리스크 없이 홀로 쓰이지 못한다. 이 단어는 그 자체에 대해 언급되는 경우를 제외하고는 쓰일 수 없는 것이다. 언어학자에 의해 언급되는 경우를 제외하고는 쓰였다는 증거가 있을 수 없기 때문에, 이 단어는 그 자체로 존재할 수 없다(예컨대, *fathār라는 용어가 존재한다는 데 대한 최초의 "증명"은 "고딕어 fadar는 *fathār에서 유래했다"는 슐라이허의 진술이었다). 이렇듯 애스터리스크는 인용부호와 마찬가지로 언어 형식의 의미를 중단시키고 단어를 일상적인 지시와 의미의 영역에서 철수시키는 힘을 갖고 있다. 그러나 애스터리스크가 이 힘을 발휘하는 방식은 독특하다. 애스터리스크는 자신을 달고 있는 단어가 어떤 형식의 역사적인 계보를 설립하는 데는 필수적이지만 그 자체로는 증명 불가능한 것이라는 사실을 가리킨다. 애스터리스크는 해당 단어가 언어학자에 의해 생겨난 것이라는 사실, 다시 말해 현존하는 어떤 언어적 전통 안에도 존재한 적이 없다는 사실을 가리키는 것이다. 따라서 애스터리스크는 인도-유럽어 연구와 본연적 근친성을 갖는다. 이 별은 다른 무엇보다 근원어의 요소들과 결합하는 것이 잘 어울리는 것 같다. 이 요소들은 일반적인 의미에서 하나의 언어를 구성하는 것이 아니다. 이들이 구성하는 것은 오히려 *언어라고 불려야 한다.

주목할 만한 사실은 정작 슐라이허 자신은 이 인쇄술적 표기법에 그다지 비중을 두지 않았다는 사실이다. 그는 증명되지 않았지만 필수적인 낱낱의 인도-유럽어 단어를 지시하기 위해서 향후 "별표시Besternung"라 불리게 될 기술을 고안하기는 했지만, 근원어 자체의 형식을 가리키는 경우에는 〔오히려〕 이 기술의 사용을 자제했다. 서문에서 그는 유보적인 어조로 이렇게 적었다. 그 모든 경우들에서 "이 표기는 굳이 필요치 않으므로 생략했다."[18] 그래서 1868년 슐라이허는 문헌학계에서는 이례적으로 흥분감을 드러내면서 『인도-게르만 근원어에 관한 한 편의 우화』라는 책을 출간했는데, 이 책에는 별표가 단 하나도 등장하지 않는다. 그러나 오히려 부재 속에서 이 기호는 존재감을 더 드러냈다. 이 독일 학자가 가진 비길 데 없는 박식함 덕분에 인도-유럽어의 근원어로 대화를 나눌 수 있게 된 한 마리 양과 한 떼의 작은 말들이 등장하는 가상의 문학 텍스트에는 모든 단어가 제가끔 보이지 않는 애스터리스크를 달고 있었던 셈이다.[19] 후대의 학자들에게는 그만한 분별력이 없었다. 근원-형식에 표시되던 애스터리스크는 슐라이허 이후로는 논리적으로 '불필요한superfluity' 경우까지 꼬박꼬박 표기되기에 이르렀다. 1990년 출간된 오스발트 세메레니Oswald Szemerényi가 편집한 『인도-유럽어학 입문』의 제4판을 기준으로 보자면, 오늘날까지도 〔애스터리스크 사용과 관련해서는〕 최소주의가 아닌 최대주의가 지배적인 경향이다. 이 책은 "증명되지 않고 재구성된 형식을 가리키는 경우"는 모두 일괄적으로 애스터리스크를 쓸 것을 권장한다. 이 책은 그 형식이 인도-유럽어군의 개별 언어에 속하는지 아니면 모든 인도-유럽어가 유래한 근원어에 속하는지 여부는 전혀 개의치 않는다.[20]

애스터리스크는 처음부터 애매한 기호였던 것 같다. 심지어 이 기호가 학계의 주요 관습으로 정착하는 데 크게 기여했던 슐라이허 이전부터 그랬던 것 같다. 『역사언어학에서 사용되는 별표의 기원과 역사*Zu Ursprung und Geschichte der Besternung in der historischen*

Sprachwissenschaft』라는 저서에서 쾨르너E. F. K. Koerner는 이 인쇄 기호가 근대적인 기술로서 처음 사용된 출처는 한스 코논 폰 데어 가벨렌츠Hans Conon von der Gabelentz와 율리우스 뢰베Julius Loebe가 1843년에 출간한 『고딕어 주해서*Glossarium der gothischen Sprache*』라고 주장했다.[21] 고전 문헌학의 계승자인 이 두 학자는 텍스트상의 증거가 없는 형식을 인용하는 관습의 정당성에 의구심을 내비친다. 그래서 이들은 자신들의 선배인 에버하르트 고틀리프 그라프Eberhard Gottlieb Graff가 고대 고지 독일어에 대해 행한 연구가 "인도어 모델"에 입각한 것이라며 전혀 공감할 수 없다는 입장을 보였다. 그러나 이들 역시 증명되지 않은 형식의 사용에서 완전히 자유로울 수 없었고, 그럴 때 이들은 애스터리스크에 의지했다. 서문에 그들은 이렇게 적었다.

우리는 그라프가 했던 것처럼 완전히 공상에 불과한 어원ganz imaginäre Würzel으로 돌아가는 것에 의구심을 느낀다. 그러나 동시에 상실되었지만 여전히 존재하는 것für uns verlorene, aber doch bestehend Stammwörter으로 간주될 수 있는 기초 어휘들의 목록을 작성하는 것 외에 다른 선택지는 우리에게 없었다. 우리는 이 단어들을 *로 표시했다.[22]

서론의 다른 부분에서 저자들은 애스터리스크를 칼표(†)와 대비시켰는데, 그들의 책에서는 이 기호를 그리스어 혹은 라틴어에서 유래한 고딕어의 표제어들을 표시하는 데 사용한다.[23] 우리는 그들이 이 기호를 선택한 이유를 이해할 수 있다. 문법학자들에게 칼표는 이미 오래전에, 말하자면 영면에 든 다른 언어에 기원을 둔 단어를 표시하는 것이었다. 반면 칼표와 완벽한 대칭을 이루는 애스터리스크는 죽지도 태어나지도 않은 언어, 두 문헌학자의 표현을 빌리자면, 언제나 이미 "상실되었지만 그럼에도 여전히 존재하는 것으로 간주될 수 있는" 언어에 속한 단어를 표시한다.

1852년 출간된 『산스크리트어 완성 문법』에서 테오도어 벤파이Theodor Benfey 또한 그가 "가설적 형식hypothetical forms"이라 부른 것을 표시하는 데 애스터리스크를 사용했다.[24] 그는 동시대 학자들의 『고딕어 주해서』에 대해서는 전혀 몰랐던 것 같다. 왜냐하면 그가 별을 사용한 방식은 무언가 독특한 과잉의 면모를 띠기 때문이다. 즉 그는 하나가 아닌 세 개의 별(***)을 다는 방식으로 "별표를 했던" 것이다. 당시에 문헌학적 별표는 어쨌든 여러 형태를 취할 수 있었다. 1857년에 발표된 「고딕어 접미사 Ka」라는 논문에서 레오 마이어Leo Meyer는 이중 별표 체계(**)를 채택했다.[25] 이보다 2년 앞서 고딕어의 이중자음 체계에 관한 논문을 발표했을 때, 저자는 어느 정도 증명 가능한 일련의 형식을 설명하는 데 삼중 별표 체계를 쓰자고 제안했었다. 각주에 그는 이렇게 적었다. "단어들이 문맥 속에서 나타날 때는 *로 표시한다. 순수하게 이론적으로 추론된 경우에는 **로 표시하며, 단어들의 존재가 전혀 증명 불가능한 경우에는 ***로 표시한다."[26] 여기서 문헌학자들의 별은 실로 라이프니

츠적인 가능 세계를 열고 있는 셈이다. 이 세계는, 마치 운명의 궁전처럼, 가능한 최대치의 현실에서 최소치로 내려온 세계다. 이 언어학자가 상상한 언어적 현실의 범위는 실제적인actual 현실, 즉 최대로 가능한 현실에서, 덜 가능하지만 생각할 수 있는 현실을 지나, 최소로 가능한 현실, 즉 거의 불가능에 육박하지만 그럼에도 가설적인 것으로 남아 있는 현실에까지 미친다.

별 하나와 둘, 그리고 셋을 각각 별개의 상징으로 사용하자는 마이어의 제안은 역사언어학의 발전 과정에서 **독특한 예외**unicum였던 것 같다. 그러나 애스터리스크의 의미는 결코 완전히 확정된 적이 없다. 물론 지배적인 관습이 된 것은 슐라이허가 1861~62년에 쓴 개론서에서 채택한 방식이다. 그는 1859년 게오르크 뷜러Georg Bühler가 "근본 형식Grundform"을 가리키면서 별을 쓰기 시작한 것에 착목했던 듯하다.[27] 그러나 다양한 가능성의 형식을 가리키기 위해 별표를 〔다양하게〕 쓰자는 마이어의 제안은 인도-유럽어 문헌학 표기 기술의 역사에서, 심지어 슐라이허의 영향력이 강력했을 때조차, 완전히 무시되지는 않았다. 주목할 만한 사실은 1874년 간행된 이 개론서의 영어판에서 어원은 수학기호 제곱근(√)을 사용해서 표시한 반면, 책머리의 약어표에서 볼 수 있는바, 애스터리스크는 "존재하지 않는" 형식을 가리키는 데 쓰였다는 점이다.[28] 그리고 가장 최근의 사례를 들자면, 1975년 「켈트어의 배타적 결합 어미 및 절대 어미의 기원」이라는 논문에서 워런 카우길Warren Cowgill이 **전적으로**simpliciter 증명 불가능한 형식에만 애스터리스크를 사용하자고 제안했다. 자료가 없더라도 증명은 가능해 보이는 형식과 구별해서 말이다. 그는 이 형식을 절표(§)로 표시했다. 이 경우에 별은 가능한 형식이 아닌 불가능한 형식을 표시하는 것이 된다.[29] 애스터리스크를 이렇게 사용한다면, 그것은 다른 것들에 의해 얼마든지 보완 가능한 것이 된다. 가령 세메레니는 모든 재구성된 형식에 대해 애스터리스크를 쓰자는 제안과 별개로 순수하게 서지학적인 의미에서 이 별을 차용했다. 자신의 저서 『인도-유럽어학 입문』의 영어판 서문에서 그는 문헌학적인 재구성 기술에 관한 설명에 앞서 다음과 같이 적었다. "몇몇 경우들에서는 내가 아직 보지 못한 책들을 언급하는 것이 바람직해 보였고, 나는 이 책들을 애스터리스크로 표시해두었다."[30]

19세기 중반 문헌학의 지평에서 출현한 이래 이 작은 별은 확실히 다양한 학자들에게서 다양한 역할을 맡아왔고, 앞으로도 얼마 동안은 계속 그럴 거라고 간주해도 좋을 것이다. 그러나 이 별은 우리 시야에서 멀어진 적이 없고, 이 별이 비춘 빛은 적어도 한 가지 의미에서는 지속되고 있다. 다시 말해 이 별 기호는 학자들이 언어들을 서로 결속시키거나 분리시키는 고리에 관해 설명할 때면 반드시 소환할 수밖에 없는 상상의 형식들이 무한히 펼쳐져 있는 영역을 규명하는 데 계속해서 쓰여왔다. 그리고 그런 것으로서 애스터리스크는 비교-역사언어학의 재구성 작업에 없어서는 안 될 자료들이 보관돼 있는 창고의 문을 개방했다. 인도-유럽어 문헌학의 200년 역사가 잘 보여주는 것처럼, 애스터리스크라는 형식은 아무리 실증적인 용어를 동원하더라도 결국에는 순전히 가설적인 것에 지나지 않는 것을 표시하는 데 결정적인 역할을 한다. 그에 못지않게 이 별은 친족 및 분화 관계를 증명할 수 있게 해준다는 점에서도 사실의 차원에서는 증명될 수 없는 현상을 가리키는 데 효과적이다. 이 별빛의 언어는 과거의 원천에서 잘려 나온 채로 언어들 간의 근친성 및 역사적 발전을 설명하는 단초가 되어준다. 비록 역설적으로 보일지라도, 이 별이 그렇게 할 수 있는 것은 저 원천에서 말소당했기 때문이다. 이런 의미에서 언어의 역사를 기록하는 것은 개인의 전기를 쓰는 것과 다르지 않다. 결국 나머지를 설명해주는 것은 빈 페이지들인 것이다. 만약 공통의 특성이 동일한 유전 형질에 의한 결과라는 것을 의심의 여지 없는 사실로 확정하고 싶다면, 존재하지 않았어도 존재했어야만 하는 영향 관계를 발명해내는 것보다 더 좋은 방법은 없을 것이다. 기억되지 않는 과거의 이미지를 끌어안지 않는다면, 가족 앨범은 완성될 수 없다. 단 한순간이라도 멈춰 서서 오래전에 잊혀진 언어를 붙잡지 않는다면, 언어의 타임라인time line 안에서 우리는 갈 곳을 잃어버릴 것이다.

19세기의 자식인 인도-유럽어 문헌학은 20세기에 등장한 구조주의라는 거대한 흐름에게 결국 언어학의 선두 자리를 내주게 된다.[1] 소쉬르의 유명한 『일반 언어학 강의』로부터 제가끔 다양한 경로로 영향을 받은 학자들이 제시한 수많은 방법과 지향을 어떻게 정의하든, 그들 모두의 일차적인 목표는 역사적인 것도 비교적인 것도 아니었다. 그들의 목표는 무엇보다 언어 체계를 구성하는 기호론적·문법론적·음운론적 특성들을 확정하는 것이었지, 단일한 역사적 유전 형질에 의해 묶이는 친족 언어들을 특정하는 것이 아니었다. 그러므로 구조주의 언어학자들이 인도-유럽의 근원어를 '재구성'하는 19세기적 기획에 관심을 가질 이유는 없었다. 때로 그들은 그러한 기획 자체의 정당성에 이의를 제기하기도 했다. 가장 유명한 사례는 아마 트루베츠코이일 것이다. 「인도-유럽어 문제」라는 의미심장한 제목을 붙인 1939년의 한 짧은 논문에서, 그는 수많은 인도-유럽 언어들이 "이른바 근원어"에서 유래했다는 가설은 역사적인 차원에서든 방법론적인 차원에서든 전혀 과학적인 근거를 가질 수 없다고 주장했다. 트루베츠코이는 이렇게 지적했다. "이 가정은 아무리 멀리 역사를 거슬러 가더라도 우리가 찾게 되는 것은 언제나 특정한 인도-유럽 언어들을 말하는 다양한 화자 집단일 뿐이라는 사실과 모순된다." 결론 부분까지 냉정한 어조를 유지하면서 그는 다음과 같은 정식을 제시했다. "인도-유럽 근원어라는 이념이 부조리한 것은 아니다. 그러나 그것은 불필요하다. 우리는 그것 없이도 얼마든지 잘 해낼 수 있다."[2]

1957년 간행된 노엄 촘스키Noam Chomsky의 『통사구조론』은 언어학의 역사에 새로운 장을 열었다. 이 책과 함께 언어 연구는 19세기의 문헌학적 연구로부터 훨씬 더 멀어지게 되었다. 얇지만 어마어마한 영향을 끼친 이 책의 서두에서 촘스키는 언어학을 "성공적인 문법의 기저에 놓여 있는 근본적인 특성을 규정하는 문제를 다루는" 학문으로 묘사한다.[3] 고전적인 용어인 '문법'을 사용하고 있다는 점에서, 이 명제는 구조주의자들의 연구 대상보다 더 오래된 대상을 연상시키는 전통적인 명제로 보일지도 모른다. 그러나 이 경우에 '문법'의 용법은 애매하다. 그리고 『통사구조론』이 표방한 학문은 실상 구조주의 이전의 문헌학적·언어학적인 형태의 지식과는 본질적으로 다른 것이었다. 이유는 간단했다. 언어 연구의 이전 형식들과 달리 촘스키가 규정한 '문법' 연구는 이 단어의 현대적인 의미에서의 과학, 즉 엄밀한 실증적 학문이 되는 것을 목표로 하는 것이었기 때문이다. 결과적으로 이 학문은 인식론적으로 완전히 새로운 것이 되었다. 이 새로운 언어학은 상호 논박 가능한 철저한 실증적 명제들을 통해 단일 언어 안에 있는 문법적인 요소와 비문법적인 요소를 가려내는 것을 목표로 한다. 이렇듯 언어를 시공간 안에 실재하는 대상으로서만 다룬 덕분에 이 학문은 반증 절차를 발전시키게 되었다. 여타의 갈릴레이적 학문들처럼 언어학 역시 연구 대상의 실재에 견주어 명제, 예측, 서술을 검증할 수 있는 학문이 되어야 했다.[4]

그러나 이 새로운 학문은 스스로도 미처 알지 못하는 사이에 이전 세기 언어학, 즉 인도-유럽어 문헌학자들의 시간으로 통하는 탈출구를 슬쩍 만들어놓았다. 이 탈출구는 물론 애스터리스크였다. 더 현대적인 학문으로 들어간 이 상징은 인도-유럽어 연구에서 가졌던 것과는 확연히 다른 기능을 맡게 되었다. 그러나 이 기능은 실로 결정적인 것이었다. 즉 그것은 허용 불가능한 혹은 비문법적인 형식, 즉 단일 언어의 테두리 내에서 실현될 수 없는 언어적 요소를 표시했다. 따라서 이 기호는 이전의 언어학과 새로운 언어학을 구별해주는 반증 기능의 암호였던 셈이다. 촘스키 자신은 『구조언어학』에서도, 이어서 1965년 출간한 『통사이론의 양상』에서도 애스터리스크를 새로운 의미로 쓰지는 않았다. 그러나 이 별이 표상하는 기능은 두 책에 공히 드러나고 있다.[5] 촘스키가 제시한 사례들은 문법적인 문장뿐 아니라 비문법적인 문장도 다수 포함하고 있는데, 이것은 불가피한 일이었다. 왜냐하면 이렇게 〔인공적으로〕 고안

된 표현들이 있어야만 자신이 제안한 통사 규칙의 타당성을 검증할 수 있었기 때문이다. 촘스키는 『통사구조론』에서 가령 "does John read books?"라는 문법적 형식은 허용되지만 "reads John books?"와 같은 비문법적 형식은 허용되지 않는다는 사실을 보여줌으로써 변형-의문문의 타당성을 검증한다.[6] 그리고 『통사이론의 양상』에서는 하나의 특정한 통사적 특징을 규정하기 위해, 어째서 이것이 "A very frightening person suddenly appeared"와 같은 영어 문장은 쓰일 수 있도록 해주는 반면 "A very hitting person appeared"와 같은 문장은 허용하지 않는가를 예시적으로 보여준다.[7] 이후 거의 곧바로 새로운 기능의 애스터리스크가 쓰이게 됐다. 촘스키와 함께 작업한 언어학자들은 앞에서와 같은 불가능한 표현들에는 전부 애스터리스크를 붙이기 시작했고, 이 별은 변형-생성문법 언어학의 공식 표기법에서 금세 확고한 상징으로 자리 잡았다. 이렇게 해서 애스터리스크는 1950년대부터 공시적 언어학의 표준적인 특징이 되었다.

그러나 언어학적 '재구성'의 역할을 맡았던 옛 별 역시 역사언어학 안에 여전히 잘 살아 있다. 오늘날 언어학 관련 저서에서 두 가지 애스터리스크 중 하나를 발견하는 것은 어렵지 않다. 인쇄상으로 두 별은 식별 불가능하며, 따라서 이 상징의 진짜 정체를 확실히 알려면 먼저 책을 쓴 학자의 입장이 언어학의 어떤 패러다임에 속해 있는지를 알아야 한다. 이것은 미묘하면서도 중요한 문제다. 왜냐하면 두 가지 애스터리스크는 서로 기능이 다르기 때문이다. 어떤 의미에서 이 기호의 두 가지 쓰임새는 완전히 상반된다고까지 말할 수 있다. 비록 전문가들—물론 그들에게는 그럴 만한 이유가 있을 텐데—스스로가 그렇게 쓰려고 한 정황은 포착되지 않지만 말이다. 이 별은 통시적 언어학에서는 현존하는 자료들에서 필수적이지만 증명 불가능한 형식을 가리키는 데 쓰이는 반면, 공시적 언어학에서는 실제로는 불가능하지만 과학적인 방법이라는 명분하에 학자들이 고안해낸 형식을 가리키는 데 쓰인다.

그렇지만 이 두 별은 의미의 모호성이라는 점에서는 일치하는 것 같다. 애스터리스크는 통시적인 용법에서뿐 아니라 그에 대응하는 공시적인 용법의 경우에도 모호한 점 투성이다. 한 문장을 '허용 불가능'한 것으로 표시한다는 것은 정확히 어떤 의미를 갖는가? 누구나 잘 알고 있듯이 불가능에 한계란 없으며, 따라서 비문법적 발화 형식의 경우의 수는 결코 쉽게 산정할 수 없다. 촘스키의 『통사구조론』이 출간되고 겨우 1년 남짓 지난 시점에 미시건 언어학 연구소의 하우스홀더F. W. Householder는 강의에서 현대적인 의미의 애스터리스크를 사용하기 시작했는데, 그에 따르면 이것은 학생들을 "현혹시켜" 비문법적으로 발화하는 실수를 범하지 않게 하기 위해서였다고 한다. 15년 후인 1973년에 하우스홀더는 이 용법이, 그 자신의 표현을 따르자면, "언어학 논문 형식에서 가장 신망받는, 거의 보편적인" 형식들 중에서 핵심적인 것이 되었다고 말했다. "이 표기법이 확산된 데 일정 부분 책임이 있다고" 느낀 그는 애스터리스크의 기능에 관한 논문을 저술했다. 하우스홀더는 "이 장치는 가장 기이하고 부적절한 종류의 문장들에 쓰여왔다"라고 적었다. 그에 따르면, 한 가지 표현에 붙은 애스터리스크는 최소한 세 가지 의미를 가질 수 있다. 문제의 표현을 X로 약어 표시해본다면, *X는 "'나는 결코 X라고 말하지 않을 것이다(끔찍한 예를 드는 경우를 제외하고)'라는 뜻일 수 있다. 혹은 앞의 문장에 함축된 것인바, '나는 지금 논의되고 있는 쟁점과 관련하여 결코 X와 같은 말을 쓴 적이 없다'는 뜻일 수도 있다. 아니면 반대로 '나는 X 같은 유형의 문장을 듣지도 보지도 못했다. 따라서 너는 결코 그 사례를 찾을 수 없다고 확신한다(화자 스스로 실수라고 부인하는 경우가 아니라면)'"이라는 뜻일 수 있다. 혹은, 마지막으로, 이런 뜻일 수도 있다. "'이 말은 꽤 알아들을 만하다. 그리고 나는 사람들이 이렇게 말하는 것을 들은 적이 있다. 그러나 그런 표현은 전부 K 지방 사람들만 쓴다(가령 남부 지방 사람들, 뉴욕의 유대인들 등등). 우리 지방 방언에서는 아마 Y라고 말할 것이다.'"[8] 그렇다면 하나의 별을 통해 문법적인 "허용 불가능성"의 다양한 단계들이 표시되는 셈이다. 즉 이 별은 절대 이해할 수 없는 불가능한 표현에서부터, 의도치 않게 쓰였지만 이해할 수는 있는 표현(가령 "실수")을 넘어, 일탈 집단이 쓰는 유감스럽지만 얼마든지 가능한 표현까지 모두 포괄하는 것이다. 여기서 우리는 백 년 이상의 시간을 뛰어넘어 하나, 둘, 세 개의 애스터리스크(*, **, ***)로 언어의 가능성 및 불가능성의 정도를 구분하자고 제안했던 레오 마이어의 생각에 가까이 다가가는 셈이다.

이 통사론적 상징이 가진 애매성은 부정할 수 없다. 그러나 현대 문법론에서 이 양가성은 방법론상의 이유로 인해 그다지 부각되지 않았다. 실증적 언어학은 이 별의 기능에서 오직 문법성과 비문법성이라는 두 가지 가치만을 발견했을 따름이다.[9] 명제를 검증 또는 반증하는 데 다른 기능은 전혀 필요하지 않기 때문이다. 『통사이론의 양상』에서 촘스키가 말한 것처럼, 본질적으로 문법성이 "정도의 문제라는 점에는 의심의 여지가 없다." 언어학자는 일련의 비문법적 발화를 살펴봄으로써 언어적 일탈의 다양한 형태를 설명하는 유형론을 제안할 수 있다.[10] 문제는 그런 구분이, 엄밀하게 말하자면, 갈릴레이적 과학의 핵심인 검증 절차에서 아무 역할도 할 수 없다는 사실이다. 검증 절차가 목표로 하는 바는 실제 사건을 예측하는 명제의 진위 여부를 결정하는 것 그 이상도 이하도 아니다. 즉 시공간 상의 어떤 지점에서 문법적인 것으로 간주될 수 있는 발화를 목표로 한다는 말이다. 이 관점에서는 그 발화가 '어느 정도로' 문법적인가는 전혀 중요하지 않다. 이 과학자가 알아야 하는 유일한 사실은 규칙에 의해 예측된 사건이 발생하는가 발생하지 않는가의 여부다. 변별적인 판단만이 무게를 갖는 것이다.

그러나 우리가 정말로 확실하게 유념해야 할 사항이 한 가지 있다. 모든 언어학적 증명을 떠받치고 있는 근본적인 구별 자체가 검증될 수 없다는 사실이 그것이다. 주어진 언어 안에서 어떤 표현이 문법적인지 아니면 비문법적인지의 여부를 증명할 수 있는 기준은, 그것이 논리적인 것이든 역사적인 것이든 혹은 사회학적인 것이든 결코 존재하지 않는다. 일찍이 촘스키 자신이 지적했듯이, 문법 내부에서 발화 가치를 검증하려고 할 때 우리가 최종 분석의 차원에서 의지하는 것은 결국 "원어민의 언어 직관linguistic intuition of the native speaker"이다. 다시 말해서, 결국에는 "직접적인 관찰에 의지해 제시할 수도 없고 어떤 종류의 귀납적 절차를 통해서든 추출해낼 수도 없는" 현상에 의지할 수밖에 없는 것이다.[11] 이 갈릴레이적 학문 역시 나름의 공리를 가지고 있다. 그것은, 간단히 말하자면, "사람들이 말하지 않는" 어떤 것이 존재한다고 전제할 수밖에 없다는 것이다. 이 학문은 과학적인 증명이라는 목표를 설정하고서, 우리가 한 언어 안에서 가능한 것과 불가능한 것을 필요한 만큼 확실하게 구별할 수 있다면, 특정한 언어 안에서 말해질 수 있는 것과 말해질 수 없는 것 역시 대비시킬 수 있을 거라고 가정한다. 이 구별은 이론상으로는 가능할지 모르나 실제로 검증될 수는 없다. 바로 이 검증〔가능성〕의 부재 덕분에 실증적 언어학은 언어가 아닌 것을—애스터리스크를 통해—언어로 가정함으로써 과학으로서의 사명을 수행할 수 있는 것이다.

이렇듯 애스터리스크는 하나의 과학적 패러다임에서 다른 패러다임으로 자리를 옮기면서도 힘을 잃지 않았다. 이 작은 별 표기법은 인도-유럽어의 재구성 작업에서도 또 견결한 실증적 과학에서도 변함없이 인식을 위해서 필요한 환상으로 통하는 길을 내고 있는 것이다. 애스터리스크는 언어학자만이 쓸 수 있는 표현의 첫머리에 달린 채로 계속해서 가장 과학적인 동화 나라wonderland의 국경을 그려나간다. 이 나라는 언어의 실재에 다가가려는 학자라면 반드시 만들어내야 하는 허구들로 가득 채워져 있다. 그러나 지식의 행진이 마냥 헛된 것만은 아니어서, 오늘날 언어의 전문가들은 문헌학에 정통했던 선배들과는 사뭇 다른 방식으로 이 형식을 사용하고 있다. 현대 통사론에서 애스터리스크를 머리에 단 표현은 바로 그 자신의 오류를 통해 실증적으로 적합한 검증 규약을 승인한다. 엄밀하게 보면 불가능한 발화인 이 표현은 필연적으로 문법을 지배하는 원리를 확립하는 데 기여한다. 그러나 학문의 정언명법은 여전히 바뀌지 않았다. 그것은 존재하는 언어를 설명하기를 원한다면 결국에는 존재하지 않는 언어 형식으로 돌아가야만 한다는 것이다. 별빛은 돌아온다. 즉 한 언어를 정확하게 관찰하고자 한다면, 다른 언어의 빛—아득히 오래됐기 때문이든 아니면 생각할 수 없기 때문이든—스스로 만들어낼 수밖에 없는 형식을 가진 언어의 빛 아래 그 언어를 비춰보아야 한다. 오직 이 작은 별만이 우리로 하여금 확신을 갖고서 단일 언어라는 바다를 항해할 수 있게 해준다. 애스터리스크라는 등대는 상상의 존재를 밝혀 보여주는 것 못지않게 언어의 곳곳에 드리워져 있는 그림자, 언어를 언어로서 존재할 수 있게 해주는 그림자에도 빛을 비춰준다.

소로 변해버린 님프nymph가 있었다. 이것은 오비디우스의 『변신 이야기』 1권에 나오는 사건으로, 제우스가 강의 신 이나코스Inachus의 딸 이오Io를 발견하고는 억지로 데려다가 애첩으로 삼았기 때문에 생긴 일이다. 제 불륜 행각을 아내에게 들키고 싶지 않았던 신들의 신 제우스는 이오와 함께 있는 범죄 현장 주위를 짙은 안개로 감쌌다. 그러나 오래지 않아 그의 아내 헤라는 날씨가 이상하다는 걸 알아차렸다. 대낮에 갑자기 어둠이 내리깔린 이유가 궁금해진 그녀는 직접 땅으로 내려와 남편이 만든 안개를 걷어내고 사건을 조사하기 시작했다. 이렇게 되자, 오비디우스의 말처럼, 제우스에게는 선택지가 없었다. 아내에게 애첩의 존재를 들키고 싶지 않았던 제우스는 하는 수 없이 강의 반半여신demigoddess을 소로 변하게 만들었다. 물론 "우유처럼 하얀" 아름다운 소이긴 했지만 말이다. 당연히 이 속임수 역시 들키지 않고 넘어가지 못했다. 헤라는 남편을 노골적으로 비난하는 대신, 이 진귀한 동물이 어디서 어떻게 태어나고 자랐는지 집요하게 추궁하는 쪽을 택했다. 그 사이 이 하얀 소는 당혹감에 휩싸인 채 올림포스의 왕 옆에 우두커니 서 있었을 것이다. 남편에게서 이 소는 부모 없이 불쑥 태어났고 "땅이 키워준 셈"이므로 당연히 주인은 없다는 대답을 들은 헤라는 이 짐승을 선물로 달라고 청했다. 제우스로서는 어쩔 도리가 없었다. 이 부탁을 들어주는 것은 전혀 달갑지 않은 선택이었지만, 그렇다고 거절하면 문제를 더 악화시킬 뿐이라는 사실을 그는 금방 깨달았다. 에즈라 파운드Ezra Pound가 "영어로 된 가장 아름다운 책"이라고 평가한 이 시의 1567년 아서 골딩Arthur Golding판 영역본을 인용하자면, "제우스는 〔……〕 누이이자 아내인 그녀에게 이 소를 / 선물하기를 단칼에 거절한다면 / 그녀가 소가 아닌 걸 알아채고 혹시 싸움이라도 일으킬까 두려웠다."[1]

이렇게 해서 문제의 소는 세상에서 가장 질투심 많은 여인에게 넘어갔고, 곧이어 백 개의 눈을 가진 아르고스의 감시하에 놓이게 되었다. 이제부터 이오는 낮에는 자유롭게 돌아다니며 풀을 뜯을 수 있었지만, 밤에는 반드시 엄한 감시자에게 돌아와야 했다. 아르고스는 한때 님프였던 이 소의 목을 묶어놓고 "나무 열매와 쓴 잡초"들만 먹였으며, 잔인하게도 치밀하게 계획하여 "진흙탕 물을 마시게 만들었다." 오비디우스에 따르면, 때로 이오는 자비를 구했지만 소용없었다. "그녀가 마음먹고 / 온순하고 겸손한 태도로 아르고스에게 손을 들어 보이려고 했을 때 / 그녀는 자신에게 손이 없다는 사실을 깨달았다. 그리고 그녀가 항의를 하기 위해 / 목소리를 내려고 했을 때 그녀는 소 울음을 울었고, 제 울음소리에 소스라치게 / 놀라고 말았다."[2] 그러던 어느 날 이 불쌍한 소는 자신이 태어난 강기슭으로 이어지는 길을 찾았다. 이오는 물론 인간의 혀와 손을 쓸 수는 없는 상태였지만, 일종의 소통에 성공했다. 즉 아무것도 모르는 아버지에게 제 모습이 변했다는 사실을 알린 것이다.

이오는 아버지의 손에 키스를 하고 손을 핥다가 그만 참지 못하고 눈물을 흘리고 말았다. 답답한 마음을 말로 할 수 있었다면, 이름을 밝히고 도움을 구할 수 있었을 터인데.

말을 못하는 이오는 하는 수 없이 강가 모래 위에 발굽으로 〔제 이름〕 두 글자를 써서 제 모습이 암소로 변했다는 슬픈 소식을 전했다. 이나코스는 애통해 하는 이오의 뿔을 부여잡고 백설 같은 그 등을 쓸면서 울부짖고 또 울부짖었다. 네가 바로 온 세상을 찾아 헤매던 내 딸이더란 말이냐. 차라리 너를 찾지 못했다면 이보다 고통이 조금은 덜했을 것을![3]

제대로 된 소리를 내거나 알아들을 만한 제스처를 취할 수 없었던 이오가 글을 쓸 수 있었던 것은 발굽 덕분이었다. 말을 잃은 이 동물은 이나코스의 강기슭 모래 위에 단어 대신 철자를 남겼다. 혹은, 골딩의 표현을 빌리자면, "그녀는 모래 위에, / 두 개의 철자를 발로 새겨놓았다littera pro verbis quam pes in puluere duxit." 이 피조물이 예전 이름을 기억하고 있어서 다행이었다. 그런데 우리는 이렇게 묻지 않을 수 없다. 만약 그녀의 이름이 이오가 아니었다면? 그라니쿠스 강의 딸 알뤽소토에Alyxothoe나 포쿠스의 어머니 프사마테Psamathe 혹은 거인 오리온의 딸 메니페Menippe와 메티오케Metiokhe 같은 이름이었다면, 그녀는 과연 쓸 수 있었을까? 그러나 이오의 경우에는 두 개의 알파벳 철자 I와 O만으로도 저 "슬픈 변신sorrowful chaunging"에 대해 전부 이야기할 수 있었다. 그리고 이 글자들을 처음 읽은 이는 강의 신 이나코스였다.

이 장면은 세목까지 모두 갈무리해둘 만하다. 그러나 오비디우스 변신의 세계에서 이와 유사한 장면을 찾아보기는 어렵지 않다. 심지어 이 발굽-글씨 그림은 구조적인 측면에서 표본적인 것으로 간주될 수 있으며, 글 쓰는 소 이야기는 변신 자체의 알레고리로 읽힐 수 있다. 이 작품 전체가 탐구하고 있는 것은 "낯선 몸으로 변화된 형태"의 본성은 무엇인가라는 문제다. 변신이 완벽하려면 하나의 몸이 통째로 다른 몸이 되어야 한다. 그렇지 않으면 아무리 결정적인 변화가 일어난다 해도, 그것은 개조modification에 불과할 뿐 변신은 아니다. 따라서 이 경우 님프는 완벽한 소, 즉 이나코스에게서 물려받은 반인반신으로서의 특성을 전혀 찾아볼 수 없는 완벽한 동물이 되어야 했다. 그러나 문학적인 변신의 경우 이렇게 끝날 수 없다. 왜냐하면 만약 변화가 그 자체로 지각될 수 있다면, 그것은 틀림없이 변화가 일어났음을 보여주는 무언가가 있으며, 새로운 형태 안에 있는 그 무언가가 변화의 발생 사실을 표시할 수밖에 없기 때문이다. 변신이 남김없이 이루어질 수 있기 위해서는 역설적으로 그것은 변신이라는 사건을 증명하는 잔여를 포함하고 있어야 한다. 이것은 새로운 몸 안에 이질적으로 들어 있는 요소, "낯선" 몸속에서 이전 몸의 형태를 떠올리게 만드는 예외적인 특성이다. 이 소의 경우 잔여remainder는 사라진 님프의 이름이며, 모래 위에 새겨진 이 이름은 저 피조물이 겪은 변화를 표시한다. I와 O, 강가 모래 위에 새겨진 이 두 철자는 변화를 증언하는 동시에 은폐한다. 이 철자들은 그 말의 모든 의미에서 변신을 배신하는betray 것이다.

이 소가 쓴 철자들은 보기보다 복잡한 것으로, 모래 위에서 처음 발견된 이후로 많은 주석가들의 관심을 끌었다. 이 소의 글씨에 특별한 의미를 부여한 사람들 중에서 박식한 예술가이자 문법학자, 서적상, 식자공이었던 조프루아 토리Geoffroy Tory는 1529년 『샹플뢰리: 글자들의 참된 균형에 대한 기술과 과학』을 출간했는데, 이 책은 이후 프랑스 르네상스에서 가장 영향력 있는 저서 중 하나가 된다. 책의 첫 부분에서 토리는 저 신화 속의 소가 처한 곤경에 대해 몇 개의 장을 할애하여 꼼꼼하고 자세하게 이야기한다. 그런 다음 토리는 이 이야기에 대한 알레고리적 해석을 제안하면서 이오에게 지식 발전의 역사상 중심적인 지위를 부여한다. 그는 이렇게 설명한다. "우리는 헤라를 부의 상징으로, 그리고 이나코스의 아름다운 딸을 헤라가 추방한 학문[또는 지식, 과학]의 상징으로 볼 수 있다."[4] 모래 위에 발굽으로 새겨진 이 문자소들은 학문의 정신이 산출해낸 유일한 물건으로 정의됨으로써 새로운 의미를 얻었다. 이

식자공이 지적한 것처럼, 님프의 이름 철자들은 알파벳에서 유일한 지위를 갖는다. 간단히 말해서, "다른 모든 고전적인 철자는" I와 O라는 토대 위에서 "형태를 얻은 것이다."[5] 토리는 이렇게 물었다. A가 두 개의 I(혹은 두 개의 I와 반쪽짜리 I)로 만들어진 게 아니라면 무엇이겠는가? 그리고 B가 I에 의해 "두 동강 난" O가 아니라면 무엇이겠는가? 이 인문주의자는 이렇게 적었다. "다른 모든 철자들도 마찬가지 방식으로 방금 언급한 두 철자 중 하나 또는 둘 모두에 의해 만들어진 것이다."[6] C는 오른쪽이 살짝 열린 O이고, D는 I와 O의 반쪽이 결합한 것이며, E는 하나의 I에게 I의 잘린 마디 세 개가 〔수평으로 교차〕 조립된 것이다. 변신한 이 님프가 〔글씨를 쓸〕 손도 목소리도 없이 혼자서 해낸 일은 아버지의 강기슭에 제 이름을 새긴 것보다 훨씬 엄청난 것이었다. 즉 그녀는 인간 글쓰기의 두 가지 근본 요소를 최초로 새긴 것이며, 이로써 비록 간결한 형태in nuce이긴 했지만, 인간의 서기 체계 전체를 발명해낸 셈이었다. 요컨대 글쓰기는 소의 창조물이다. 즉 글쓰기는 목소리가 완전히 소멸됨으로써 만들어진 잔여인 것이다.

여기서 관건은 잔여의 본질을 어떻게 이해하는가에 달려 있다. 왜냐하면 언어speech는 다양한 방식으로 지속할 수 있기 때문이다. 그중 한 가지로 제 언어를 간단히 포기할 수 있었음에도 불구하고 그렇게 하지 않은 사람들을 들 수 있다. 가령 한나 아렌트가 젊은 시절 썼고 그 이후로도 버리지 않은 독일어가 그렇다. 1967년 서독 텔레비전 인터뷰에서 귄터 가우스Günter Gaus가 "히틀러 이전 시기의 유럽에서 당신에게 남아 있는 것은 무엇인가요?"라고 물었을 때, 이 정치이론가는 다음과 같은 유명한 대답을 남겼다. "무엇이 남아 있냐고요? 언어가 남아 있죠Was ist geblieben? Geblieben ist die Sprache." 그녀는 이렇게 해명했다. "저는 항상 모[국]어를 잃어버리지 않기 위해 의식적으로 노력했습니다Ich habe immer bewusst abgelehnt, die Muttersprache zu verlieren."[7] 그리고 잠시 뒤에 그녀는 이렇게 덧붙였다. "어쨌든 독일어는 남아 있는 본질이며, 제가 항상 의식적으로 지켜온 본질입니다Die deutsche Sprache jedenfalls ist das Wesentliche, was geblieben ist, und was ich auch bewusst immer gehalten habe."[8] 아렌트의 입에 남은 모[국]어와 변신 때문에 말 못하게 된 이오가 모래에 남긴 잔여 사이의 거리를 가늠하기는 어렵지 않다. 역사 속의 개인과 달리, 신화 속의 형상은 제 언어를 "잃어버리지 않기 위해 의식적으로 노력"할 수 없었다. 독일어 화자들을 대표한다고 참칭한 민족-국가[로부터 추방되었음]에도 불구하고 이 언어와의 관계를 계속 유지했던 사상가와는 달리 우화 속 피조물은 제 언어를 간직할 수 없었다. 왜냐하면, 오비디우스가 분명히 밝혔듯이, 그녀가 겪은 변화는 그녀에게 원래 있었던 형식들 중 단 한 가지도 온전히 남겨두지 않았기 때문이다. 그런 까닭에 변신 이후 이 님프에게 유일하게 남은 것은 그녀가 결코 가졌던 적이 없는 것, 처참한 절망 속에서 [처음] 만나게 된 것, 즉 글쓰기였다. 말하자면, 소로 변한 님프의 경우 '잔여'는 잔존의 과정 속에서 처음으로 나타났고, 그런 이유로 자신이 증언[해야]하는 원래 존재와는 완전히 다른 것일 수밖에 없었다.

언젠가 조지프 브로드스키도 잔존하는 언어를 불러낸 적이 있다. 그러나 그가 이 언어를 소환한 방식은, 이렇게 말해도 된다면, 정치 이론가보다는 글 쓰는 소의 방식에 가까운 것이었다. 1987년 노벨상 수상 연설에서 그는 오든W. H. Auden의 「W. B. 예이츠를 추억하며」를 인용하면서 이렇게 말했다. "이 시인은 언어가 존재하기 위해서 사용한 도구입니다—혹은, 제가 좋아하는 오든의 말을 빌리자면, 이 시인은 언어를 살게 한 장본인입니다. 이 글줄을 쓰는 저라는 사람은 언젠가 존재하기를 그칠 것입니다. 이것을 읽는 여러분도 마찬가지입니다. 그러나 이 글줄이 쓰여지게 한 언어, 여러분으로 하여금 이것을 읽게 하는 언어는 남을 것입니다. 단지 언어가 인간보다 오래 지속하기 때문만은 아닙니다. 그보다는 언어가 인간보다 더 잘 변할 수 있기 때문입니다."[9] 여기서 언어가 잔존하는 것은 한 개인 혹은 한 공동체의 의지에 의해서 그런 것이 아니다. 누구도 '의식적으로' 언어를 간직하거나 내버릴 수 없다. 그러나 브로드스키의 말처럼, 화자의 결단과 결심이 무기력해 보인다 해도, 그것은 화자가 붙잡으려는 이 존재가 저 홀로 지속하기 때문이 아니다. 언어가 궁극적으로 화자가 부재한 상태에서도 지속한다고 말할 수 있다면, 그것은 언어가 화자를 무시하기 때문이 아니라 화자를 방편으로 삼아 언제나 이미 스스로 변화하기 때문이다. 즉 언어가 본질상 자신을 쓰는 존재보다 "더 잘 변할 수 있는" 존재이기 때문이다. 그러므로 화자가 있든 없든 언어는 남는다. 그러나 그 자신으로 남는 것은 아니다. 언어는 지속할 수 있다. 그러나 오직 다르게만. 이 주장은 오비디우스의 우화에 최종적인 의미를 부여해준다. 그것은 변신이 궁극적으로 모든 언어, 모든 말 하나하나의 매체라는 사실, 그리고 그것은 더 이상 님프가 아니게 된 님프가 발굽으로 모래 위에 남긴 글자들로 이루어진 것이라는 사실이다.

인간은 많은 일을 할 수 있다. 그러나 인간의 행위는 다른 생명체의 그것에 견주면 여러 가지 측면에서 하잘것없다. 『에티카』 3권의 유명한 주해scholium에서 스피노자는 특유의 강직한 어조로 이 사실을 언급하고 있다. 그는 지나가는 듯 가볍게 다음과 같이 말했다. "인간의 지혜를 훨씬 뛰어넘는 많은 것들을 동물에게서 볼 수 있다 in Brutis plura observentur, quae humanem sagacitatem longe superant."[1] 아랍 고전 문학 전통에서 가장 위대한 인물 중 하나인 알-자히즈Al-Jāḥiẓ는 8세기 중엽 완성한 방대하고 미로 같은 저작 『살아 있는 것들에 관한 책*Book of Living Things*』의 한 부분에서 이 문제를 상당히 정확하게 고찰한 바 있다. 이 책에서 이 이라크 작가는 고전고대 및 중세 아랍-이슬람 세계의 의학, 동물학, 법학, 철학, 문헌학 등에 관한 자료를 광범위하게 수집·정리한 뒤 논평을 붙인다. 현대의 편집자가 「동물의 힘에 견주어 본 인간의 무능력」이라는 적확한 제목을 붙인 장에서 알-자히즈는 금수의 능력에 대해 숨김없이 찬탄을 보낸다. 그는 서두에 다음과 같이 적었다. "신께서는 인간을 제외한 다른 동물들에게 온갖 지식을 다 주셨다."[2] "신께서는 동물들에게 기술과 비법의 측면에서 공히 각별한 능력을 주셨다. 부리 아니면 발굽을 주시면서 그들에게 각 도구에 적합한 지식의 장 또한 열어 주신 것이다. 그리고 신께서는 수많은 종에게 고도로 발달된 감각기관을 만들어줌으로써 경이로운 일을 할 수 있게 하셨다."[3] 알-자히즈는 제 주장을 뒷받침하는 사례를 찾는 데 전혀 어려움을 느끼지 못했다. "거미 혹은 흰개미를 보아라. 모두가 제가끔 재능을 받지 않았느냐. 아니면 벌이 가진 지식을 보아라. 아니, 그보다 특별한 재주를 가진 되새를 보아라. 되새의 경이로운 능력을 말이다. 그 밖에도 사례는 얼마든지 있다."[4] 이것은 마치 사람을 제외한 다른 동물들은 모두 무결점의 완벽한 상태라는 얘기처럼 들린다. 알-자히즈는 계속해서 설명한다. "이 동물들이 해내는 거의 모든 일은 신께서 이들에게 아무런 결점도 주시지 않은 덕분이다. 날개 달린 곤충에서 작은 새와 가장 작은 벌레에 이르기까지, 이들은 모두 더없이 비범한 능력을 갖고 있다."[5]

알-자히즈가 보기에 인류에게 적합한 능력은 다른 질서에 속한 것이었다. "신이 인간을 만들면서 주신 것은 이성, 지배력, 행위 능력, 주권, 책임감, 경험, 화해의 정신, 경쟁〔심〕, 이해하려는 의지, 최고가 되려는 의지, 그리고 행위의 결과를 냉철하게 이해하려는 의지 등이다."[6] 알-자히즈가 이런 자질들을 하찮게 여긴 것은 결코 아니었다. 그러나 그는 이 능력들의 한계, 적어도 곤충이나 다른 동물들의 능력에 견주었을 때의 한계에 대해 전혀 환상을 품지 않았다. 이 박식한 작가는 잘 알고 있었다. 인간은 배울 수 있다는 사실, 즉 타고난 본능에 더해 공부와 연습으로 확실하게 능력을 개발할 수 있다는 사실을 말이다. 그러나 알-자히즈는 이렇게 적었다. "모든 지적인 능력과 명민한 감각을 가지고 수많은 분야에서 온갖 훈련을 받아 압도적인 지식을 쌓은 인간이라 한들, 동물들이 자연스럽게 해내는 일을 해낼 수는 없다."[7] 훈련이 아무리 도움이 된다 해도 그것은 수업도 학교도 교육도 없이 저절로 꽃피는 동물의 지혜에 필적할 만한 것을 인간에게 주지 못한다. 이 학자는 다소 경탄조로 이렇게 말했다. "훈련도 교육도 수업도 심지어 도제를 받은 적도 없고, 반복적이고 체계적인 연습을 한 적이 없는데도 이 동물들은 타고난 능력 덕분에 언제든 재빠르게 해낼 수 있다. 이것은 아무리 잘 교육받은 인간, 모든 철학자 중에서 가장 박식한 철학자라도 해낼 수 없는 일이다. 심지어 이들이 더없이 재빠른 손을 가졌거나 혹은 도구를 쓴다 하더라도 말이다."[8] 아랍의 박식가polymath는 이렇게 주장한다. 얼마나 엄격한 훈련을 받든, 얼마큼 노력을 쏟든, 그리고 아무리 정교한 도구를 쓴다 한들, 생명체 가운데서 인간은 부족한 동물에 지나지 않는다.

그러나 못 미친다는 것이 아예 못한다는 뜻은 아니다. 『살아 있는 것들에 관한 책』에서 인류의 상대적인 약함은 인간에게만 부여된 신기한 능력을 오히려 틔워주는 것으로 소개된다. 인간 종을 완전성을 결여한 존재로 묘사하면서 알-자히즈는 인간 아닌 종들이 지닌 탁월성은 정의상 적어도 한 가지 일practice만은 할 수 없다고 설명한다. 그것은 오직 인간의 자연적 소질에만 부합하는 것, 즉 실패이다. 아니, 좀더 정확하게 말하자면, 잘 못하는 것이다. 알-자히즈는 이렇게 쓴다. "인간은 어려운 일을 해내면 그보다 덜 어려운 일을 해낼 수 있게 되는 능력을 지니고 태어났다."[9] 이것은 다른 어떤 피조물에게도 주어지지 않은 능력이다. 우리는 다음과 같은 문장도 발견한다. "신께서는 그렇게 할 수 있도록 인간을 만드셨다. 그러나 다른 동물 종에게는 이런 힘을 주시지 않았다. 다른 종들은 저마다 제아무리 탁월한 능력을 가진 인간, 최고도로 숙련된 인간이라도 결코 따라 할 수 없는 행위를 해낼 수 있지만, 그와는 다른 더 쉬운 행위는 하지 못한다."[10] 가령 이 아랍 작가가 경탄해 마지않은 새를 보자. 새들은 정해진 선율을 정확한 박자로 노래한다. 새들의 노래는 마치 "운율 및 리듬의 법칙, 곡조 그리고 화음을 〔완벽하게〕 준비하고" 부르는 것처럼 들린다.[11] 〔그러나〕 새들은 다르게 부를 수는 없다. 반면, 알-자히즈에 따르면, 인간은 어떤 노래를 부를 수 있으면, 그보다 더 쉽고 더 간단하고 더 저급한 노래도 부를 수 있다. 또한 인간은 음정·박자를 무시하면서, 원래 불러야 할 곡조를 망치면서 부를 수도 있다. 마지막으로 인간은 언제든 노래를 실패할 수도 있다. 알-자히즈는 인간 행위의 본질은 이렇듯 자기 자신에 못 미칠 수 있는 능력에 있다고 말한다. 사소한 것이든 위대한 것이든 인간 행위는 〔언제든〕 그보다 열등한 것이 될 수 있다는 점에 기초해 있다. 이로부터 인간이 하는 어떤 일도 그 자체만으로는 이해할 수 없다는 결론이 도출된다. 인간 행위를 제대로 이해하기 위해서는 필연적으로 이 행위가 유발하는 더 작고 부차적인 행위들이 드리우는 그늘을 응시해야 한다. 인간의 행위보다 부족하고 완성되지 못한 행위, 언제라도 그 행위 대신 행해질 수 있[었]을 행위, 혹은 더 나아가 미완성임을 감안하더라도 그보다는 더 잘 행해질 수 있었지만 [결과적으로] 그렇지 못한 행위 등이 드리우는 그늘에 눈길을 주어야 하는 것이다.

아마 말하기보다 더 좋은 사례는 없을 것이다. 언어학자들은 언어에서 발생할 수 있는 실패의 다양한 형태, 즉 언어의 왜곡, 생략, 소멸 등을 탐구함으로써 이 대상의 전모를 밝혀낼 수 있을 거라는 믿음에 거듭 의지해왔다. 언어 소멸의 경우, 사라지지 않았다면 분명 그 언어를 사용했을 사람들이 존재한다. 현대 언어학에서는 로만 야콥슨이 가장 두드러지는 사례다. 언어 능력의 상실이 언어 능력의 성취를 설명해주는 열쇠라고 생각한 그는 생전에 두 차례에 걸쳐 언어의 단순화를 통해 언어의 복잡성을 설명하려 시도했다. 1941년의 연구 「유아어, 실어증, 그리고 음운론적 보편소」에서 야콥슨은 아직 말 못하는 아이부터 더 이상 말할 수 없게 된 노인에 이르기까지 언어의 발생 및 소멸 과정을 추적함으로써, 모든 언어의 소리 체계에 있는 지층 구조를 밝혀내려 했다. 그리고 20년 후 그는 [언어의] 두 축을 정의하기 위해 실어증 분석으로 회귀한다. 그에 따르면, 언어의 두 축이란 완전히 실현된 언어의 패턴을 특징

짓는 선택(혹은 인접)의 축과 조합(혹은 유사)의 축이다. 그는 이 두 축의 작동 방식을 각각 환유와 은유라는 수사학적 작동 방식과 동일시했다.[12] 각기 다른 동기에 따라 행해졌지만, 두 연구는 공히 대상을 파악하기 위해서 언어학은 말하는 존재〔화자〕가 말하기와는 다른 일—더 정확하게는 열등한 일—을 하는 순간에 주목해야 한다는 확신에서 행해진 것이다.

정신분석의 창시자 역시 언어 장애 분석에 착목했는데, 이는 그 스스로가 "언어 장치Sprachapparat"라고 지칭한 것의 구조를 정의하기 위해서였다. 이 연구는 프로이트 저술 활동의 시작을 알리는 것이었다. 그것은 1891년 비엔나에서 출간된 그의 첫번째 책 『실어증의 이해를 위하여: 비판적 연구』(영어판 제목은 『실어증에 관하여 *On Aphasia*』이다)였다.[13] 저자는, 적어도 처음에는, 이 책을 꽤 높이 평가했던 것 같다. 1894년 빌헬름 플리스Wilhelm Fliess에게 보낸 편지에서 "한 사람의 지적 작업에 대한 세인들의 평가와 자기 평가 사이에 존재하는 불일치"를 언급하면서, 프로이트는 실어증에 대한 자신의 연구가 학계에 기여한 "정말 좋은 연구"임을 강조했다.[14] 그러나 결국 그는 자신의 첫번째 전집에 이 책을 포함시키지 않기로 결정한다. 때문에 이 책은 사후 출간된 프로이트 표준 전집에서도 빠지게 된다.[15] 이후 이 소책자는 정신분석 연구자들에게 상대적으로 적은 관심밖에 받지 못했다. 틀림없이 이것은 부분적으로는 프로이트가 자신의 연구에 대해 보여준 겸양의 태도에서 비롯된 것이다. 서론에서 그는 19세기 신경병리학의 용어를 통해 이 책의 목표를 규정한다. 첫 페이지에는 이렇게 적혀 있다. "나는 실어증 이론에 포함되어 있는 두 개의 가설이 발전적인 방향으로 교정될 수 있음을 증명하려고 노력할 것이다." 첫번째 가설은 "**중추 파괴**destruction of centres에 의해 유발되는 실어증과 **경로 파괴**destruction of pathways에 의해 유발되는 실어증 사이에는 차이가 있다"는 것이며, 두번째는 "개개인의 언어 중추 사이에는 지형학적topographical 관계"가 있다는 것이다.[16]

이 두 가지 "교정"으로 인해 프로이트는 1861년 폴 브로카Paul Broca가 과학계에 제출한 유명한 연구 결과에 힘입어 출현한 신경학 학설에 맞서 싸우게 된다. 파리 해부학회에서 발표한 글에서 브로카는 검시檢屍에 기반을 두고 발성 실어증 혹은 "운동성motor" 실어증이 뇌 좌반구 3번 뇌회腦回 손상과 직접적으로 관련된 것임을 증명했다(때문에 이 부분은 이후 "'브로카' 구역"으로 불리게 된다).[17] 향후 신경학 연구는 주로 언어 장애가 더 정밀하고 한층 광범위한 방식으로 뇌의 〔특정〕 부위들과 연관된다는 것을 규명하는 쪽으로 진행됐다. 프로이트가 자신의 연구에서 주요 공격 대상으로 삼은 연구자들 중 두 명만 꼽자면 카를 베르니케Carl Wernicke와 루트비히 리히트하임Ludwig Lichtheim을 들 수 있는데, 이들은 특히 뇌의 정밀 도표를 작성함으로써 그와 같은 일련의 상관관계를 밝히려 했다. 『실어증에 관하여』는 대뇌피질 중추의 파괴로 인해 유발된 실어증과 경로 파괴에 의해 생긴 실어증 간에 차이가 있다는 가설을 의문에 부치면서, 언어 중추에 관한 기존의 지형학〔적 가설〕을 기각함으로써 언어 장애를 직접적으로 뇌의 부위들과 연계시키려는 관습에서 탈피했다. 이를 위해 프로이트는 이 책에서 영국의 신경학자 존 휼링스 잭슨John Hughlings Jackson이 강조했던 한 가지 원칙을 여러 차례 인용한다. 그 원칙이란 심리적인 것은 결코 생리적인 것으로 환원될 수 없다는 것이다. 프로이트의 선배는 이렇게 적었다. "신경 체계의 병증에 관한 우리의 모든 연구는 저급한 중추계의 신체적 상태가 고급한 중추계의 심리적 상태로 정화될 수 있다는 식의 오류에 맞서야 한다. 예를 들어, 감각신경이 떨리는 것이 〔곧〕 감각이 된다거나 관념이 어떤 방식으로든 운동을 산출할 수 있다는 식의 오류 말이다."[18]

다양한 언어 기능을 특정 뇌 부위로 환원하려는 모든 시도에 반대하면서 프로이트는 "언어 장치"는 본질적으로 단일한unitary 것으로 이해되어야 한다고 일관되게 주장한다. "시각 및 청각 신경계가 끝나는 지점과 뇌 좌반구의 특정한 말초 운동신경이 끝나는 지점 사이에는 **연속적인 대뇌피질 부위**continuous cortical region가 존재한다."[19] 프로이트도 대뇌피질 중추 및 경로가 이 부위의 활동에서 일정한 역할을 한다는 것은 인정한다. 그러나 그는 그것이 단지 예비 역할에 지나지 않는다고 주장한다. 하나의 관념이 의식에 떠오르면, "대뇌피질의 한 점에서 출발하여 특정 경로를 따라 전체 피질로 확장되는" 과정이 시작된다.[20] 프로이트가 사례로 든 것은 시각 이미지의 출현을 가능하게 하는 생리적 과정이다. 시각신경에서 출발한 하나의 섬유질은 다른 구역("선 사구체 조직the anterior quadrigemmial body")으로 망막 인상을 전달한다. 여기서 다시 다른 섬유질이 뇌를 구성하는 "회백질grey mass"을 통과해 또 다른 구역으로 넘어간다("신경절에서 후두피질로").[21] 프로이트는 이렇게 적었다. "새로운 섬유질이 〔……〕 전달하는 것은 더 이상 망막 인상이 아니라 하나 또는 여러 개의 망막 인상들이 근감각kinaesthetic 인상과 결합된 것이라는 점은 아주 분명해 보인다."[22] 그의 결론은 다음과 같다. "우리는 다른 회백질을 통과하여 대뇌피질로 이어지는 섬유관이 말초 조직과 특정한 관계를 유지하는 것은 사실이지만, 이 관계의 이미지를 지형학적으로 정확하게 반영하는 것은 아니라고 생각할 수밖에 없다."[23] 그러니까 섬유질은 눈의 지각을 포함하긴 하지만, 이 지각은 분명하지도 판명하지도 않다. 섬유질이 재현하는 것은 왜곡된 형태, 뒤죽박죽된 지각, 말하자면 다른 것을 표현하기 위해 쓰인 철자들을 은밀히 포함하고 있는 애너그램과 같다. 시각신경에 대한 프로이트의 비유는 고도로 문학적이며, 더 정확하게는, 문자적이다. 그는 이렇게 적었다. 궁극적으로 섬유관은, "우리가 지금 다루고 있는 주제에서 사례를 끌어오자면, 마치 한 편의 시가 여러 개의 철자들, 즉 다른 목적으로 재배치된 철자들, 개별적인 여러 요소들이 서로 다층적으로 결합하는 까닭에 어떤 것은 누차 반복적으로 표현되지만 다른 것은 전혀 표현되지 않는 그런 철자들을 포함하고 있는 것과 같은 방식으로 말초 조직을" 포함한다.[24]

프로이트는 "언어 장치"의 부품 및 배선이 시각 장치와 구조적으로 동일하며, 다만 더 복잡할 뿐이라고 말한다. 그는 언어 능력을 규정하는 과정에서 요소들(혹은 "글자들")의 집합은 "다른 목적으로 쓰일 수 있도록 재배치"되는 방식으로 조합되고 재조합될 수 있다고 주장한다. 이 신경학자는 모든 "재배치Umordnung"의 세목을 다 안다고 주장하지 않았다. 그는 이것이 언어 장치의 독특한 영역 혹은 "기능"을 반영한다고 말했을 뿐이다. "척수 투사와 대뇌피질 사이에서 발생하는 재배치의 세목을 파악하는 것이 가능하다면, 우리는 아마 〔이 과정의〕 기저 원리가 순수하게 기능적인 것이라는 사실, 그리고 이들 사이의 지형학적 관계는 오직 기능의 측면에서 적합할 때만 유지될 수 있음을 알게 될 것이다."[25] 프로이트는 또한 기능이 언어의 해체decomposition를 설명하는 열쇠이기도 하다고 주장한다. 발화의 요소〔철자〕들이 재배치되지 않고 "탈-배치de-arranged"된다면, 그것은 언어 능력의 계층적 단계들을 반영하는 형식에 따라 "언어 장치"가 분해되었기 때문이라는 것이다. 가장 사소한 것에서 가장 근본적인 것에 이르기까지 언어를 표현하는 능력들은 사라지면서 비로소 스스로의 중요성을 드러낸다. 이와 관련해서 프로이트가 "지도 원리guiding principle"를 발견한 곳은 휼링스 잭슨의 저작이다. 잭슨은 언어 장애가 "고도로 조직화된 장치의 **기능적 퇴보**functional retrogression('퇴행disinvolution')를 보여주는 사례"이며 "따라서 기능 발달의 이전 상태에 상응한다"고 주장했다.[26] 프로이트는 이렇게 설명한다. "이전 단계의 단순한 조합association은 〔이후로도 계속〕 보존되지만, 이와 달리 나중에 획득된 복잡한 조합은 더 높은 단계의 기능에 속하는 것으로서 언제 어떤 조건하에서든 상실될 수 있다."[27] 그가 이 책의 다른 곳에서 적었듯이 "실어증은 단순히 언어 학습상의 정상적인 과정에 존재하는 한 상태를 되풀이 하는 것이다."[28]

이렇게 보면 실어증의 몇 가지 현상을 새로운 방식으로 설명할 수 있다. 프로이트는 선배들뿐 아니라 심지어 적대자들이 보고한 언어 장애의 사례들까지 참고하면서 "언어 장치"의 계층 구조를 보여주는 몇 가지 예시를 든다. 가령 "모〔국〕어 능력은 보존되지만" 외국어를 말하는 능력은 사라질 수 있다. 〔쓸 수 있는〕 어휘의 목록 또한 "'예'와 '아니요' 및 그 밖에 학습 초기부터 사용해온 몇 가지 단어들로 축소될 수 있다."[29] "자주 연습한 표현"은 남아 있을 수 있지만, 그렇지 않은 표현은 상실된다. 그래서 환자들을 문맹으로 퇴보시키는 "실서증agraphia"의 경우, 환자들은 자기 이름 외에는 아무것도 쓰지 못한다.[30] 실어증 환자는 한 계열 안의 개별 구성 요소는 놓칠 수 있지만, 전체로서의 계열은 통제할 수 있다. 이와 관련하여 프로이트는 자신의 분야에서 적대자들 가운데 한 명인 후베르트 폰 그라시Hubert von Grashey를 인용한다. 그라시의 환자에게는 "특정한 숫자를 곧바로 말하지 못하는 문제가 있었지만, 대신 그는 원하는 숫자에 다다를 때까지 처음부터 숫자를 세어나가는 방식으로 이 문제를 극복할 수 있었다."[31] 그리고 프로이트는 이렇게 적었다. 이와 같은 "생리적 실어증"과 "실의증〔실상징증〕asymbolia"의 경우, 가장 구체적인 의미를 가진 단어들이 가장 쉽게 잊혀진다는 것은 명백하다. 다시 말해, 소수의 특정한 조합에 의해서만 끌어낼 수 있는 의미를 가진 단어들이 가장 쉽게 잊혀지는 것이다." 따라서 고유명사가 가장 먼저, 일반 명사가 그 다음, 그리고 형용사, 마지막으로 동사가 잊혀진다.[32]

프로이트가 자신을 표현할 능력은 잃어버렸지만 여전히 특정한 표현은 할 수 있는 사람들의 사례를 분석한 것은 이런 까닭에서다. 그런 표현을 할 수 있다는 것은 그들이 예전에는 말을 할 수 있었다는 사실을 증명한다. 이 현상은 실어증을 오직 뇌의 특정 부위 손상과 관련시킴으로써 설명하려 한 신경학자들에게는 확실히 문제였다. 말을 못하는 무능력이 특정 뇌 중추 혹은 경로 손상에 의한 것이라면, 어째서 다른 말은 못하면서 유독 어떤 표현들은 계속 만들어내고 반복하는 실어증 환자들이 있는 것일까? 프로이트에게는 이 사례들이 전혀 문제되지 않았다. 왜냐하면 그가 보기에 이 사례들은 언어 장애에 관한 기능적 설명의 필연성을 뒷받침하는 분명한 증거였기 때문이다. 그는 이렇게 적었다. "**드문 경우지만** 어떤 언어 장치가 엄청난 **밀도**로 만들어진 덕에 엄청난 힘을 얻게 된 경우, 그것은 상당한 내구성을 가질 수 있다."[33] "뇌 손상에 영향을 받은 언어"에 관한 휼링스 잭슨의 사례 연구를 다시 한 번 참조하면서 프로이트는 이 독특한 "장치"의 분석에 일정 부분을 할애하고 있다. 영국 신경학자는 사례들을 "반복" 발화와 "우발" 발화의 두 집합으로 분류했다. 그러나 프로이트는 이 장치를 가리키는 고유한 용어를 만들었다. 그는 이 용어를 『실어증에 관하여』 초판의 난외欄外 제목으로 활용했다. 이 장치에 그가 붙인 이름은 "언어 잔여Sprachresten"

혹은 "언어 나머지"였다.[34]

프로이트는 이 한줌의 "나머지"를, 말하자면 아직 말을 할 수 있었던 시간이 실어증 환자의 빈곤한 언어를 위해 남겨준 것으로 간주했다. 이 신경학자가 보여준 것처럼, 잔여는 여러 가지 형태를 취할 수 있고 다양한 방식으로 자신을 남겨둔 〔본래의〕 전체 담론을 가리킬 수 있다. 우선 논리적으로 말은 못해도 예/아니요는 말할 수 있는 환자들이 있다. 그리고 실어증에 관한 책 이후 곧이어 프로이트가 주목했던 히스테리 환자처럼, 할 줄 아는 것이라고는 "격한 저주"를 퍼붓는 것밖에 없는 실어증 환자들도 있다. 격한 저주의 예로 프로이트는 〔프랑스어〕 "sacré nom de Dieu"와 〔영어〕 "Goddam"의 두 가지 외국어 표현을 인용한다.[35] 그러나 "언어 잔여"는 보다 구체적일 수 있고 또 보다 광범위할 수 있다. 그것은 거의 침묵에 빠져들기 전 환자들의 삶에서 중요한 역할을 담당했던 특정한 대화의 단편, 단언, 감탄사 따위일 수 있다. 프로이트의 말에 따르면, "가령 '저를 좀 지켜주세요I want protection'라는 말만 되풀이하는 남자의 실어증은 싸움에서 머리를 세게 맞고 기절했기 때문에 생긴 것이다."[36] 이 남자 못지않게 딱한 경우는 작업을 마무리할 즈음 실어증에 걸린 필경사의 사연이다. "힘들게 목록을 완성한 뒤 뇌졸중으로 발작을 겪은" 이 필경사가 실어증에 빠진 후 할 수 있었던 유일한 말은 이것이었다. "목록을 완성했습니다List complete."[37] 프로이트는 다음과 같이 적었다. "이런 사례들을 보면 실어증 환자의 말은 병에 걸리기 전, 아니 심지어 이미 스스로 병증을 의식하고 있는 시기에 언어 장치가 만들어낸 마지막 말임을 알 수 있다. 나로서는 이 마지막 말이 내적으로 아주 흥분한 상태에서 만들어진 까닭에 오래 지속할 수 있는 내구성을 가진다는 설명 쪽으로 기운다."[38]

놀라지 않을 수 없는 사실은 다른 부분에서는 중립적인 "비판적 연구"의 면모를 보이던 이 글이 갑자기 이 지점에서 1인칭을 쓰고 있다는 점이다. 프로이트는 여기서 "나"로서 말하고 있다. "나로서는 이 마지막 말이 내적으로 아주 흥분한 상태에서 만들어지는 까닭에 오래 지속할 수 있는 내구성을 가진다는 설명 쪽으로 기운다." 〔1인칭의〕 순간적인 틈입을 통해 폭로되는 것은 저자 자신의 삶이다. 아마도 이 책을 통틀어 가장 이목을 끄는 사례일 이 1인칭 표현은, 이 신경학자가 실어증이라는 주제에 관심을 쏟은 이유가 전적으로 학문적이지만은 않았다는 것을 암시한다. 이 지점에서 프로이트는 "언어 잔여"에 관한 논의를 마무리하면서 다음과 같이 덧붙인다.

> 살아오면서 나는 두 차례 실어증에 걸릴 위기를 맞았다. 그리고 그때마다 문득 그 위험에 대한 느낌이 찾아왔다. 두 경우 모두 나는 나 자신에게 이렇게 말했다. "아, 이제 가는구나." 이 위험의 시기에 내 내면의 다른 모든 언어들은 불분명한 소리 이미지와 입술의 작은 움직임으로만 지속되었지만, 유독 저 말만은 마치 누군가 내 귀에 대고 소리치는 것처럼 똑똑히 들렸다. 동시에 내게는 이 글자들이 허공을 떠다니는 종이 위에 인쇄되어 있는 것처럼 보였다.[39]

"언어 잔여"와 관련하여 프로이트가 가장 길고 상세하게 인용한 이 마지막 사례는 주목할 만한 가치가 있다. 다른 사례들과 달리 이 마지막 사례는 순수한 상상 속의 "잔여"다. 이 신경학자-환자 자신 말고는 누구도 증언할 수 없는 사례인 것이다. 이것은 청각적이면서 동시에 시각적인 환영으로서, 1901년 출간한 『일상생활의 정신병리학』에서 프로이트가 명백히 자서전적으로 쓴 구절에 나오는 불길한 "예감"을 예비하는 것이다.[40] 이 마지막 사례는 시간 구조의 측면에서도 마찬가지로 독특하다. 프로이트가 사례로 인용한 다른 반복적 발화들은 환자가 아직 제대로 말할 수 있을 때를 가리켰던 반면, 이 상상의 표현은 그가 침묵에 빠지리라 생각한 공상의 시간을 가리키기 때문이다. 이것은, 이를테면 미래의 "잔여," 즉 도래할 상실에 대한 기억인 셈이다. 청각적인 동시에 시각적인 층위에서 이 표현은 모든 언어학적 잔여가 봉인하고 있는 사건을 표시한다. 즉 이 표현은 돌이킬 수 없는 지점이다. 이곳을 지나면 언어 장치의 "철자들"은 두 번 다시 재배치될 수 없고, 말하는 존재〔화자〕는 영영 말하기보다 열등한 일을 하게 된다.

명시적으로 텍스트적인 관점에서 "언어 장치"의 기능 및 기능 장애에 관해 설명하는 『실어증에 관하여』는 『꿈의 해석』(1900)에서 『쾌락 원칙을 넘어서』(1920)와 「마법 서판에 관한 노트」(1925)에 이르는 프로이트의 가장 광대한 정신분석적 연구를 상당 부분 예비한다. 이 저작들은 모두 다양한 방식을 통해서 의식적이고 무의식적인 심리 과정을 글쓰기의 형태로 표상한다. 그러나 1891년의 신경학 논고와 가장 직접적으로 연결되는 글은 프로이트가 1896년 12월 6일 빌헬름 플리스에게 보낸 편지이다. 프로이트는 이 편지에 의식의 발생에 관한 도발적인 구상을 담아놓았다. 여기서 프로이트는 자신이 "새로운 심리학"을 구상했으며 아직 완전히 "묘사"할 수는 없지만 "중요한 자료들"은 이미 "확보해놓은at hand" 상태임을 언명한다.[41] 이 학문의 이론적 토대는 다름 아니라 5년 전 프로이트가 "언어 장치"의 통일성에 관해 설명하면서 제안했던 "재배치" 이론이었다. 오랜 친구에게 그는 이렇게 적었다.

> 자네도 알다시피 나는 우리의 심리적 메커니즘이 성층Aufeinanderschichtung 과정을 통해 존립한다는 가설에 대해 작업하고 있다네. 이 가설에 따르면, 기억의 흔적 속에 남아 있는 자료들은 때로 새로운 환경을 만나 그에 걸맞게 **재배치**되고 **재기록**Umschrift된다네. 내 이론에서 본질적으로 새로운 점은 기억은 한 번이 아니라 여러 차례 현전한다는 것, 그리고 상이한 종류의 기호로 저장된다는 주장일세. 얼마 전에 나는 (실어증과 관련해) 말초 조직에서 〔대뇌피질로〕 이어지는 경로에 이와 유사한 재배치 과정을 상정해보았네. 나는 〔이에 대한〕 기록의 형식이 몇 개나 있는지 알지 못하네. 적어도 세 개는 있는 것 같은데, 아마 더 있을 걸세. 이 점은 다음의 구상도를 보면 알 수 있을 걸세. 이 그림은 다양한 기록 방식들이 (반드시 지형학적인 것은 아닌) 뉴런이라는 매개를 통해 분리된다는 가정에 기초

하고 있어. 이것은 필연적인 가정은 아닐 수 있네만, 가장 단순한 가정이며 따라서 잠정적으로는 용인될 수 있을 것이네.

W〔지각Wahrnehmungen〕는 뉴런 안에서 발생하며 의식은 뉴런에 부착되지만, 뉴런 그 자체는 발생한 사건에 대한 아무런 흔적도 담고 있지 않아. 왜냐하면 의식과 기억은 상호 배타적이기 때문이지.

Wz〔지각의 기호Wahrnehmungszeichen〕는 지각의 첫번째 기록이네. 이것은 의식되지 않아. 그리고 동시 조합에 의해 배치된다네.

Ub〔무의식Unbewusstsein〕는 두번째 기록이네. 다른, 아마도 인과적인 관계에 따라 배치되지. Ub의 흔적은 아마도 개념적 기억에 상응하는 듯하네. 마찬가지로 의식에 들어오지는 못하지.

Vb〔전의식Vorbewusstsein〕는 세번째 〔전사〕기록transcription으로, 언어 표상presentation에 부가되며 우리의 공식적인 자아에 상응하는 것이네. 이 전의식에서 시작된 카텍시스cathexes는 특정한 법칙에 따라 의식이 된다네. 또한 이 두번째 사유 의식은 시간 속에서 연속적인 것으로서, 추측건대 언어 표상이라는 환영이 촉진되는 현상과 관련되는 듯해. 이렇게 해서 의식 뉴런은 다시금 지각 뉴런으로 되며 그 자체로 기억을 갖지 않은 것이 되지.[42]

『실어증에 관하여』에 등장했던 용어들은 플리스에게 보낸 편지에서는 심리학적인 것으로 바뀐다. 이는 신경학 연구에서 뇌 섬유질에 부여됐던 형식이 마음의 전체 구조를 특징지은 것과 마찬가지다. 프로이트의 이론 자체가 그렇듯이, 의식은 쓰고 다시 쓰는 점진적 과정을 통해 만들어지는 물건이다. 다시 말해 의식은 "재배치"와 "재기록"이라는 다층적 과정의 최종 결과로서, "적어도" 서로 다른 세 가지 "기록Niederschriften" 과정을 통해 "지각"을 증명하는 "기호"들이 "저장되고" 교정되며 또한 재생산된다.

계속해서 프로이트는 친구에게 각각의 심리 "기록"들은 상이한 시간 단계들을 재현하며, 두 "기록" 사이에는 반드시 간극이 있게 마련이라고 설명한다. 이 간극은, 비록 제거될 수는 없지만, 다른 형태의 글쓰기, 즉 "번역"(또는 "전치Übersetzungen")에 의해 메워질 수 있다. 이와 같은 "번역"은, 정확히 말하자면, 심리 메커니즘에 필수적인 기능을 맡는다. 프로이트에 따르면, "번역"이 기록들 간의 간극을 보수하는 데 실패할 경우 "시간 착오Anachronismen"가 발생한다. 프로이트는 이에 대한 사례로 몇몇 지방에서 시대에 뒤떨어진 채로 계속 유지되고 있는 법을 지칭하는 스페인의 법률 용어를 차용하여 다음과 같이 적었다. "**특별법**이 계속되는 거야." 이 경우 "노이로제Psychoneurosen"가 발생하고, 뒤이어 불가피하게 억압Verdrängung이 일어난다.

내가 강조하고 싶은 사실은 이 연속적인 기록들이 삶의 연속적인 시기들의 심리적 성취를 나타낸다는 것이네. 삶의 두 단계 사이 경계에서는 틀림없이 심리적 자료들의 번역이 발생한다네. 나는 노이로제의 특이성이 어떤 자료들의 경우에는 이 번역이 이뤄지지 않아서 생기는 거라고 설명하겠네. 여기에도 물론 결과는 있지. 왜냐하면 우리는 대체로 양적인 조절에 대한 믿음을 확고하게 갖고 있기 때문이야. 모든 차후 기록들은 이전 기록들을 억누르고 그 기록들부터 오는 자극을 소진시킨다네. 차후 기록이 없는 경우, 자극은 이전 심리 단계를 지배하던 법칙에 의해 그리고 그 단계에서 개방된 경로를 따라 처리되지. 따라서 시간 착오는 계속되는 걸세. 어떤 지방에서는 **특별법**이 계속되는 거야. '잔존Überlebsel'이 성공하는 경우지.

번역의 실패—이것은 임상학적으로는 '억압'이라고 알려진 것일세. 억압의 모티브는 언제나 번역에 의해 생기는 불만을 분출하는 Unlustentbindung 것이야. 아마도 이 불만으로 인해 생각이 막혀 번역 작업이 이루어지지 않게 되는 것 같네.[43]

이 심리 모델에서 "번역"의 역할은 분명 결정적이다. 그러나 프로이트가 묘사한 과정은 이 용어가 통상 가리키는 문학적 활동과는 거의 관련이 없어 보인다. 이 편지에 소개된 심리 발달의 단계에서는 언어 간의 번역 활동을 규정하는 어떤 요소도 찾아볼 수 없다. 무엇보다, 여기서 번역을 하는 것은 누구인가? 아직 의식이 생기지 않은 상태라면 통상적인 의미의 번역자가 존재한다고 보기는 어렵다. 뿐만 아니라, 기억을 일절 "배제하는" 지각에 이어 출현하는 최초 "기호"의 영역에는 번역되어야 할 어떤 "원본 텍스트"도 존재할 수 없다. 엄밀히 말하자면, 존재하는 것은 오직 번역(그리고 번역의 번역)뿐이다. 이것은 그 자체로 기록으로 환원될 수 없는 하나의 사건을 가리킨다. 마지막으로, 이 영역에서 번역되는 "언어들" 가운데 하나라도 〔실제로〕 쓸 수 있는 사람이 있는지 역시 불분명하다. 말하는 주체가 출현하기도 전에 누가 언어를 기호로 번역하고 어떤 언어로 옮길 수 있단 말인가? 프로이트가 말하는 "번역"은 번역하는 자, 번역될 텍스트, 그리고 궁극적으로는 이 텍스트에 의해 표현될 언어, 요컨대 일반적으로 번역과 연관되는 모든 용어에 선행하는 것으로 보인다. 그러나 다음의 사실만큼은 분명하다. 즉 프로이트가 제시한 "심리 메커니즘"이 정확히 그런 〔통상적인 의미의〕 "번역"에서 유래했다는 것이다. "번역"이 이루어지는 한에서 마음은 계속 작동한다. 반대로 심리 지각의 "기록"이 다른 언어로 번역되지 못하면, 마음 역시 "억압"의 늪에 빠진다.

『실어증에 관하여』에 나오는 마지막 허구의 "언어 잔여"를 이해하기 위해서는 아마도 이를 "재배치" 및 연속적인 "재기록" 이론에 비춰 보는 것이 가장 좋을 것이다. 1896년 플리스에게 보낸 편지를 읽어보면 분명히 알 수 있지만, 이 젊은 신경학자가 듣고 본 "아, 이제 가는구나"라는 말은 그의 "심리 메커니즘"이 분명 위협적인 의미를 담고 있는 내용뿐 아니라 형식의 차원에서도 붕괴 직전에 있었음을 말해준다. 안정성을 갖기 위해 "허공을 떠다니는 종이 위에 인쇄된" 이 말은 언어의 최후를 적은 것이었다. 이 말은 지각한 당사자에게는 그 자체로 충분히 그리고 즉시 이해되는 것이므로 굳이 다른 설명이 필요치 않았다. 작가와 독자의 손을 떠난 이 철자들은 "재배치"되거나 "재기록"될 수 없었고, 그런 까닭에 "심리 메커니즘" 전체를 규정하는 계속적인 다시 쓰기 과정에 있는 모종의 한계 지점을 표시한다. 이런 의미에서 프로이트가 자신이 보고 들은 말을 그려진 것, 낙서된 것 혹은 휘갈겨 쓰여진 것이 아닌 "인쇄된 gedruckt" 것으로 묘사했다는 사실은 시사적이다. 철자는 인쇄된 이후에는 더 이상 어떻게도 교정할 수 없으므로, 언어 잔여는 기획의 영역에서 빠져나가게 된다. 인쇄는 언어 잔여가 사라진 언어 능력이 남긴 유언이자, 고칠 수도 번역할 수도 그리고 잊을 수도 없는 텍스트임을 보여준다.

그런데 이렇게 규정된 "잔여"는 언어의 질서 및 혼란의 본성에 관한 더 놀라운 주장을 함축한다. 이것은 "언어 장치"에 관한 프로이트의 초기 분석들 중 다수가 함축하고 있는 주장으로, 통상적인 생각과 반대로 실어증이 망각이 아니라 정확히 그 반대, 즉 심화된 기억의 형태에 해당한다는 것이다. 다시 말해, 지각의 "기호들"을 "재배치"하거나 "재기록"할 수 없는 혹은 하기 싫은 사람들은, 말하자면 너무 많은 것을 기억한다. 이들은 다른 모든 말을 못하는 대신 한 가지 말만 끝없이 반복하도록 저주를 받은 것이다. 이런 의미에서 우리는 이 신경학 논고의 유사-실어증적 성격을 2년 후 프로이트와 브로이어가 자신들의 임상실험 연구 대상 환자를 규정한 것과 똑같은 방식으로 규정할 수 있을 것이다. 1893년의 『히스테리 연구』에 등장하는 다양한 정신병 환자들이 그렇듯이 프로이트의 실어증 환자들 역시 그들이 할 수 있는 것보다 덜 한다. 왜냐하면 그들은 "주로 기억 때문에 고통을 겪기 때문이다."[44] 이들은 예전에 자신들이 인지했던 것 그리고 어쩌면 스스로 말했을 수도 있는 것에 의해 시달리고 있다는 온갖 징후를 다 보여준다. 슬픈 침묵에 빠진 이들은 그 어떤 "번역자-후손"도 용납하지 않는 과거에 얽매여 있는 것 같다. 이 사실은 그들이 가장 무자비한 기억, 즉 시간이 흘러도 다시 쓸 수 없는 기억 앞에 무능력하게 서 있음을 뜻한다.

지나친 기억력의 위험을 인지한 사람은 프로이트만이 아니었다. 동시대 오스트리아-헝가리 제국에 살았던 그의 후배 프란츠 카프카의 유고 저작 중에는 무제 아포리즘이 한 편 있는데, 이것은 표본적이고 축약된 형태로 더 많이 기억하고 덜 하는〔잘 못하는〕 문제를 다루고 있다. 이 아포리즘은 다음과 같다.

> 나는 다른 사람들과 똑같이 헤엄칠 수 있다. 다만 나는 다른 사람들보다 더 좋은 기억력〔ein besseres Gedächtnis〕을 가지고 있을 뿐이다. 나는 예전에 내가 헤엄칠 수 없었다는 사실을 잊지 않았다〔문자 그대로 번역하자면 "한때-헤엄칠-수-없었음das einstige Nicht-schwimmen-können"〕. 그러나 이 사실을 잊지 않았기 때문에, 헤엄칠 수 있다는 것은 내게 아무 소용없는 일이다. 그러므로, 결국, 나는 헤엄칠 수 없다.[45]

이 짧은 텍스트의 익명의 화자는 프로이트의 실어증 환자가 언어의 영역에서 취한 것과 똑같은 입장을 수영에 대해 취하고 있다. 카프카의 표현을 비틀어서 우리는 이렇게 말할 수도 있겠다. 실어증 환자들은 "다른 사람들과 똑같이" 말할 수 있다, 혹은 있었다. 그들이 되풀이하는 "잔여"가 바로 그 증거다. 다만 한 가지 덧붙여야 할 사항이 남아 있는데, 이것은 실어증 환자들의 능력에 대해 이해하게 해주는 동시에 그 능력을 변형시킨다. 그것은 그들의 기억력이 더 좋다는 사실이다. 실어증 환자들은 언젠가 그들 마음의 "기록"에 인쇄되어 있는 "기호들"을 "잊지 않았다." 그러나 그 기호들을 잊지 않았기 때문에, 말할 수 있다는 것은 그들에게 아무 소용없는 일이다. 그러므로 그들은 결국 말할 수 없다.

카프카의 이 산문을 〔더 자세히〕 읽어보면 여기서 한 걸음 더 나아갈 수 있다. 그것은 이 주제에 대한 또 다른 변주가 될 것이다. 우리는 실어증 환자들이 "다른 사람들과 똑같이" 말하는 모습을 상상할 수 있다. 그리고 이렇게 덧붙이도록 하자. 다만 "그들은 더 좋은 기억력을 갖고 있을 뿐이다." 즉 그들은 "예전에 그들이 말할 수 없었다는 사실"(혹은 "한때-말할-수-없었음")을 잊지 않았다. 그렇다면 이들의 기억력은 엄청나게 좋은 것이 된다. 왜냐하면 그들의 기억은 모든 개인의 삶의 시작을 알리는 옹알이하던 갓난아이 시절까지 가닿는 것이니 말이다. 그들의 기억은 어떤 "기호"로도—표시되지 않은 "기록" 자체의 빈칸이 아니라면 말이지만—표시할 수 없는 "생의 단계"로 거슬러 올라간다. 침묵에 빠진 실어증 환자들은 쓰여진 적도 말해진 적도 없는 무언가를 고집스럽게 증언한다. 그렇다면 우리는 이렇게 결론 내려야 할 것 같다. 때로 기억은 파괴적일 수 있다, 때로 망각이 생산적일 수 있듯이. 실어증의 경우 기억의 끝이 침묵이라면, 언어로 통하는 것은 〔오히려〕 망각이다. 이런 관점에서 보면 〔환자들의〕 차도〔성취〕를 측정하기가 한층 어려운 일임은 두말할 나위 없다. 말할 수 있기도 하고 없기도 한 이 말하는 존재들의 상대적인 성취를 요약해서 평가하는 것은 경솔한 짓일 것이다. 누가 더 많이〔더 잘〕 했고, 누가 덜〔더 못〕 했는가? 기억할 수 있지만 말 못하는 사람인가 아니면 망각했기에 말할 수 있는 사람인가? 부족한 동물들에게도 가능성은 많다. 결핍은 하나 이상의 가면을 쓰고 있다.

1630년은 아주 특이한 제목의 얇은 책이 출간된 해다. 『아글로소스토모그래피 혹은 혀 없이도 말할 수 있고 당연히 다른 모든 기능도 다 할 수 있는 입에 관한 기록*Aglossostomographie; ou, Description d'une bouche sans langue, laquelle parle et faict naturellement toutes les autres fonctions*』. 이 책의 표지에는 저자명이 다음과 같이 적혀 있다. "자크 롤랑Jacques Roland 씨, 벨르바의 군주 몽시뇨르Monsignor 왕자의 주치의, 왕의 제2주치의이자 이발관, 왕의 제1주치의의 보조." 롤랑 씨는 서문에서 역구성 형태로 작성된 이 의학 논고가 묘사하는 현상의 중요성에 대해 내린 자신의 평가와 이 현상에 대한 자신의 분석에 강한 확신을 내비친다. 논의를 시작하기에 앞서 그는 소네트를 적어두었는데 그 첫 네 행은 다음과 같다. "이 사례는 경이롭다 / 이 기적은 실로 위대하다 / 그러나 땅이 무너지고 바다가 말라도 영원히 살아남을 / 롤랑의 글은 이 기적을 뛰어넘었도다." 문제의 이 "사례"는 "앙드레 뒤랑André Durand과 마르게리트 살레Marguerite Salé의 아들이자 남부 푸아투의 몽세뉴 근방 교구마을 라랑제지에르의 인부"인 피에르 뒤랑Pierre Durand을 가리킨다. 뒤랑은 예닐곱 살 무렵 천연두에 걸렸는데, 특히 입에 감염이 집중됐다고 한다. 롤랑 씨의 보고에 따르면, 혀가 썩고 문드러지기 시작하자 아이는 당연히 괴저에 걸린 이 기관을 제거하려 했다. 그래서 피에르는 "조금씩 혀를 〔끊어〕 뱉어내기" 시작했다. 이 의사의 설명에 따르면, 혀를 제거하려는 이 소년의 끈질긴 노력은 곧 성공을 거두었다. 한때 그의 입속에 자리 잡고 있던 혀는 어느새 "완전히 자취를 감췄다."

그러나 이 저자가 이야기한 "기적"은 혀의 상실에 관한 것이 아니었다. "푸아투의 어린 소년"에게 일어난 사건은 충격적이긴 했지만, 혀를 잃었다는 사실 자체가 이 의사의 이목을 끈 것은 아니라는 말이다. 놀라운 일은 정작 혀를 완전히 잃고 난 후에 생겼다. 통상 이 기관이 담당하는 것으로 간주됐던 기능들이 뜻밖에도 혀가 사라진 후에 계속 유지됐던 것이다. 롤랑은 이렇게 적었다. "지금도 이 소년은 잃어버린 부위에 속한 다섯 가지 기능, 즉 말하기, 맛보기, 침 뱉기, (입속에) 머금기, 삼키기를 하는 데 아무런 어려움도 느끼지 않는다."[1] 결국 "혀 없는 입alingual mouth"도 평범한 입과 전혀 다를 바 없이 기능할 수 있다는 것이 증명된 셈이다. 그리고 이 의사에 따르면, 이 입은 다른 많은 입들보다 훨씬 더 잘 기능했다고 한다. 일부러 도발적인 어조를 쓰면서 롤랑은 다음과 같이 말했다. "혀 없는 입은 따로 어떤 조치를 받지 않고서도 입속에서 혀가 하는 모든 일을 할 수 있다. 그리고 그 모든 일을 별다른 불편함 없이 할 수 있기 때문에 〔혀 없는〕 이 소년은 말더듬이보다 훨씬 쉽게 의사 표현을 한다."[2] 저자의 말마따나 감염이 너무 심해 혀의 일부가 아닌 전부를 잃은 것이, 어떤 의미에서는 오히려 피에르에게는 다행이었다. 이 의사에 따르면, 만약 이 아이가 이전의 많은 사람들처럼 혀의 일부만을 잃고 나머지는 보존했다면, 알아들을 수 있는 소리를 내기 위해 피나는 노력을 해야 했을 것이다. 거추장스럽게 혀가 얼마큼이라도 남았다면, 이 소년은 그런 딱한 처지에 놓인 다른 모든 사람들과 마찬가지로 소통을 하기 위해서는 온갖 인위적인 장치에 의존해야 했을 것이다.[3] 이 아이의 경우에는 잇몸, 구개, 목구멍, 치아가 혀의 부재 상태에 적응해가면서 혀의 기능을 보완할 수 있었던 것이다. 그러니까 이 아이는 말하자면 혀가 깡그리 사라짐으로써 오히려 득을 본 셈이었다. 즉 〔혀라는〕 언어기관으로부터 입이 완전히 해방되었을 뿐 아니라 혀의 성가신 흔적들까지 말끔히 사라지자, 마침내 피에르 뒤랑은 편하게 이야기할 수 있었다는 말이다.

『아글로소스토모그래피』의 출간 이후 한 세기가 조금 못 지난 1718년 1월 15일 『왕립과학협회 논집*Mémoires de l'Académie Royale des Sciences*』에는 의학 및 언어학에 관한 짧은 논문 한 편이 게재되는데, "푸아투의 어린 소년" 사례를 상기시키는 이 글에는 롤랑 씨의 주장의 타당성을 뒷받침하는 증거가 제시되어 있다. 그러나 이번에는 문제의 주인공이 소년이 아니라 소녀, 그리고 푸아투가 아니라 포르투갈 출신이었다. 그러나 혀를 잃었다는 점에서는 마찬가지였고, 이 여자아이 역시 말을 할 수 있었다. 혀가 없다는 사실에 전혀 구애받지 않았다는 말이다. 무던한 듯 날카로운 이 논문의 제목은 「혀 없는 소녀가 혀에 속한 기능들을 발휘한 방법에 관하여」였다. 이 현상이 명백히 함축하고 있는 놀라운 결론을 저자는 이미 서두에서 제시한다. 이 18세기 학자는 다음과 같이 적었다. "혀 없이 말하는 입의 이러한 독특성을 보면, 우리는 오직 혀만이 말하기에 본질적인 기관은 아닐 수도 있다고 결론 내리게 된다. 왜냐하면 입속에는 그 명칭에 걸맞은 다른 기관들, 혀의 부재를 상쇄할 수 있는 다른 기관들도 있기 때문이다."[4] 이 의학 논문의 저자 앙투안 드 주시외Antoine de Jussieu가 자신의 연구 대상을 만난 것은 리스본 여행 중에서였는데, 그때 이 "혀 없는 소녀"는 열다섯 살이었다. "알렌테이오Allenteïo 마을의 가난한 부부의 딸"로 태어난 이 아이는 "아홉 살 무렵 학식뿐 아니라 고귀한 성품으로도 유명했던 에리세이라Ericeira 공작을 알현하게 되는데," 공작은 그녀를 수도로 보냈고 바로 여기서 소녀는 저 프랑스 의사를 만나게 된다.[5]

드 주시외는 이 소녀가 혀 없이 태어났다는 사실을 전해 들었다. 그러나 그녀는 말을 할 수 있었고, 이 의사와 만났을 때도 "혀 없는 상태가 어떤 것이며 또 그런 상태에서 어떻게 말할 수 있는가"를 묻는 질문에 별 어려움 없이 대답할 수 있었다. 뭐든지 대충 넘기는 법이 없었던 드 주시외는 "밝은 대낮에" 다시 환자를 만나보기로 했고, 두번째 그리고 마지막으로 세번째 만날 때에는 환자에게 "입을 크게 열어보게 해" 재차 확인도 했다. 그의 보고는 다음과 같다.

> 통상 혀가 있는 자리에서 내가 본 것은 젖꼭지 모양의 작은 돌기뿐이었다. 입 한가운데 솟아 있는 이 돌기는 대략 서너 줄 높이였다. 육안으로는 잘 확인이 되지 않아서 손으로 직접 만져보지 않았다면 그것이 있다는 사실조차 모르고 넘어갈 뻔했다. 손가락으로 누르자 수축, 팽창하는 움직임이 느껴졌다. 덕분에 나는 혀 기관이 없어지더라도 혀를 만들고 움직이는 근육은 계속 남는다는 사실을 알 수 있었다. 왜냐하면 턱 아래 부분이 비어 있지 않다는 것을 보았기 때문이다. 그래서 나는 혀를 대신한 돌기의 운동은 이 근육에 의한 것이라고 결론 내릴 수밖에 없었다.[6]

"젖꼭지 모양의 작은 돌기"를 발견한 덕분에 이 의사는 적이 안도감을 느낀 것 같다. 왜냐하면 그에게 이 돌기는 다른 방법으로는 알 수 없었을 혀의 부재를 확인시켜준 증거였기 때문이다. 사라진 기관은 실제로 잘 보이지 않아서 의사가 손가락으로 찔러봐야만 알 수 있을 정도로 작은 흔적만을 남겨두었다. 만약 이게 없었다면 "아글로소스토모그래피"는 실로 믿기 어려운 사례로 남았을 것이다. 왜냐하면, 드 주시외 스스로도 놀라며 말하고 있듯이, "미리 귀띔받지 않았다면, 이 소녀에게 혀가 없다는 생각은 도무지 할 수 없었을 것이기 때문이다."[7]

혀가 없어진 뒤에도 말을 할 수 있다는 사실을 목격한 것은 아마 이 프랑스 의사들이 처음이겠지만, 이들은 결코 최후의 목격자는 아니었다. 1942~43년 뉴욕의 고등자유학교École Libre des Hautes Études in New York에서 소리와 의미에 관해 행한 여섯 차례의 강연에서 로만 야콥슨은 17, 18세기 〔저 두 사람이 행한〕 작업을 잠깐 거론하면서, 이들 연구에 의해 알려진 "흥미로운 사실"이 "이후로도 수차례 〔재〕확인되었다"고 말했다.[8] 예를 들어, 헤르만 구츠만Hermann Gutzmann은 1894년 라이프치히에서 출간한 『유아어와 언어 실수*Des Kindes Sprache und Sprachfehler*』라는 선구적인 작업을 통해서, 야콥슨의 말을 빌리자면, "혀tongue라는 단어는 입의 일부를 가리키는 것과 언어적 현상을 가리키는 데 동시에 쓰이지만, 후자의 용법은 전자와 상관없이 그 자체로 쓰일 수 있다는 사실, 그리고 우리가 만들어내는 거의 모든 소리는 원칙적으로 실제 음향의 차원에 전혀 변화를 일으키지 않으면서 완전히 다른 방식으로 만들어질 수 있다는 사실을 발견했다."[9] 이 독일 아동 심리학자는 이 법칙에는 몇 가지 예외가 있으며, 특히 마찰음(가령 z, s, 그리고 이와 유사한 파찰음들)의 경우 치아가 없으면 제대로 만들어질 수 없다고 생각했다. 그러나 그는 잘못 생각한 것 같다. 야콥슨은 이렇게 적었다. "이후 연구를 통해 그 예외들은 존재하지 않는다는 사실이 확실하게 밝혀졌다. 빈 언어장애임상연구소 소장 고트프라이 E. 아르놀트Godfrey E. Arnold는 『종합 음성학 기록집 3*Archiv für gesamte Phonetik III*』(1939)에서 앞니를 상실한 경우라 해도 해당 주체의 청취 능력이 정상적이라면 치찰음을 제대로 발음하는 데는 전혀 문제가 없다는 사실을 보여주었다."[10]

야콥슨의 생각에 이 물음은 여러 가지 형태로 제기될 수 있는 것이었고, 근대 초기의 의사와 언어학자가 제기한 이 문제는 인간의 조음기관에 관한 전문적인 과학적 연구자들이 한정한 영역을 훨씬 초과하는 것이었다. 모음 삼각형의 창시자인 크리스토프 헬박Christoph Hellwag은 1781년에 출간한 『언어의 형성에 관하여 *De formatione loquelae*』에서 이 문제를 신학적인 형태로 표현했다. 헬박은 이렇게 물었다. 언어가 정말로 인간의 혀에 의존하는 것이라면, 에덴동산에서 뱀은 어떻게 이브와 대화할 수 있었을까? 야콥슨은 이렇게 적었다. "이 흥미로운 질문은 근본적으로 이에 필적하는 다른 질문, 즉 실증적인 질문으로 대체될 수 있다. 음성학이 하려는 일은 구개, 치아, 입술 등과 접촉하는 다양한 형식들로부터 우리 언어〔혹은 '혀'라고 할 수도 있다. 이 언어학자가 여기서 사용한 단어는 **랑그**langue이기 때문이다〕의 소리를 연역해내는 것이다. 그러나 이렇게 다양한 조음점들이 그 자체로 본질적이고 결정적이라면, 우리 인간의 조음기관과 닮은 음성 장치라고는 전혀 없는 앵무새가 어떻게 우리 언어〔혹은 '혀'〕의 그 많은 소리들을 똑같이 흉내 낼 수 있는 것일까?"[11] 이 두 가지 경우 각각 인간 언어의 소리를 재현하는 일은 설명도 해결도 되지 않는 난관을 감추고 있는 것 같다. 이 난관은 다름 아닌 "랭귀지language"라는 단어 형태 안에 기입되어 있다. 즉 이 단어는 상응하는 다른 인도-유럽어 단어들과 마찬가지로 **링구아**lingua, 즉 입이라는 기관을 상기시키지만, 입의 움직임이 간단히 언어speech와 등치될 수는 없다. 말하자면 '혀/어'라는 단어가 오용/남용된 것이다. 이름 붙일 수 없는 것을 이름으로 부르고, 결코 고유한 자리를 가질 수 없는 존재, 그렇기에 결코 제대로 재현/표상될 수 없는 존재에게 부적절한 형상을 덮어씌우는 것이다.

에드거 앨런 포Edgar Allan Poe의 마지막 단편들 중 하나인 「M. 발드마 사건의 진실The Facts in the Case of M. Valdemar」은 이 문제를, 물론 소름끼치는 방식이긴 하지만, 표본적인 형태로 다루고 있다. 이 19세기 텍스트는 앞서 소개한 의학 논문들에 대한 정확한 대응물로 읽힐 수 있다. 왜냐하면 이 단편은 "혀 없이 말하는 입"이 아니라, 말하자면, 입 없이 말하는 혀에 대한 이야기이기 때문이다. 이 혀는 한때 자기가 속했던 산 몸이 죽어 사라진 후에도 계속 이야기를 한다. 이 단편의 화자 "P—씨"는 이야기 속 사건이 일어나기 3년 전부터 "최면술에 자꾸 관심을 가지게 된" 의사이며, 최근 들어서는 다음과 같은 한 가지 생각에 사로잡혀 있는 인물이다. "지금까지 했던 실험들 중에는 도대체 어떻게 빠뜨릴 수 있었는지 이해할 수 없을 정도로 대단히 중요한 실험이 한 가지 빠져 있었다. **죽음의 순간** in articulo mortis에 최면에 걸렸던 사람은 아직까지 아무도 없다."[12] 이 화자는 마치 강령을 낭독하듯 설명한다. "더 알아보아야 할 사실들. 첫째, 죽기 직전의 상태에 최면의 마력에 빠진 환자가 있었는가. 둘째, 있었다면 그 상태가 최면에 걸리는 데 유리했는가 아니면 불리했는가. 셋째, [최면의] 효력이 어느 정도로 혹은 얼마나 오래 죽음의 공격을 막아낼 수 있었는가."[13] 이후 P—씨는 자신의 실험에 적합한 대상을 찾았는데, 그는 "『범죄학 총서*Biblioteca Forensica*』의 편찬자로 유명해진 인물이자 『발렌슈타인』 및 『가르강튀아』의 폴란드어 버전을 쓴 저자 M. 어니스트 발드마M. Ernest Valdemar(이사카르 마르크스Issachar Marx라는 필명nom de plume을 썼다)였다."[14] 주치의로부터 "만성 폐결핵"을 선고받은 M. 발드마는 최후의 순간에 P—씨를 찾아와 최면에 걸리고 싶다는 소망을 단호하게 피력한다. 그리고 화자가 그의 침대 곁에 당도한 것은 주치의가 발드마의 사망 선고를 내리기 불과 스물네 시간 남짓 전이었다. P—씨는 M. 발드마에게 최면을 거는 데 전혀 어려움을 느끼지 않았다. 그의 기억에 따르면, 빈사 상태의 이 환자는 곧 "이례적으로 완벽한 최면 상태"에 들어갔다.[15]

P—씨는 몇 시간이 지나고 나서도 환자의 상태에는 변함이 없었다고 이야기한다. "잠깐 대화를 시도해보기로" 결심한 최면술사는 M. 발드마에게 잠을 잤느냐고 물었다. 몸져누운 이 남자는 처음에 아무 말도 하지 않았다. 의사는 재차 물어봤지만 환자는 여전히 대답이 없었다. 그러나 세번째 물어봤을 때는 대답이 돌아왔다. "입술이 느릿느릿 움직였고, 그 사이로 거의 알아들을 수 없는 나지막한 속삭임이 새어나왔다. '그래. 지금 자고 있네. 나를 깨우지 말게! 이대로 죽게 해줘!'"[16] 그래서 주위에 있던 사람들은 M. 발드마의 죽음이 임박했음을 확신하며 기다렸다. 그러나 화자는 환자가 "틀림없이 몇 분 내로 죽을 거라는 사실"을 잘 알았음에도 시간이 허락하는 한 조금이라도 더 듣고 싶었다. 그래서 그는 앞서 했던 질문을

재차 던졌다. 이 의사가 말을 한 바로 그 순간 오래 기다렸던 죽음이 찾아오는 듯했다. 화자는 이렇게 이야기한다.

> 내가 말을 거는 동안, 최면 걸린 사람의 얼굴에 눈에 띄는 변화들이 나타났다. 눈동자가 구르며 눈꺼풀이 열린 후, 눈동자가 위쪽으로 사라졌다. 얼굴색은 전체적으로 시체 같은 색조를 띠었는데, 피부가 너무 창백한 나머지 양피지를 넘어서 백지장과 흡사했다. 이전까지 두 뺨에 있던 홍조가 순식간에 꺼져버렸다. 내가 '꺼졌다'는 표현을 쓴 것은, 홍조가 순식간에 사라지는 모습이 무엇보다도 촛불이 바람에 꺼지는 모습을 연상시켰기 때문이다. 이와 함께 이전까지 굳게 닫혀 있던 입은 윗입술을 일그러뜨리며 치아를 드러냈다. 한편 아래턱이 소리를 내면서 빠졌고, 그로 인해 입이 크게 벌어지면서 새까맣게 부어오른 혀가 한눈에 보였다.[17]

P—씨는 이 사건은 의심할 여지 없이 "임종 침대의 공포"라고 말한다. 그리고 이 순간 주위에 있던 사람들은 적잖은 역겨움과 경악을 느끼면서 "침대 곁에서" 물러났다.

그러나 「M. 발드마 사건의 진실」에서 가장 놀라운 사건은 나중에, 그러니까 이 환자가 외관상 죽음에 이른 이후에 일어난다. P—씨는 이렇게 회상한다.

> M. 발드마가 살아 있음을 보여주는 흔적은 전혀 찾아볼 수 없었

다. 그가 죽었다고 결론을 내린 후, 막 그의 몸을 간호사들에게 넘기려던 찰나였다. 혀에서 강한 떨림이 관찰되었다. 혀의 움직임은 1분 정도 계속되는 듯했다. 그렇게 1분이 지나자, 벌어진 상태로 움직이지 않던 턱에서 소리가 들려왔다. 그때 내가 들은 소리는 도저히 묘사할 수 없는 성질의 것이었다. 그것을 묘사하려는 시도는 미친 짓일 터이다. 물론 부분적으로 그것에 들어맞는다고 생각되는 두세 가지 표현이 없는 것은 아니다. 예를 들면, 그것은 거슬리는 소리, 부러진 소리, 텅 빈 소리였다고 말할 수 있다. 그러나 전체적으로 그 끔찍한 소리는 묘사할 수 없다. 그토록 사람 신경을 곤두서게 만드는 소리는 일찍이 들어본 적이 없으니, 묘사할 수 없는 것은 지극히 당연한 일이다. 그럼에도 불구하고, 거기에는 두 가지 특징이 있었다. 나는 그 음성을 들으면서 어딘가 성가 영창과 비슷한 특징—이 세상 것이 아닌 듯한 느낌—이 있다고 생각했고, 그러한 생각은 지금까지 변치 않고 있다. 첫째, 우리는—적어도 나는—아주 먼 곳, 혹은 깊은 땅굴 속 어딘가에서 들려오는 소리를 듣는 듯한 느낌을 받았다. 둘째, 나는 (독자가 이해할 수 있도록 설명하기가 불가능할 것 같기는 하지만) 무슨 젤리같이 끈적끈적한 물질이 촉각을 자극하는 것 같은 인상을 받았다.

나는 '소리'라는 말과 '음성'이라는 말을 모두 썼다. 다시 말해 그가 낸 것은 음성이라기보다는 소리에 가까웠지만, 명료한—놀라울 정도로, 으스스할 정도로 명료한—발음이었다. M. 발드마는 말을 한 것이었다. 그리고 그 말은 내가 2~3분 전에 그에게 던진 질문에 대한 대답인 듯했다. 앞서 말한 대로, 내가 했던 질문은 아직 자고 있느냐는 것이었다. 그는 이렇게 대답했다.

"그래, 아니, 계속 잠을 자고 있었는데, 지금—지금은—나는 죽었어."[18]

여기서 말을 하는 존재는 〔프랑스〕 의사들이 연구했던 혀를 상실한 몸이 아니다. 정확히 그 반대다. 혀를 자신의 일부로 소유했던 몸이 소멸한 뒤에도 혀가 계속 살아서 말을 하는 것이다. 마치 한때 이 턱을 소유했던 존재 너머에서, "벌어진 상태로 움직이지 않던 턱" 아래 "아주 먼 곳"에서 소리를 내는 듯, 이 혀는 완벽한 기교를 선보이며 저 홀로 움직인다. 의사가 듣기에 이 혀가 낸 소리는 더없이 정확한 발음, "명료한—놀라울 정도로, 으스스할 정도로 명료한—발음이었다."

M. 발드마의 마지막 말은 외관상의 "죽음"에 이르기 직전 그가 했던 말을 떠올리게 한다. 그러나 그의 마지막 문장은 앞서 "거의 알아들을 수 없는 나지막한 속삭임"으로 했던 말보다 훨씬 더 당혹스러운 것이다. 아까 이 환자는 긍정으로 대답할 수 있는 것인지 아닌지 애매한 물음에 대해 확실한 긍정으로 답했었다. 분명 "지금도 자고 있다"고 말하지 않았는가. 표면적으로 이 진술은 이해하기가 쉽지 않다. 진술의 형식적 명확성이 진술의 내용과 모순되는 듯 보이기 때문이다. 왜냐하면, 만약 그의 주장이 사실이라면, 그것은 잠에 취한 사람이 무의식 중에 한 말일 것이기 때문이다. 그러나 이

이야기에 등장한 최후 발화의 복잡성은 다른 질서에 속해 있다. 왜냐하면 "그래, 아니, 지금까지 자고 있었는데have been, 지금—지금은—나는 죽었어I am dead"라는 말이 사실이라면, 이 말은 엄밀한 의미에서stricto sensu, 존재하지 않는 사람이 한 말이어야 하기 때문이다. 몸 없는 혀가 아니라면, 누구 혹은 무엇이 이런 말을 할 수 있겠는가? 이 단편을 자세히 독해하면서 롤랑 바르트Roland Barthes는 이렇게 말한 바 있다. "여기서 우리는 서사 문법의 진정한 한마디hapax를 듣는다. '나는 죽었어'라는 이 한마디는 말인 한에서 불가능한 말로서 제시된 것이다."[19] 바르트는 "혀의 〔……〕 강한 떨림"으로 만들어진 이 표현에 주목해야 할 이유들로 다음과 같은 것들을 제시했다. 첫째, 이 문장은 발화 자체의 기원에 관해서만 말하고 있는데, 흥미롭게도 이 기원은 끝까지 분석에 저항하는 것이다. 둘째, 이 표현은 담론의 측면에서는 미증유의 것이자 불가능한 것이지만 실제로는 수많은 화자들이 흔히 사용하는 은유("난 이제 죽었다")를 문자화한 것에 지나지 않는다. 셋째, 모든 가능한 발화 조합 가운데 "'나'라는 1인칭과 '죽은'이라는 형용사의 결합은 철저하게 불가능한 것—언어의 맹점이자 허점이다." 마지막으로, 의미론의 층위에서 이 문장은 "두 반대항('삶, 죽음')을 동시에 긍정하며 이로써 긍정('나는 죽었다')도 부정('나는 죽지 않았다')도 아닌 독특한 거울의미소enantioseme를 형성한다. 즉 '나는 죽었고 죽지 않았다'"는 말을 만드는 것이다. 이 말은 "참-거짓, 예-아니요, 그리고 삶-죽음〔이라는 대당〕을 하나의 불가분한 전체로" 만드는 언어 형식이 출현했

음을 뜻한다.[20]

그러므로 제멋대로 움직이는 혀의 마지막 말은 단지 "믿을 수 없는" 진술이기만 한 것이 아니라, 이 단편의 화자 스스로가 거듭 주장하듯이, 생각조차 할 수 없는 진술이다. 그리고 비평가 바르트는 분명 이 때문에 이 말을 그야말로 "철저하게 불가능한 말"이라고 생각했던 것이다. 즉 이 말은 정의상 지각되는 순간 결코 진실일 수 없는 진술이다.[21] 그러나 말speech의 한계와 언어language의 한계는 다르다. 그리고 이 경우 저 혀의 말은 진실한 문장이 될 수는 없어도 어쨌든 문장으로 만들어질 수는 있다. 물론 이 문장의 표현 영역은 발화가 아닌 글쓰기일 테지만 말이다. 이 문학 텍스트 자체가 이 사실을 암시한다. 왜냐하면 죽음이라는 사건을 통해 이야기의 무대에 등장하는 것이 문자적 구성 요소라는 사실에는 오해의 여지가 없기 때문이다. 이 죽음의 순간에 시체의 피부색은 "양피지를 넘어서 백지장과 흡사"한 창백한 톤으로 묘사된다. 그리고 이제 혀가 한 번도 본 적이 없을 정도로 "새까매져서blackened" 종이 위로 튀어나온다. 그러니까, 이 부분의 묘사를 따르자면, 죽음이 몸[시체]을 종이와 펜으로 변형시키는 것이다. "나는 죽었어"라는 발화 불가능한 표현은 삶이 글쓰기로 변하면서 만들어낸 산물이다. 살아 있는 말이 사라지는 순간 솟아나온 이 글자들은 저 폴란드인 환자의 죽음이 남긴 유언이자 유일한 텍스트다. 더 이상 살아 있지 않은 몸을 위해 한때 그것에 속했던 혀가 소리로 들려주는 비문인 것이다.

이런 관점에서 보면 이 이야기에서 몸의 죽음을 선언하는 혀가 오직 제 힘으로만 말을 한다는 사실은 더욱 의미심장해진다. "강한 떨림"은 분명 3인칭으로 진술될 수 있었을 것이다. 통상 이야기의 화자가 독자에게 들려주는, 가령 다음과 같은 형태의 진술 말이다. "그는 죽었다He is dead." 그러나 M. 발드마의 혀는 "나"라고 말한다. 이 1인칭은 그의 혀에게 말해질 수 없는 의미를 부여하고 또 그것을 지금껏 생각되지 못한 독특한 방식으로 글쓰기 형식의 역사와 관계 맺게 만든다. 죽음의 이 기묘한 선언("나는 죽었어")은, 비록 서사〔의 역사〕에서는 미증유의 것이지만, 문학의 전통에서 보면 유일무이한 것이 아니라는 사실을 유념할 필요가 있다. 그것은 오히려 서구 전통에서 가장 오래된 문헌 자료들을 정확하게 반복한 것이다. 포가 이 자료들, 즉 고대 그리스의 비문들에 대해 알았을 가능성은 없지 않다. 남아 있는 고전고대의 알파벳 텍스트 가운데 가장 오래된 기록은 엄밀한 의미에서의 문학작품이나 경제적 기록(가령 재고 목록이나 거래 장부 같은)이 아니라 망자를 추억하고 기념하는 비문과 낙서이며, 이 사실은 잘 알려져 있다.[22] 〔그러나〕 이 추도 텍스트의 형식이 근대의 그것과 상당히 다르다는 사실은 아마 덜 알려져 있는 것 같다. 죽은 M. 발드마의 혀가 그랬던 것처럼, 고대의 추도문에서는 헌사가 새겨진 비문이 저 스스로 1인칭 단수 대명사를 쓰면서 말하는 것이 일반적이었다. 예컨대 기원전 8세기에 세워진 테베의 한 비석에는 이렇게 새겨져 있다. "나는 코라코스의 술잔이다."[23] 그리고 같은 시기 추도문 중에는 이런 것도 있다. "에우마레스가 나를 비석으로 세웠다." 혹은 더 놀라운 사례를 들자면, "나는 글라우코스 기념비〔μνῆμα〕다."[24]

이 비문들의 명확한 형식과 죽은 M. 발드마의 혀가 만들어낸 말 사이의 유사성이 단지 피상적인 차원에 그치지 않는다는 사실은 잠깐 멈춰서 숙고해볼 만한 가치가 있다. 고대 그리스의 읽기와 쓰기에 관한 중요한 연구서를 쓴 예스페르 스벤브로Jesper Svenbro는 이 고대 텍스트들을 자세히 고찰한 뒤 1인칭 표현이 일반적으로 쓰인 이유에 관한 설득력 있는 설명을 제시했다. 『프라시클레이아*Phrasikleia*』에서 그는 이렇게 적었다. "이 비문들은 구어적 상황에서 먼저 말해진 다음 비석 위에 전사된transcribed 표현이 아니다. 정확히 그 반대다. 어떤 의미에서 이 진술들은 〔그 자체로〕 글쓰기의 성격을 갖는다. 비석들이 스스로 1인칭 대명사를 통해 말할 수 있는 것은 이 때문이다. 비록 이것들이 그저 물건objects일 뿐 살아서 생각하고 말하는 능력을 부여받은 존재가 아니라 해도 말이다."[25] 이렇게 보면, 기념비〔비석〕의 1인칭은 순수하게 문어적인 현상임이 드러난다. 이것은 살아 있는 존재의 기호가 아니라 그의 부재의 기호인 것이다. 그리고 오직 이러한 기호로서만 1인칭은 자신이 기념하는 존재의 죽음을 기릴 수 있다. 이런 맥락에서 스벤브로는 언젠가 카를 브루크만Karl Brugmann이 제안했던 1인칭 대명사에 관한 어원학적 설명을 끌어온다. 이에 따르면, 그리스어 에고ego는 다른 인도-유럽어의 친족 단어들과 더불어 단순히 "여기-임/이곳-임Hierheit"을 뜻하는 중성명사(*eg〔h〕om)에서 유래한 것이다. 그러니까 원래 "나"라는 말은, "이곳"을 지시하기만 한다면 살았든 죽었든 인간이든 아니든 상관없이 온갖 존재를, 구어 표현이든 문어 표현이든 가리지 않고 모조리 포괄하는 비실체적인 용어였던 셈이다.[26] 따라서 추도 비석의 "나" 역시 글쓰기라는 실체 없는 존재의 현전을 가리키는 암호로 이해해야 한다고 스벤브로는 주장한다. 이 고전학자는 이렇게 적었다. "우리가 이 비문을 읽을 수 있는 한 비석 역시 존재할 것이다. 비석이 아니라면 도대체 누가 문어적 발화의 '여기-임'에 대한 권리를 주장할 수 있겠는가."[27] 기념되는 인간은 정의상 부재한다. 비석을 만들고 비문을 새긴 사람 역시 작업을 완료하면 사라진다. "글쓰기라는 사실 〔자체〕에 의해 3인칭"이 되는 것이다.[28] 〔그래서 결국〕 남는 것은 새겨진/기록된inscribed "나"뿐이다.

최면에 걸린 번역가의 몸 없는 혀는 이처럼 추모하는 문자의 질서에 속하는 존재다. 이 혀의 "강한 떨림"은, 그것을 들을 수 있는 사람에게는, 「M. 발드마 사건의 진실」에서 가장 충격적인 진실을 들려준다. 그것은 언어가 화자의 소멸 속에서 지속한다는 사실, 혀/어가 마치 "흰 종이" 위에 "검게 칠해지는/쓰여지는" 부분처럼 자신이 재현/표상하는 존재의 사라짐을 증언하기 위해 〔살아〕 남는다는 사실이다. 그러므로 이 문학작품을 통해 '아글로소스토모그래피aglossostomography'는 그에 못지않게 이상한 용어인 '아소마글로소그래피asomaglossography'로 바뀐다. 즉 이 단편은 '혀 없이 말하는 입'에 관한 의학적인 설명 대신 '몸 없이 쓰는 혀'에 관한 스케치를 그린다. 그러나 이 두 "그래피graphy"는 어떤 독특한 불일치

noncoincidence에 관해 이야기한다는 점에서 일치한다. 혀 없이 살아남아 말하는 입으로서든 아니면 반대로 말하는 몸보다 오래 살아남는 혀로서든, 자신이 원래 속했던 존재에게서 떨어져 나온 언어는 "아주 먼 곳, 혹은 깊은 땅굴 속 어딘가에서 들려오는" 정체불명의 소리를 내면서 계속 살아간다. 하나로서든 여럿으로서든 "혀/어"는 이런 방식으로 죽어가고 또 살아간다. 어떤 경우든 "혀/어"는 화자와 화자의 몸 너머로 뻗어나간다. 한때 자신을 낳았고 또 살게 해준 존재를 망각에 빠뜨림으로써 살아남는 것이다. 우리는 이렇게 결론 내릴 수 있다. 우리가 '언어'라고 부르는 것은 자기 자신보다 오래 살아남는 존재에 다름 아니다.

언어를 잃어버린다는 것은 분명 힘든 일이다. 그러나 언어를 배우는 일에도 어려움이 없지는 않다. 물론 이 어려움을 유별난 것이라고 할 수는 없다. 낯선 언어를 배우는 사람은 머지않아 〔그 언어에 특유한〕 어법idiom에 맞닥뜨리게 되며, 거기에 제 언어를 적응시키거나 그렇지 않으면 침묵에 빠질 수밖에 없다. 바로 이 순간에 말하는 존재는 자신이 배운 것이 여러 언어들 가운데 하나일 뿐 그 이상도 이하도 아니라는 사실을 확연히 깨닫게 된다. 과학적인 연구 대상으로서의 언어는 분명 시대와 장소에 따라 다양하게 존재한다. 그것은 어떤 화자에게는 타밀어Tamil일 수 있고, 다른 누군가에게는 암하라어Amharic일 수도 있으며, 마찬가지로 임의대로 고른다면, 불가리아어일 수도 있다. 그러나 모든 말하는 존재의 경험에 공통된 현상으로서 언어는 하나의 특별한 이름을 가지고 있다. 중세 후기에 〔처음으로〕 지어진 이 이름은 이후로 단 한 순간도 쓸모를 잃은 적이 없다. 그 이름은 "모〔국〕어materna lingua"다.[1] 단테는 자신이 처음으로 이 주제에 대해 제대로 성찰한 사람이라고 생각했다. 그는 말하는 존재들이 원래 가진 언어와 이후에 습득한 언어 사이에는 수에서뿐 아니라 본질에서도 차이가 난다고 주장했다. 『속어론』의 유명한 서두 부분에 단테는 이렇게 적었다. "우리는 제1〔혹은 '주요'〕언어prima locutio를 주위 사람들에게서 배운다. 가령 유모가 하는 말을 대중없이 따라 함으로써 말이다sine regula nutricem imitantem accipimus." 반대로 "제2"(혹은 "부차적인")언어의 경우 우리는 원리 체계를 습득함으로써 순차적으로 신중하게 배워나간다. 이 중세의 시인-철학자는 당대 관습에 따라 "문법gramatica"이라는 아주 모호한 용어로 이 원리 체계를 지칭한다.[2] 물론 이 문제에 대한 단테의 관점은 확실히 중세적이다. 그가 보기에 "제2언어"는 오직 하나만 있을 수 있었는데, 그것은 학교 언어인 라틴어였다. 좋든 나쁘든, 언어의 다양성에 관한 단테의 생각에서 핵심적인 것은 오늘날에도 효력을 잃지 않았다. 그도 그럴 것이 모〔국〕어를 배우는 방식이 나중에 〔따로〕 언어를 습득하는 방식과 근본적으로 다르다는 사실을 의심하는 사람이 있겠는가.

적어도 언어 습득의 측면에서 '제1'언어와 '제2'언어를 가르는 차이는 분명하다. 그리고 이 차이를 보면 우리는 저 두 언어 사이의 이행transition의 가능성 및 그 이행의 본질에 관해 묻지 않을 수 없다. 아닌 게 아니라, 그전까지는 그저 "대중없이 〔……〕 따라 함으로써" 말을 배우던 존재가 갑자기 어떻게 공부를 통해 "언어"를 배울 수 있는 것일까? 그리고 만약 어떤 사람이 문법 원리를 습득함으로써 '제2'언어를 배우는 데 성공한다면, 이로 인해 이전의 〔제1〕 언어가 혹시 어떤 영향을 받는 것은 아닐까? 말하는 존재가 외국어 문법의 질서 체계에 안착한 후 다시 '제1언어'라는 무규칙한 매체로 완벽하게 회귀할 수 있는지는 불분명하다. 그러나 이 의문은 모〔국〕어 및 그에 이어지는 '제2'언어 간의 이행에만 국한되지 않는다. '제1'언어 자체에 대해서도 질문이 제기될 수 있다. 단테가 최초로 철학적 정식을 부여했던 "주요 언어"에 대비되는 어떤 언어를 습득하기 이전 시기에 대해서도 의구심을 품을 수 있다는 말이다. 왜냐하면 — 비록 극소수일지라도 — 하나 이상 혹은 이하의 "모〔국〕어"를 가진 사람들이 있기 때문이다. 외국어를 공부하기 전에 이미 한때 "대중없이" 배웠던 언어를 잃어버리고 그저 "〔그들의〕 유모를 따라 함"으로써 다른 언어를 배우는 사람들이 있다.

엘리아스 카네티Elias Canetti가 전형적인 사례다. 1905년 불가리아의 세파르디계 유대인 집안에서 태어난 카네티가 처음 배운 언어는 1492년 추방되기 전까지 스페인 땅에 살았던 유대인들이 쓰던 유대-스페인어, 즉 라디노어였다. 출생지인 루세Rustchuk에서 카네티가 유년 시절을 보낼 무렵 그곳에서는 확실히 아주 많은 언어들이 쓰이고 있었다. 자서전인 『구제된 혀』 1권에서 카네티는 "하루에도 일고여덟 개 언어를 들을 수 있었다"고 회상한다. 왜냐하면 이 도시에 정착한 사람들은 비단 스페인계 유대인뿐 아니라 불가리아인, 터키인, 그리스인, 알바니아인, 그리고 집시도 있었고, 이에 더해

루마니아인과 러시아인까지 "여기저기" 퍼져 살았기 때문이다.[3] 카네티가 밝히는바, 그의 첫번째 언어는 세파르디계 유대인의 중세풍 스페인어였다. 이것은 그의 가족과 친구들이 쓰던 언어였을 뿐 아니라 처음으로 그를 돌봐준 유모들이 그에게 불러주고 들려주던 노래와 이야기의 언어이기도 했다. 그러나 미래에 작가가 될 이 아이는 어릴 적부터 이미 다른 언어에도 노출되었다. 그의 부모는 자식과 친구 들 앞에서는 항상 스페인어를 썼지만, 그들끼리는 다른 언어, "빈에서의 행복했던 학창 시절 언어," 즉 독일어를 썼다.[4] 맏이였던 엘리아스가 어린 나이에 이 외국어에 끌린 것은 어쩌면 너무나 당연한 일이었다. 엄마와 아빠가 독일어로 나누는 이야기는 곧장 그를 매혹시켰다. 그는 이렇게 적었다. "나는 엄청난 집중력으로 〔그들의 대화를〕 듣고, 이 말은 무슨 뜻이고 저 말은 또 무슨 뜻인지 물었다. 그들은 웃음을 터뜨리며 그런 걸 알기에 내 나이는 너무 어리다고 말했다. 나는 나중에야 그 말들의 의미를 이해하게 되었다. 그들은 나에게 '빈'이라는 단어만 알려주었는데, 이것만으로도 그들로서는 상당히 많이 양보한 셈이었다. 나는 그들이 오직 독일어로만 할 수 있는 경이로운 이야기를 하고 있다고 생각했다. 조르고 또 졸랐지만 소용없었고, 화가 난 나머지 나는 다른 방으로 달려가 내가 들은 문장들, 그 마법의 주문들을 정확한 억양으로 되풀이했다."[5]

1911년 카네티의 부모는 권위적인 아버지와 고향 도시의 숨 막히는 공기를 피해 아이들을 데리고 영국으로 건너간다. 엘리아스의 삼촌 중 두 사람이 이미 맨체스터에 자리를 잡고 사업을 시작하여 번창하고 있었던 것이다. 그들은 엘리아스의 아버지에게 동업을 제안했다. 그러나 그의 아들이 영국에서 보낸 시간은 짧았다. 엘리아스 가족이 영국에 도착한 지 고작 1년 남짓 지났을 무렵, 그의 아버지가 서른한 살의 나이에 급사했기 때문이다. 홀로 남은 미망인은 가족을 데리고 다시 이사하기로 결심한다. 이번 목적지는 빈이었다. 그들의 여정은 런던과 파리를 거쳐 마침내 스위스 로잔으로 이어졌다. 이 도시에서 카네티의 어머니는 "요트가 떠다니는 호수 전경이 훤히 보이는 고지대에 아파트 한 채"를 빌렸다.[6] 명목상의 이유는 여름 휴가였다. 그러나 엘리아스는 빈으로 가는 제 가족이 제네바 호수 근교에서 체류하는 데에는 다른 이유가 있다는 것을 금방 알아챘다. 카네티는 이렇게 설명한다. 로잔에서 여름을 보낸 "진짜 이유는 무엇보다 내가 독일어를 배워야 했기 때문이다. 나는 여덟 살이었고, 빈에 가면 학교를 다녀야 했다. 그리고 내 나이는 초등학교 3학년에 해당하는 나이였다. 어머니는 독일어를 모른다는 이유로 내가 나이에 맞는 학급에 들어갈 수 없다는 것을 용납할 수 없었고, 그래서 가능한 한 빨리 내게 독일어를 가르치기로 결심하셨다."[7]

반세기가 훌쩍 지난 후에도 카네티는 어머니가 이 결심을 실천으로 옮긴 방법에 관해 거의 완벽하게 기억하고 있었다. 그는 이렇게 회상한다. "우리는 주방에 있었다. 나는 창밖으로 호수와 요트가 보이는 작은 의자에 앉았고," 어머니는 아들이 몇 쪽인지 보지 못하도록 독일어 교재를 펴든 채 왼편에 앉았다. 카네티의 어머니가 이렇게 한 것은 교육학적 원리에 따른 것이었다. 언어 학습을 성공적으로 시키기 위해서는 책이나 유인물 없이 가르쳐야 한다는 것이 그녀의 생각이었다. 카네티의 말에 따르면, 그녀는 "책은 언어 학습에 좋지 않으며, 언어는 〔입〕말로 배워야 한다"고 확신했다. "책은 언어를 어느 정도 배우고 나서야 폐해가 없다"는 것이다.[8] 그래서 카네티 부인은 자신의 값진 장서들로부터 아들을 "늘 멀찍이 떼어놓은" 채 독일어 문장을 읽어주곤 했다. 엘리아스는 음절, 단위, 구문 단위로 따라 해야 했다. 어머니의 마음에 드는 발음을 할 수 있을 때까지 몇 번이고 반복해야 했다. 훌륭한 발음까지는 아니더라도 적어도 "들어줄 만"은 해야 했다. 카네티는 이렇게 회상한다.

> 그렇게 한 다음에야 비로소 어머니는 문장의 의미를 영어로 말씀해주셨다. 그러나 결코 두 번 반복하시지는 않았기 때문에, 매번 그 뜻을 곧바로 외워야 했다. 그러면 어머니는 재빨리 다음 문장으로 넘어가셨고, 같은 과정이 되풀이됐다. 내가 그 문장을 제대로 발음하자마자 어머니가 뜻을 번역해주시는 식이었다. 고압적인 눈빛으로 문장을 반복하는 나를 쳐다보시는가 하면, 어느새 다음 문장으로 넘어가 계셨다. 어머니가 첫 시간에 얼마나 많은 문장 훈련을 염두에 두고 계셨는지는 모르겠다. 줄잡아 몇 개 안 됐다고 해두자. 그렇지만 얼마나 많은 문장을 하실지 나는 두려웠다. 마치면서 어머니는 이렇게 말씀하셨다. "계속 반복하렴. 단 한 문장도 잊어버려서는 안

된다. 단 한 문장도. 내일 다시 계속하자." 어머니는 책을 덮으셨다. 그리고 나는 당혹감에 사로잡힌 채 홀로 남았다.[9]

다음 날 엘리아스가 거둔 성적은 애매했다. 전날 배우고 반복한 것들에서 골라낸 한 문장의 뜻이 무엇인지 질문받은 아이는 영어로 맞게 대답할 수 있었다. "그러나 다음 순간 위기가 찾아왔다." 연습한 다른 독일어 문장들 중에서 단 한 가지 뜻도 기억해낼 수 없었던 것이다. 새로 배운 언어로 문장을 반복한 다음 뜻이 뭐냐는 질문을 받은 아이는 그저 "머뭇거리다 입을 다물고 말았다."[10] 그 순간 아이는 첫 문장의 성공이 오히려 독이 됐다는 걸 깨달았다. 엄마는 아이를 나무라는 듯 말했다. "너는 첫번째 문장은 기억했다. 그러니까 다른 문장들도 당연히 할 수 있다. 하기 싫었던 거겠지. 로잔에 계속 있고 싶은가 보구나. 너 혼자 로잔에 두고 난 가야겠다. 난 빈으로 갈 테니, 로잔에 있으렴, 너 혼자."[11] 그렇지만 혼자 내버려두겠다는 말이 카네티의 어머니가 쓸 수 있었던 최상의 협박 카드는 아니었다. 외우기로 한 뜻을 기억해내지 못했을 때 엘리아스가 가장 두려워한 것은 어머니의 반응이었다. 즉 어머니로부터 경멸을 당하는 것이었다. 카네티는 이렇게 적었다. "도저히 참을 수 없는 경우 어머니는 두 손으로 머리를 감싸 쥐고 이렇게 소리치셨다. '내 아들은 바보로구나! 내 아들이 바보였어, 그걸 내가 몰랐구나!' 혹은 이렇게도 말씀하셨다. '네 아버지는 독일어도 잘하셨는데, 아버지가 널 보면 뭐라 하시겠니!'"[12]

이렇게 해서 끔찍한 시절이 시작됐다. 불가리아를 떠나고 다시 영국을 떠나 프랑스어를 쓰는 스위스 도시에 외따로 머무르게 된 어린 카네티는 엄마의 결심 때문에 읽지도 쓰지도 못하는 채로 독일어를 배워야 했다. 이제 아이의 삶은 아직 알지 못하는 언어를 잊지 않기 위해 밤낮으로 전전긍긍하는 삶으로 바뀌었다. 이 불안감은 어머니와 함께 있을 때와 혼자 있을 때를 가리지 않고 아이를 짓눌렀다. 그는 이렇게 회상한다. "이때부터 나는 어머니의 조롱을 받는 공포 속에 살았다. 낮 동안에는 어디를 가든 문장들을 반복했다. 가정교사와 함께 산책을 나가서도 나는 부루퉁한 채 아무 말도 하지 않았다. 더 이상 바람을 느끼지도 못했고, 음악을 들을 수도 없었다. 내 머릿속에는 항상 독일어 문장들과 이 문장들의 영어 의미만 맴돌고 있었다."[13] 이 아이는 엄마의 혀/어의 저주에 걸려든 것이다. 아이는 거의 말을 할 수 없었다. 아니, 이 자서전에 쓰인 대로라면, 아이는 최면에 걸렸던 것이다. 그래서 아이는 자신을 "덫에 빠뜨린" 사람에게 동의를 받지 못하면 아무것도 할 수 없게 됐다. "어머니는 나를 가혹한 최면의 덫에 빠뜨렸다. 그리고 어머니가 유일하게 나를 해방시켜줄 수 있는 사람이었다."[14] 그러나 도움의 손길은 영어를 가르치던 가정교사에게서 왔다. 이 가정교사는 얼마 동안—카네티는 한 달 정도라고 추정하는데—시간을 들여 그전까지 확고하게 원칙을 지켜오던 저 가혹한 교육자를 설득하는 데 성공했다. 아들에게 외워야 할 새로운 독일어 문장들이 봉인돼 있는 소중한 자료를 볼 수 있도록 허락한 것이다. 그렇게 해서 엘리아스는 지금껏 금지돼 있던 책을 받았다. 물론 여전히 어머니의 도움은 없었지만, 그래도 이제 그는 당시 독일 인쇄업계에서 널리 유행하던 고딕 서체의 "각진 문자들"을 읽을 수 있게 되었다. 카네티는 적었다. "이제 최악의 고통은 지나갔다."[15]

어머니는 여전히 언어 학습에는 책이 해롭다고 생각했고, 그래서 아이는 수업 시간에는 여전히 해당 페이지를 보지 않고 문장을 암기해야 했다. 그러나 이제 엘리아스는 혼자 책을 볼 수 있었고, 수업 시간 틈틈이 앞 시간에 순전히 말로만 배운 것들을 "읽음으로써 복습할" 수 있었다. 텍스트writing의 보완은 결정적인 것으로 드러났다. 아이는 더 빠르게 그리고 더 잘 배웠다. 그리고 그의 어머니는, 나중에 카네티가 전하는 바에 따르면, "더 이상 나를 '바보'라고 부를 기회를 잡지 못했다."[16] 카네티의 회상에 따르면, 이로써 아이와 어머니의 삶에서 어떤 "절묘한" 시기가 시작되었다. 이 시절 그들은 수업 시간이든 아니든 새로운 언어로 마음껏 대화할 수 있었다. 미망인에게 이 사실은 비길 데 없이 중요했다. 아들이 이 중요성을 제대로 이해하게 된 것은 나중의 일이지만 말이다. 카네티는 이렇게 적었다. "나와 독일어로 이야기하는 것은 어머니 자신의 간절한 소망이었다. 독일어는 어머니가 신뢰하는 언어였다."

스물일곱에 남편을 잃은 어머니가 자신의 삶에서 가장 끔찍했던 이 사건, 그러니까 내 아버지의 죽음을 가장 뼈아프게 느낀 부분은 아버지와 독일어로 나누던 긴 대화를 더는 할 수 없게 되었다는 사실이었다. 어머니에게 결혼의 진정한 의미는 바로 이 언어 안에 있었다. 아버지를 여읜 어머니는 무엇을 할지 몰라 망연자실했고, 그래서 가능한 한 빨리 나를 아버지의 자리에 앉히려고 애썼던 것이다.[17]

새로운 혀/어의 습득은 어쩌면 이 아이에게 훨씬 더 중대한 일이었던 것 같다. 자서전의 화자가 말하고 있듯이, 혹독한 훈련을 통해 그가 얻은 것은, 보통 우리가 생각하는 것과 달리, 일개 외국어가 아니었다. 그것은 한층 놀라운 것이었다. 즉 그에게는 "뒤늦게 그리고 실로 고통스럽게 모[국]어가 이식된" 것이었다.[18] 이 언어는 그의 필생의 작업에 쓰이게 될 것이었다. 그리고 성인이 된 카네티는 이 언어 습득 사건을 제2의 탄생과 다름없는 것으로 여겼다. 이 일이 없었다면 결코 알지 못했을 삶을 얻었기 때문이다.

우리는 로잔에서 석 달을 보냈다. 나는 종종 이 시기만큼 내 삶에 결정적인 시기는 없었다는 생각을 한다. 물론 사람들은 하나의 시기에 확실하게 몰두하면 각각의 시기가 가장 중요한 시기, 모든 것을 포괄하는 시기가 될 수 있다고들 생각한다. 그렇지만 주변에서 들리는 프랑스어를 주워섬기기만 했을 뿐 큰 감흥 없이 지내던 로잔에서, 나는 어머니가 가르쳐준 독일어 덕분에 다시 태어났다. 이 탄생의 고통은 나를 독일어와 어머니에게 결속시켜주는 열정을 낳았다. 근본적으로 둘이 아니라 하나인 이 두 가지가 없었다면, 이후 내 삶

의 여정은 무의미하고 불가해한 것이 되었을 것이다.[19]

그러나 카네티의 모〔국〕어에 관한 이야기에는 무언가가 더 있다. 이 작가가 어린 시절 흉내를 통해 배운 언어는 라디노어와 독일어만이 아니었다. 제1언어에 관한 단테의 정의를 따르자면, 처음으로 "소리를 구별할 수 있게 됐을 때부터" "대중없이 주위 사람들을 따라 함으로써" 이 소년이 "받은received" "언어speech"에는 다른 것도 있었다.[20] 루세에 살던 당시 카네티의 집에서 지내며 일하던 소작농에게는 딸이 여럿 있었는데, 이 소녀들과 많은 시간을 함께 보낸 엘리아스는 바로 이들이 쓰던 언어, 즉 불가리아어를 배운 것이다. 어른이 된 카네티는 언제 그리고 어떻게 이 언어를 배우게 되었는지 정확히 기억하지 못했다. 그렇지만 그는 이 언어가 제 유년 시절에서 중심적인 역할을 했다는 사실에 대해서는 추호도 의심하지 않은 것 같다. 회고적인 시선이 주는 안전거리를 확보하면서 그는 이 슬라브어를 나중에 가서 완전히 잊어버린 게 틀림없다고 생각했다. 제 가족의 언어적 상황을 설명하면서 카네티는 이렇게 적었다. "제각각이었다. 부모님은 〔서로〕 독일어를 쓰시면서 내가 알아듣는 것은 허락하지 않으셨고, 아이들과 친척들에게는 오직 라디노어만 쓰셨다. 라디노어는 비록 스페인어로서는 낡은 것이었지만, 우리는 실제 일상어로 썼다. 이후에도 나는 종종 이 말을 들었고 결코 잊어버리지 않았다."[21] 그러나 이 유대-스페인어가 이 집안의 유일한 "일상어vernacular"는 아니었다. 이어서 카네티는 다음과 같이 분명히 밝힌다. "우리 집에 살던 소작농의 딸들은 불가리아어밖에 할 줄 몰랐다. 틀림없이 나는 그녀들에게 불가리아어를 배웠다. 그러나 불가리아 계통 학교를 다닌 적도 없고 여섯 살 때 루세를 떠난 까닭에 금세 불가리아어를 까맣게 잊어버렸다."[22]

비록 불가리아어는 전혀 기억하지 못했지만, 카네티는 자신의 어린 시절 이 발칸 언어와 관련하여 일어난 사건들에 대해서는 많은 기억이 있다고 확신했다. 많은 기억이 남아 있었다. 그러나 그가 생각한 것과는 다르게 남아 있었다. 성인이 된 카네티는 한때 자신이 〔불가리아어로〕 경험하고 기억하던 것들이 정확히 언제 어떤 맥락에서 통째로 독일어로 넘어가게 되었는지 제대로 기억하지 못했다. 그는 이렇게 적었다.

> 어린 시절의 모든 사건은 라디노어 아니면 불가리아어였다. 나중에 이 사건들 중 대부분은 나에게 독일어로 바뀌었다. 그러나 특별히 극적인 사건, 말하자면 살인이나 사망 사고 같은 사건이나 끔찍하게 무서웠던 일은 라디노어로 아무런 왜곡 없이 아주 정확하게 기억할 수 있었다. 그 밖에 모든 것, 그러니까 대부분의 사건들, 그중에서도 특히 불가리아어로 겪은 사건들, 가령 침대 맡에서 들은 동화 같은 것들은 모두 독일어로 옮겨 생각했다. 이 일이 어떻게 일어났는지 정확하게 말할 수는 없다. 어느 시점에 어떤 계기로 이런저런 일들이 〔독일어로〕 번역됐는지 나는 알지 못한다. 이 문제를 톺아본 적도 없다. 아마도 나는 엄격한 원리에 기초한 체계적인 조사

따위로 가장 소중한 기억을 망치고 싶지 않았던 것 같다. 한 가지는 확실하게 말할 수 있다. 이 시절 일어난 사건들을 나는 지금도 선명하고 생생하게 눈앞에 떠올릴 수 있다(나는 60년이 넘도록 이 기억들과 더불어 살아왔다). 그러나 대부분의 기억이 당시 내가 알지 못했던 말들과 결부돼 있다. 이제 그 기억들을 적어두는 것은 나로서는 지극히 당연한 일이다. 행여 내가 기억을 바꾼다거나 왜곡한다는 생각은 하지 않는다. 이것은 한 언어에서 다른 언어로 문학작품을 번역하는 일과는 다르다. 이것은 내 무의식의 자발적인 합의하에 이루어지는 번역이다. 사실 나는 〔무의식이라는〕 이 역병 같은 단어, 너무 남용된 나머지 무의미해져버린 이 단어를 잘 쓰지 않지만, 이 경우에 한해서 딱 한 번만 쓰는 것이니 해량해주시기 바란다.[23]

여기서 잠깐 카네티의 불가리아어에 닥친 운명에 대해 생각해볼 필요가 있다. 이 언어의 운명은 그가 자서전에서 언급한 유년 시절의 다른 두 언어, 즉 영어 및 라디노어의 그것과는 상당히 다르다. 불가리아어는 엘리아스가 맨체스터에서 썼던 영어와는 다른 종말을 맞았다. 제네바 호숫가로 간 그는 힘들게 노력하여 영어에서 독일어로 넘어감으로써 "다시 태어나게" 된다. 뒤늦게 모〔국〕어를 이식함으로써 말이다. 또한 그의 불가리아어는 라디노어와도 다른 길을 걷는다. 엘리아스는 스스로도 미처 알지 못한 사이에 라디노어에서 독일어로 넘어갔지만, 라디노어는 특별한 기억의 단편들을 남겨주었다. 그래서 카네티는 "특별히 극적인 사건, 말하자면 살인이나 사망 사고 같은 사건이나 끔찍하게 무서웠던 일"에 대한 기억 속에 있는 저 스페인어 표현들은 작가가 되어서도 결코 잊은 적이 없다고 말한다. 반면 유년 시절의 불가리아어는 카네티가 미처 알지 못한 사이에 사라졌으며, 되살릴 수 있을 만한 어떤 흔적도 남기지 않았다. 화자는 자신이 불가리아어와 관련된 무언가를 조금이라도 알고 있다고 생각하지 않는 듯하다. 텍스트를 읽어보면, 이 작가의 경험을 한 언어에서 다른 언어로 "번역"한 혹은 "전치"시킨 존재는 그 자신이 아니다. 그의 경험 자체가 "스스로" 새로운 언어로 "바뀌어 들어간 것이다." 이처럼 번역자 없는 번역 과정 속에서 경험은 "자발적인 합의하에" 이전에 한 번도 겪어본 적 없는 형식으로 스스로 옮겨가면서 원래 가졌던 형식을 지운다. 아이의 불가리아어는 "깡그리 잊혀져" 어른의 독일어로 바뀌었고, 이로써 어린 엘리아스의 경험은 훨씬 뒤에 얻은 "언어와 결합하면서" 작가 카네티의 기억을 의식의 차원으로 끌어올렸다. 엄밀히 말해서 이 기억은 결코 일어날 수 없었던 사건에 관한 기억이며, 이 사건에 적합한 장소는 이 독일어 작가의 상상 속 과거가 아닌 다른 어디에도 있을 수 없다.

전반적으로 카네티에게 외국어는 유년 시절의 산물이었던 것 같다. 대부분의 사람들에게는 모[국]어가 그렇듯이 말이다. 여기서 우리는 불가리아 출생의 이 유대-스페인계 독일어 작가에게 저 두 쌍의 언어들이 구별 가능한 것이었는지 사뭇 궁금해진다. 그러나 이 작가의 어린 시절 언어들과 관련하여 의미심장한 조명을 비춰주는 한 가지 예외가 존재하는데, 이것은 특히 그가 분명한 어조로

"까맣게 잊어버렸다"고 주장한 언어에 대해 많은 것을 밝혀준다. 1937년 5월 카네티는 빈에서 프라하로 여행을 떠난다. 이 여행 직전에 그는 오스카 코코슈카Oskar Kokoschka의 쉰 살 생일을 기념하여 빈 미술전시관에서 개최된 전시회를 관람했다. 전시회에 걸린 작품들에 깊이 감명받은 이 젊은 작가는 코코슈카를 방문하기로 결심한다. 이 결심은 두 사람을 모두 잘 아는 좋은 친구 덕분에 이뤄질 수 있었는데, 카네티는 그를 만나 빈의 관람객들이 그의 작품에 얼마나 열광했는지를 말해줄 참이었다. 예상대로 카네티에게 선배 예술가와의 만남은 기념할 만한 사건이 되었다. 카네티는 자서전 3권 『눈의 유희』에서 이 만남에 대해 자세하게 설명하고 있다. 그런데 그는 프라하 여행길에서도 이에 못지않은 충격을 받은 것 같다. 주변에서 들리는 낯선 체코어 때문이었다. 그는 이렇게 적었다. "그것은 마치 싸우는 말처럼 들렸다. 왜냐하면 모든 단어의 첫 음절에 강세가 있었기 때문이다. 그들이 토론을 벌일 때면 계속해서 짧은 욕설이 들렸고, 이 욕설은 대화가 이어지는 한 끊이지 않았다."[24]

카네티가 보기에 이 중유럽 언어의 기이한 힘을 가장 분명히 볼 수 있는 곳은 음악을 지칭하는 특이한 단어 후드바hudba였다. 그는 이렇게 회상한다. "내가 아는 한 유럽 언어들은 음악을 가리킬 때 전부 똑같은 하나의 단어, 즉 music을 쓴다. 아름다운, 음악 같은 이 단어는 독일어로 발음하면 함께 솟구쳐 날아오르는 듯한 느낌을 받고, (영어 혹은 스페인어에서처럼) 첫 음절에 강세를 주면 말소리가 잦아들기 전에 한동안 맴도는 듯한 느낌을 받는다."[25] 수년 전

이 젊은 작가는 이 명칭의 보편성에 관해 숙고하면서 그것이 가리키는 현상의 다양성을 고려할 때 단일한 명칭을 쓰는 것이 과연 옳은 일인가 하는 의문을 가진 바 있다. 심지어 그는 알반 베르크Alban Berg에게 물어보기까지 했다. "어째서 음악을 가리키는 다른 단어들은 없는 것일까요?" 그는 쇤베르크Arnold Schoenberg의 제자에게 용감하게—혹은 경솔하게—물었다. "혹시 이것은 새로운 것을 받아들이지 못하는 빈 사람들의 옹고집 때문이 아닐까요? 즉 그들이 쓰는 이 단어가 그 현상을 표상/재현한다고 너무나 확고하게 믿고 있어서, 이 단어의 의미가 바뀔 가능성을 도무지 용납할 수 없을 정도로 확고하게 믿고 있어서 그런 것은 아닐까요?"[26] 베르크가 이런 견해를 경청하지 않은 것은 당연했다. 이 12음기법 작곡가는 자신이 작곡한 음악이 전통적인 선배들이 작곡한 것과 하등 다를 바 없는 음악이라는 사실을 추호도 의심하지 않았다. 그리고 카네티는 두 번 다시 이 얘기를 꺼내지 않았다. 그러나 프라하 여행길에서 이 후드바라는 단어를 접했을 때, 이 단어가 눈앞에 제시하는 결론을 도저히 회피할 수 없었다고 그는 회상한다. "그것은 스트라빈스키Igor Stravinsky의 「봄의 제전」을, 버르토크Béla Bartók를, 야나체크Leoš Janáček를, 그리고 다른 많은 음악을 가리키는 말이었다."[27]

그런데 체코어의 '음악'이라는 말에서는 카네티가 알았던, 한때 알았었던 다른 언어가 메아리치고 있는 듯했다. 이 슬라브어 소리가 깊은 인상을 남긴 이유에 대해 그가 찾아낸 유일한 설명은 왠지 모르게 이 소리가 더 이상 그가 선명하게 기억하지 못하는 언어,

즉 불가리아어를 떠올리게 만든다는 것이었다. 카네티는 이렇게 적었다.

> 나는 넋을 잃은 채 이쪽 뜰에서 저쪽 뜰로 걸어 다녔다. 내가 어렵다고 느낀 말은 어쩌면 그저 일상적인 이야기들이었을 것이다. 그렇다 해도, 그 말들은 우리가 보통 이야기할 때 쓰는 말보다 훨씬 거칠고 말하는 사람의 성미를 훨씬 많이 담은 말들이었다. 체코어를 내 안으로 밀어 넣은 힘은 어쩌면 어린 시절 불가리아어에 관한 기억에서 나온 것일지도 모른다. 하지만 나는 이 생각을 전혀 하지 못했다. 왜냐하면 불가리아어를 까맣게 잊어버렸기 때문이다. 게다가 나는 잊어버린 언어가 내 안에 얼마큼 남아 있는지를 가늠할 수 있는 입장도 아니었다. 어쨌든 프라하에서의 며칠 동안 겪은 일들은 내가 삶에서 밀어냈던 시절로 나를 되돌려놓은 것이 분명하다. 나는 설명할 수 없는 방식으로 나를 깊이 건드린 이 슬라브어 소리를 내 언어의 일부로 받아들였다.[28]

여기서 분명해지는 것은 어린 시절 카네티의 슬라브어가 맞은 운명이 보기보다 훨씬, 어쩌면 자서전의 화자 스스로가 인정하는 것보다 훨씬 복잡한 것이라는 사실이다. 표면상으로 여기서 제시된 유년 시절의 언어에 대한 설명은 분명 자서전 1권에 제시된 설명과 똑같다. 앞에서 카네티는 불가리아어를 "까맣게 〔……〕 잊어버린" 언어라고 적었고, 여기서도 독자에게 자신이 "불가리아어를 까맣게 잊어버렸"음을 알린다.[29] 그러나 거의 완벽한 이 반복은 어떤 부정("나는 이 생각을 전혀 하지 못했다")을 감추고 있다는 인상을 피하기 어렵다. 이 부정은 그의 말이 명시적으로 부인하는 바로 그 현상이 실재한다는 사실을 완강히 증언한다. 적어도 우리는 앞에서 화자가 주장한 것과 달리 이 슬라브 언어가—특히 라디노어와 달리—아무런 잔여도 남기지 않은 채 통째로 독일어로 넘어간 것은 아니라고 추측할 수 있다. 루세를 떠난 지 족히 20년은 더 지났음에도 불구하고, 한때 그가 썼지만 이제는 완전히 잊어버렸다고 믿고 있는 이 언어는 계속 그에게 영향을 미쳐왔던 것이다. 그렇지 않았다면 그는 이 슬라브계 친족 언어의 소리를 망설임 없이 "받아들일" 수 없었을 것이다. 사라짐 속에서도 불가리아어는 분명하지는 않지만 부인할 수 없는 "기억"으로 향한 길을 열어놓았다. 카네티는 이 기억을 인정하지 않으려 했지만 인정할 수밖에 없었다. "까맣게 잊어버린" 언어의 "기억"이 "설명할 수 없는 방식으로" "그 안에" 남아 있었던 것이다.

엘리아스 카네티가 체코어의 '**후드바**'에서 들은 것은 무엇이었을까? 프라하 주민들의 언어가 아니었음—혹은 비단 그 언어만은 아니었음—은 확실하다. 왜냐하면 스스로 분명히 밝히고 있는바, 그는 이 언어에서 거의 아무것도 알아듣지 못했기 때문이다. 그러나 이 작가가 이 언어에서 불가리아어를 감지했다고 단순하게 결론 내리는 것 역시 부적절해 보인다. 설령 반복된 진술과는 반대로 카네티가 이 발칸 언어에 관한 지식을 갖고 있었다 해도, 체코어 소리에서 불가리아어를 감지한다는 것은 거의 있을 수 없는 일이다. 남부 슬라브어와 서부 슬라브어 간에 유형학적 유사성이 있는 것은 사실이지만, 이것만으로 체코어에서 불가리아어를 찾았다고 주장하기는 어렵다. 아마도 카네티가 프라하에서 들은 것은 언어가 아닌 메아리였다고 주장하는 것이 더 정확할 것이다. 잊혀진 언어가 다른 언어 안에서 내는 소리 말이다. 이 메아리 장면이 그가 생전에 출간한 3부작 자서전의 끝 부분, 더 정확히 말해서 「어머니의 죽음」이라는 명시적인 제목을 단 마지막 장 바로 직전에 등장하는 것은 우연이 아니다. 카네티가 감지한 체코어의 '음악'은 유년 시절의 언어에 대한 기억을 불러일으켰다. 이 언어는 그의 어머니와 아무 관련이 없으며, 로잔에서 어머니에게 배운 독일어보다 먼저일 뿐 아니라 아버지가 죽기 전 어머니에게 들었던 라디노어와도 별개인 언어다. 어떤 의미에서도 모[국]어로 규정할 수 없는 한 언어를 카네티에게 떠올리게 만든 프라하 주민들의 "거친" 일상 대화는 또한 돌이킬 수 없는 상실을 예고하는 것이었다. 그 상실의 기록이 자서전의 마지막 장[「어머니의 죽음」]이다. **후드바라는** 단어에 감춰진 비밀, 카네티의 삶의 이야기가 궁극적으로 드러내는 비밀은 아마 이런 것일지도 모른다. 우리가 쓰는 언어가 무엇이든, 그리고 우리가 얼마나 많은 언어를 배우고 잊어버리든 관계없이 다른 언어에 열려 있지 않은 언어는 없다는 사실, 완전히 '네이티브'인 언어는 없다는 사실 말이다. 이런 의미에서 어떤 언어도 진정 '모[국]어'일 수 없다. 심지어 그것이 [진짜] 내 어머니의 언어라 해도.

마리나 츠베타예바Marina Tsvetaeva는 라이너 마리아 릴케Rainer Maria Rilke에게 보낸 1926년 7월 6일자 편지 첫머리에 모〔국〕어에 관하여 다음과 같은 글귀를 적어놓았다. 이것은 그녀가 프랑스 망명 중에 〔모〔국〕어인〕 러시아어가 아닌 독일어로 쓴 것이다.

> 어딘가에서 괴테는 외국어로는 어떤 의미 있는 것도 쓸 수 없다고 말한 적이 있습니다만—제게 이 말은 항상 틀린 얘기로 들립니다. (괴테는 대체로 항상 옳은 말을 합니다. 그러나 물론 **전체**summa적으로만 그렇습니다. 그러니까 지금 저는 그를 부당하게 대우하는 셈입니다.) 〔저에게〕 시를 짓는다는 것은 항상 제 모〔국〕어를 다른 언어로 번역한다는 뜻입니다. 그 언어가 프랑스어든 독일어든 그것은 중요하지 않습니다. 어떤 언어도 모〔국〕어가 아닙니다Keine Sprache ist Muttersprache. 시를 짓는다는 것은 따라 짓는다〔늦게 짓는다〕는 것입니다Dichten ist nachdichten. 이 때문에 저는 사람들이 프랑스 시인, 러시아 시인, 또는 무슨 나라 시인 어쩌고 하는 얘기를 이해할 수 없습니다. 어떤 시인이 프랑스어로 시를 쓸 수는 있습니다. 그러나 그가 프랑스 시인이 될 수는 없습니다. 그렇게 말하는 것은 우스운 일입니다.[30]

"어떤 언어도 모〔국〕어가 아니다"는 츠베타예바의 진술을 있는 그대로 이해해야 할 이유는 충분하다. 어떤 언어도 '제1'언어의 타이틀을 주장할 권리를 갖지 못한다. 규칙과 글쓰기, 학교와 문법적

의식 따위에 의해 오염되지 않고 될 수도 없는 제1언어는 순수하게 모방에 의해서만 획득될 수 있다. 단테의 논고에 적혀 있는 표현을 따르자면, 모든 언어는 '제1'언어인 동시에 '제2'언어다. 그러나 이 시인의 주장에는 더 많은 의미가 들어 있다. 우리는 이 진술을 명백하게 단언적인 논리 형식에 내포되어 있는 역설적인 긍정의 의미로 이해할 수 있다. 왜냐하면 "어떤 언어도 모〔국〕어가 아니다"라는 진술에는 "모〔국〕어는 없다there is no mother tongue"는 의미만 내포된 것은 아니기 때문이다. 이 진술은 전적으로 축자적인 의미에서 "어떤 언어도 〔그the〕 모국어가 아니다is"라는 뜻을 함축하기도 한다. 다시 말해서, 모〔국〕어는 존재하지만 특정한 언어("그 언어가 프랑스어든 독일어든 그것은 중요하지 않습니다")가 존재하는 것과 동일한 방식으로 존재하는 것은 아니다. 이 언어는 시인 츠베타예바—비단 그녀뿐만은 아닌데—가 자신의 작품들을 세공한 그 언어일 수 있다. 단일하지만 동시에 다층적일 수도 있는 언어, 글쓰기와 번역하기, "시 짓기"와 "따라 짓기," 생산과 재생산이 분리될 수 없는 언어. 존재하지 않는 언어, 즉 "모〔국〕어"는 모든 언어speech의 궁극의 매체일 것이다. 모든 언어는 이 기초 위에서 자신의 경계 너머로 메아리치는 음악에 의해 움직이면서 "자발적인 합의하에" 스스로를 번역하여 "다른 언어로" 넘어간다. "그 언어가 프랑스어든 독일어든 그것은 중요하지 않다."

루이스 울프슨Louis Wolfson은 제 모〔국〕어의 정체—혹은 문제를 똑바로 말하자면, 제 모〔국〕어의 소리를 조금도 견딜 수 없었다는 사실에 대해 결코 의심을 품지 않은 것 같다. 1970년 출간한 책에서 그는 어린 시절 처음으로 말하고 읽고 쓰는 법을 배우면서 부딪쳤던 어려움을 암시한 바 있다. 그리고 그는 이후 갓 성인이 되었을 때 모〔국〕어를 잊어버리게 된 경위를 생생하고 상세하게 기록해두었다. 도무지 피할 수 없었던 자신의 언어에서 해방되기 위한 저자의 노력에 이 책의 집필은 결코 작지 않은 역할을 한 것 같다. 저자는 제 고향과 자기가 다닌 학교의 언어였던 영어를 단 한 마디도 쓰지 않은 채, 시종일관 그가 제일 잘 알았고 그에게 가장 덜 낯선 언어였던 프랑스어로 모〔국〕어와 벌인 전투에 관한 이야기를 하고 있다. 이 책은 그의 출생지 미국이 아닌 파리에서 퐁탈리스J.-B. Pontalis가 기획한 정신분석 총서의 한 권으로 질 들뢰즈Gilles Deleuze의 서문과 함께 출간됐다. 책을 읽은 사람이라면 누구든 이 책이 혹여 일부라도 그의 어머니의 언어로 번역되는 것을 그가 싫어했을 거라는 생각을 하지 않을 수 없다. 그러나 우리가 이 저자의 입장을 받아들이지 않으면서 이 독특한 작품에 대해 말하려고 한다면, 우리에게 남아 있는 선택지는 거의 없다. 우리는 영어에 맞서 세워진 일종의 기념비 같은 이 책을 다시 그 언어로 반환할 수밖에 없다. 우선 책의 제목부터 시작해보자면, 번역자 특유의 뻔뻔함을 발휘하여 우리는 그것을 다음과 같이 옮길 수 있을 것이다. 『분열증 환자와 언어들: 혹은 정신병자의 음성학(분열증의 언어학도가 작성한 개요)』.[1]

이 책에서 저자는 스스로를 오직 3인칭으로만 지칭하면서 다음과 같은 서로 연관된 일련의 별칭들을 사용한다. "젊은 분열증 환자" "정신병자" "고립된" "정신병을 앓는 젊은이," 혹은 제목의 마지막 어구에 쓰여 있는 것처럼, "분열증의 언어학도." 이 책에 나오는 수많은 진술들로 미루어 볼 때 영어의 지배에서 벗어나려는 이 정신분열증 환자의 체계적인 노력이 시작된 시기는 20대 초반, 더 정확하게는 대학 입학 이후 어느 시점에서 26세가 될 때까지였음을 알 수 있다. 그는 이 시기에 모〔국〕어에 맞선 자신의 계획적인 투쟁이 한동안 잘 진행됐다고 적었다. 울프슨의 이야기에 따르면, 어머니에 의해 억지로 입원한 정신병원을 "탈출"한 그는 "거의 확고한 결심으로" 고등학교와 대학교에서 배운 두 외국어, 즉 프랑스어와 독일어를 "완벽하게 연마하기로 한다." 그리고 "이후 그의 언어 연구는 더 확장되어 다른 여러 언어들은 말할 것도 없고 심지어 셈족 언어와 슬라브어까지 포함하기에 이른다."[2] 『분열증 환자와 언어들』의 앞부분을 읽어보면, 정신병을 앓는 이 젊은이가 "다른 언어들은 실로 미친 듯이 공부하면서도 유독 제 모[국]어만은 듣지 않으려고 체계적인 노력을 기울였음"을 알게 된다.

주변 사람들은 전부 이 언어만을 썼는데, 이 언어는 중국어를 제외하면 다른 어떤 언어보다 많은 화자를 가진 언어다. 중국어의 우세한 지위는 사실 일종의 시각적 환영이다. 다시 말해 중국어는 통상 이해 가능한 표기 체계(그러나 이 체계의 발음 표기는 상대적으로 부정확하고 매우 불완전한 경우가 많다)로 구성돼 있긴 하지만, 소리 현상은 다소 구별이 안 되는 언어다. 왜냐하면 다양한 중국어 방언들은 소리에 있어서 상당한 차이를 보이는, 서로 알아들을 수 없는 언어이기 때문이다. 그러나 모[국]어를 듣지 않기란 거의 불가능했고, 아무리 알아듣지 않으려고 노력해도 이 언어는 그의 의식을 파고들었다. 이 때문에 그는 (특히 그가 가장 언짢게 느낀 특정한) 모[국]어 단어를 들을 때마다 거의 곧바로 외국어로 옮기는 방법을 개발하기 시작했다. 어쨌든 이렇게 해서 그는 제 모[국]어, 이 빌어먹을 언어, 즉 영어를 듣지 않고 있다는 상상 속에 머무를 수 있었다. 물론 그는 때로 [주변 사람들의] 신랄한 반응에 시달리기도 했고, 들은 단어를 낯선 언어로 옮길 수 없을 때 혹은 방금 들은 지랄 같은 언어, 영어를 마음속에서 효과적으로 파괴할 수 없을 때면 한층 격심한 고통을 느꼈다![3]

여기서 저자가 소개하는바, 정신분열증 환자는 적의 힘이 어느 정도인지를 완전히 깨닫고 나서야 비로소 전투 전략을 세울 수 있었다. 제 모〔국〕어의 독보적인 편재성을 인정하고 나서야 그는 그 언어를 정복하기 위한 전략을 짤 수 있었던 것이다. 그가 할 수 있는 일은 없었다. 다시 말해 "이 지랄 같은 언어"의 소리와 의미를 피하는 것은 "거의 불가능"했다. 그러나 지각의 지평을 바꿈으로써 그는 이 성가시고 심지어 괴로운 언어와 맞닥뜨렸을 때 그것을 "낯선 언어로 옮길 수" 있었다. 물론 그의 귀는 계속 모〔국〕어를 들었을 것이다. 더 정확히 말해서, 다른 언어로 변형시키기 위해서는 〔먼저〕 그것을 들을 수밖에 없었다. 그렇기 때문에 작업의 속도는 계속 더 빨라져야 했다. 이 고립된 젊은이는 자신의 방어 전략을 "거의 곧바로" 실천에 옮기려고 했다. 그래야만 피할 수 없었던 이 언어를 가능한 한 빨리 "건설적으로 파괴할" 수 있었을 테니까 말이다.

서문에서 들뢰즈가 밝힌 대로, 이 정신분열증 환자가 세운 전략의 기본 원칙은 다음과 같은 것이다. "모국어 문장은 어떤 것이든 음운 요소와 음운 운동에 따라 분석해서 **가능한 한 빨리** 소리뿐 아니라 의미의 차원에서도 유사한 하나 또는 여러 외국어 문장으로 옮겨야 한다."[4] 그러나 이 젊은이가 주목한 대상은 비단 문장만이 아니었다. 때로 그것은 문장의 단편이거나 심지어 단어 하나일 수도 있었다. 정신분열증의 언어학도는 주위에서 온통 들리는 이 가

증스러운 언어를 완전히 차단할 수 없었다. 그러나 그는 이 언어를 피하기 위해 최선을 다했고 상당 부분 성공했다. 어머니가 그에게 말을 건넬 때면 그것은 마치 "영어를 쓰는 자신과 다른 모든 사람들의 입에서 나오는 혀/어로 작심하고 아들을 때리려는 것"처럼 느껴졌다. 결국 이 고립된 젊은이는 소극적인 자세로 스스로를 방어할 수밖에 없었다.[5] 예컨대, 어떤 문장이든 첫마디가 들리자마자 손가락으로 귓구멍을 틀어막거나 트랜지스터 라디오에 연결된 헤드폰으로 귀를 막는 식이었다. 이런 경우 그는 문장이 아니라 잘리고 끊긴 문장 조각들을 "옮겨야" 했다. 이 조각들을 머리에서 지울 수 있다면, 이 조각들이 모여 어떤 이야기를 만들든 상관없이 그 공격에서 안전할 수 있을 거라고 그는 생각했다.

종종 어머니가 확실한 사실에 관해서 말할라치면, 고립된 젊은이는 서둘러 주변에서 귀를 틀어막을 수 있는 도구부터 찾곤 했다. 그러나 결코 완벽하게 방어할 수는 없었다. 대개의 경우 말을 하면서 그녀가 습관적으로 내뱉는 처음 한두 마디 정도는 듣게 마련이었다. 그리고 아무리 노력해도 결국에는 귀를 뚫고 들어온 "영어 단어에 신경"쓰지 않을 수 없었다.[6] 그녀가 "아들에게 큰 소리로 쉴 새 없이—스무 번, 서른 번, 심지어 마흔 번일 때도 있었다—'알아I know!'라고 되풀이해 말할 때면," 이 고립된 아들은 곧바로 이 모[국]어 표현을 유사한 음성 및 의미 자질을 가진 외국어로 "옮기기" 시작했다.[7] 그는 이 두 음절 표현을 프랑스어 connais로 바꾸었다. 프랑스어 단어의 첫 자음 c는 그에게 "know" 첫머리의, 비록 묵음이라는 점에서 다르긴 하지만, k를 연상시켰다. 그는 "I know"라는 영어를 러시아어 ya znayou(저자는 자연스럽게 이 표현을 프랑스어식으로 я знаю로 음역했다)로도 바꾸었다. 이 표현은 영어 표현 앞부분의 1인칭 대명사('I,' ya)의 반모음을 보존하고 있고, 두번째와 세번째 음절(znayou)은 아마도 그가 싫어한 저 모〔국〕어 표현 마지막 부분의 이중모음을 연상시켰을 것이다.[8]

정신병을 앓는 젊은이에게 번역의 압박감을 느끼게 한 것은 때로 외따로 떨어진 어휘 요소인 경우도 있었는데, 이 소리들은 그가 도무지 들어줄 수 없었던 대화나 토론 중에 들리곤 했다. 가령 "아픈sore"이라는 단어를 들으면, 그는 재빨리 번역 가능한 여러 외국어 단어를 생각해냈다. "(모두 영어의 'sore'와 같은 의미인) schmerzhaft, schmerzlich, schmerzvoll 따위의 독일어 단어들을 떠올리는 식이었다. 세 단어 모두 슈메르츠chmèrts라고 발음되는 첫 음절에 강세가 있다. 반면 이 세 가지 독일어 형용사의 접미사를 보면, 첫번째 단어의 h와 t는 인지 가능하고, 두번째 단어의 i는 개방형이기에 단모음이고 ch는 연음(i 뒤에 나오기 때문에)이며, 마지막으로 세번째 단어의 v는 *f*처럼 발음된다."[9] 하나의 단일한 단어를 번역함으로써 그는 모〔국〕어 음운을 〔외국어 음운으로〕 교체하는 전략을 세울 수 있었고, 언어들의 상이한 음운 체계 사이에 존재하는 근본적인 관계에 대해서도 숙고하게 됐다. 예를 들어, 이 사례에서 그는 "자신의 뿌리 깊은 습관, 아니 더 정확히는 거의 저항할 수 없는 욕구, 즉 수많은 영어 단어에 들어 있는 s만 보면 같은 어족의 독일어 sch로 곧장 바꾸려는 욕구"를 정당화해주는 근거를 찾았다.[10] 정신분열증의 젊은 언어학도는 이후 s 음소와 sh 음소(s와 ʃ) 사이에 구조적인 관련이 있는 다른 언어 및 언어군까지 뒤지기 시작했다. "국제음성기호와 영어(그리고 스와힐리어)에서 ch 소리를 가리키는 상징은 각각 일종의 대문자 S(수학의 적분 기호와 동일한 기호)와 철자군 sh라는 사실에서부터 히브리어와 아랍어에서 철자 sin(שׂ, س)과 철자 shin(שׁ, ش) 사이의 연관성을 거쳐 러시아어 철자 c(이것은 ès라는 명칭으로 불리며 보통 무성음 s로 발음되고 결코 k로는 발음되지 않는 철자인데, 뒤따르는 자음〔v를 제외하면 연속적일 수도 있고 단속적일 수도 있다〕이 유성음이냐 무성음이냐에 따라 유성음으로도 무성음으로도 발음될 수 있다. 즉 후음 동화되는 것이다)," 더 나아가 슬라브어 음소 tch(ч) 및 이 음소의 여러 기능들, 음성적 실현, 그리고 조음점에 이르기까지 그는 영어에서부터 시작된 비행을 계속 더 멀리 이어갔다.[11]

때로 이 젊은 정신병자는 아주 약간의 음운 변형 작업을 통해 모〔국〕어 단어를 외국어 표현으로 옮기기도 했다. 몇몇 경우에는 하나의 영어 단어를 거의 곧바로 몇 개의 외국어 어휘소로 동시에 바꿀 수도 있었는데, 이것은 기존 단어에 들어 있는 유성 자음을 무성 자음으로, 혹은 반대로 무성 자음을 유성 자음으로 교체하면서 단어를 반복하기만 하면 되는 일이었다. "침대bed"라는 단어가 좋은 사례다. 이 단어는 저자가 프랑스 독자들에게 특별히 공들여 세세하게 설명한 것에 따르면 "bèd로 발음되면서 'bed'를 의미한다."

정신분열증 학생은 마지막 철자를 발음할 때 마치 이 단어가 독일어(혹은 게르만어 중에서 고른다면, 네덜란드어 아니면 아프리카어)나 러시아어(혹은 슬라브어 중에서 고른다면, 폴란드어 아니면 불가리아어 혹은 체코어) 단어인 양 발음하는 상상을 해보았다. 다시 말해 d(유성 자음)를 마치 t(d에 상응하는 무성 자음)인 양, 더 구체적으로는 대기음 t인 양 발음하는 상상을 한 것이다. 결과적으로 이 영어 단어는 그의 상상 속에서 금방 독일어에서 똑같은 의미를 가진 어원학적 친척 Bett와 같은 발음이 되었다. 그리고 그는 이 단어가 중성이지만 통상 여성형 명사가 취하는 복수형 어미 -en을 취한다는 사실을 기억해냈다. 더 문법적으로 설명하자면, 이 명사가 '혼합' 변화declension에 속한다는 사실, 즉 복수형에서는 강변화하고 단수형에서는 약변화하는 집합에 속한다는 사실을 생각해낸 것이다.[12]

여기서 젊은 정신분열증 환자는 구조주의적 관점에서 보면 가장 단순한 언어학적 조작에 해당하는 한 가지 음운 교체를 통해 제 목표를 달성한 셈이다. 그가 한 일은 유표marked 음소(영어 단어 'bed'의 종결 유성 치음)을 무표unmarked 음소(독일어 단어 'Bett'의 종결 무성 치음)로 바꾼 것뿐이다. 자신이 견디지 못하는 어휘소의 음운론적 구조를 날카롭게 지각할 수 있었던 고립된 젊은이는 단어의 최소 구성단위인 음소phoneme와 이를 표기하는 기초 단위인 철자를 조작함으로써 단어를 "개조하는" 데 성공했다. 뉴욕의 이 정신병자는 자신이 들은 단어를 음운 자질 및 이 자질을 표기하는 기호들로 분해하여 소리 형상들, 말하자면 원자들 가운데 하나를 바꿈으로써 단어 전체를 원래의 끔찍한 언어에서 다른 언어(더 정확하게는, 다른 여러 언어들)로 옮겨놓을 수 있었다.

고립된 이 젊은이가 모〔국〕어와 벌인 전쟁에 관한 이야기에서 "bed"의 개조 작업은 한계 사례에 해당한다. 그러니까 이 작업은 분열증의 언어학도가 사용한 모든 개조 기술들을 근본적으로 지탱하는 유일한 제도〔의 정체〕를 밝히는 것이다. 그것은 음운 표기 phonetic transcription, 혹은 더 간단히 〔글〕쓰기writing다. 만약 정신병을 앓는 이 남자가 의식에 침투한 괴로운 단어들을 쓰고 또 다시 쓸 수 없었다면, 그는 그것들을 개조할 수 없었을 것이다. 그 단어들을 음운 구성단위로 쪼개고 분해하고 또 그것들을 가능한 한 빨리 그가 배운 외국어(중에서 적어도 두 언어, 즉 러시아어와 히브리어 표기는 오직 음운 표기를 통해서만 라틴 알파벳으로 개조될 수 있다) 안에서 의미론적으로 유사한 단어들로 옮기는 일을 할 수 없었을 것이다. 정신질환을 앓는 이 젊은이에게 〔다른〕 선택지는 없었다. 그토록 자기를 공격하는 언어로부터 스스로를 보호하기 위해서는 쓸 수밖에 없었다. 왜냐하면 그가 제 모〔국〕어를 다른 언어로 용해시킬 수 있었던 것은 오직 옮겨 쓰기transcribing를 통해서였기 때문이다. 이런 의미에서 의미심장한 사실은 이 정신분열증 학생이 영어 표현을 인용할 때면 항상 곧바로 음운 표기 형태를 제시했고 그런 다음 대개의 경우 주석을 달았다는 것이다. "'식물성 기름vegetable oil'은 vèdjtebel oïl로 발음된다(두번째와 세번째 e는 중성모음schwa이며, o는 개방 단모음, i는 하향 복모음을 형성하는 개방형 순간모음fleeting이다)."[13] 젊은 정신병자는 누구보다 잘 알고 있었다. 정말로 그가 제 모[국]어를 기억하지 않기를 간절히 바랐다면, 그것을 글쓰기로 철저하게 분해할 수 있었을 거라는 사실을 말이다.

그러나 표기라는 것은 본질상 애매한 것이다. 그리고 정신분열증의 언어학도가 쓴 텍스트 역시 이 법칙에서 예외는 아니다. 이 고립된 젊은이가 통상 영어 철자를 쓰는 자리에 대신 적어놓은 음운 표기 형식, 그리고 이에 따라 쓰인 낯선 언어학적 표현, 아니 더 일반적으로 말해서, 『분열증 환자와 언어들』이라는 책 전체를 이해하기 위해서는, 정신질환을 앓는 이 언어학도가 저 형식과 표현에 의지해 탈출하려 했던 모[국]어로 돌아가는 수밖에 없다. 이것은 불가피했다. 쓰면 쓸수록 이 젊은 정신분열증 환자는 자신이 못 견뎌 한 바로 그 언어의 글자들—아무리 분해되었고, 아무리 뒤틀렸다 해도—을 계속 더 쓸 수밖에 없었다. 표기는 스스로 지우려 했던 바로 그 언어의 기억을 [오히려] 보호했던 것이다. 이렇게 보면, 고의적인 망각을 위해 고용된 [글]쓰기가 [오히려] 망각을 끈질기게 증언하는 셈이다. 명석한 통찰력clear-sightedness을 가졌던 이 미친 젊은이는 불가피하게 자신의 계획을 어렵게 만든 역설을 가장 먼저 꿰뚫어 보았다. 그것은 모[국]어를 망각하는 일을 망각하지 않도록 스스로에게 강요함으로써, 〔오히려〕 모〔국〕어를 기억하는 일을 항상 기억하도록 스스로를 구속했다는 사실이다. 그러므로 이 정신분열증의 언어학도가 자신의 생각대로 계획이 성공할 수 있을지 의구심을 품은 것은 지극히 자연스럽다. 어느 시점에 이르러 그는 이렇게 자문한다. "내가 정말로 영어를 잊어버린 것일까 아니면 혹시 이것은 일종의 뇌 결함일까?"[14]

때로 망각은 너무나도 미묘해서 망각의 대상을 정말로 잊은 것인지, 아니면 반대로 얼핏 지워진 듯 보이게 해놓고 사실은 더욱 고이 간직하는 것인지 헛갈릴 정도다. 비평가이자 풍자가였던 카를 크라우스는 언젠가 이 현상에 대해 정확하게 분석한 적이 있다. 이 분석은 크라우스 자신이 주요 필자이자 거의 유일한 필자로서 빈에서 발행하던 잡지 『횃불*Die Fackel*』에 게재되었다. 발터 벤야민은 크라우스를 하룬 알-라시드Hārūn al-Rashīd에 견준 바 있다. "그는 하룬 알-라시드처럼 야음을 타고 신문의 문장 구조와 경직된 표현의 면면들을 정찰하면서 〔……〕 훼손된 언어, 순교당한 언어들을 찾아낸다." 크라우스는 당대 담론에 나타난 언어학적 이상 징후anomalies에 대해 일련의 주석을 붙인 저자였다. 신조어, 문법 위반solecism, 파격구문barbarism 등의 이상 징후는 크라우스가 아니었다면 누구도 주목하지 않았을 현상들로서, 이 작가는 이러한 분석 작업을 "언어 교리Sprachlehre"의 일반적인 장에 속하는 것으로 생각했다.[15] 그러한 언어 형식(혹은 기형) 중에 망각에 관한 한 가지 흥미로운 표현이 있는데, 그것은 지난 세기의 처음 몇 십 년간 유행했던 표현이다. 카를 크라우스는 1921년 6월 23일 간행된 『횃불』에 이 표현에 관한 짧은 논문을 게재했다. 오늘날 독일 사람들의 귀에도 이상하게 들릴 "그것에 즉해 잊다daran vergessen"라는 기이한 표현은 별다른 왜곡 없이 영어로 "to forget on"으로 번역될 수 있을 것이다. 크라우스는 다음과 같은 설명으로 글을 열었다.

> 우리는 어떤 경우에도 이 표현을 틀렸다고 생각해서는 안 된다. 왜냐하면 언어에는 언어가 바로잡을 수 없는 오류란 존재하지 않기 때문이다. 이 오류를 적절하게 처리하는 방법을 알아내기 위해서 필수불가결한 조건이 언어학이다. 문장은 눈에 띄는 실수들로 구성될 수 있고, 따라서 계속 교정될 수 있다. 그리고 이것은 특정한 언어학적 용례에 확실하게 기초를 둔 문장에만 해당되는 이야기가 아니다. 법칙은 분명히 언어감Sprachgefühl에서 파생된다. 그러나 더 높은 언어감은 〔낮은〕 언어감이 해소되어야만 생길 수 있다. '그것에 즉해 잊다'라는 표현은 아마 이에 대한 극단적인 사례일 것이다. 그리고 그런 〔더 높은 언어감의〕 가능성을 근본적인 차원에서 보여주기 위해서 우리는 이 표현을 숙고해볼 수 있다. 이 표현은 '그것에 즉해 기억하다/상기하다sich daran erinnern'〔'기억하다'라는 독일어 표현은 문자 그대로 보자면 '스스로 그것에 즉해 기억하다to remember oneself on'라는 뜻이다〕라는 표현 및 '〔그것에 즉해〕 사유하다daran denken'라는 표현과 관련이 있다. 우리는 이 표현들의 부정 형태에 관해 끝까지 철저하게 생각하지 않는다. '그것에 즉해on'라는 긍정적인 용어는

> 〔부정 표현에서는〕 아무 '기억'도 남기지 않고 완전히 사라져야 하지만, 〔실제로는〕 그렇지 않다. 이 표현들에 모종의 '망각'이 함축되어 있기는 하지만 이 망각이 아무리 확실하게 강조된다고 해도, 여전히 이 표현들은 대상'에to' 묶여 있거나 대상'과onto' 연결돼 있다. 마치 그것을 기억하기를 원치wanting 않는 것에 어떤 미묘한 의도가 숨어 있기라도 한 듯 말이다. 마치 이것은 일단 기억의 대상을 안전하게 정착시킨 다음 이를 뒤집어서 아주 잘 기억하고 있는 이 대상을 잊어버린 척하는 것과 같다. 이렇게 해서 '망각'은 기억의 대상'과with' 제대로 관계 맺고 그 대상'에on' 접해 있을 수 있게 된다. 〔……〕 우리는 기억하고 싶지 않아서 실제로 "그것에 관해 잊어버렸고" 〔그래서〕 기억하지 못한다는, 신뢰할 수 없는 증인을 예로 들 수도 있다. 그리고 그의 심리 상태를 신뢰하지 않는 것은 전혀 부당한 일이 아니다. 왜냐하면 언어는 틀린 언어학적 표현까지도 바른 표현으로 둔갑시킬 수 있는 능력이 있기 때문이다.[16]

이 경우에 비평가는 제 "언어 교리"의 대상이 지닌 특이성을 굳이 증명할 필요가 없었다. 표준 독일어 문법에 따르면 "그것에 즉해 기억하다"라는 표현은 틀린 표현이었고 지금도 그렇다(비록 이 표현이 당시 빈의 저잣거리에서 흔히 쓰였고, 다른 사람은 말할 것도 없이 당대의 가장 위대한 작가 중 하나였던 지그문트 프로이트까지 글에서 이 표현을 썼지만, 그럼에도 이 사실에는 변함이 없다).[17] 물론 우리는 무언가에 "대해 기억하고" 무언가에 "대해 생각할" 수 있다. 그러나 일반적으로 망각의 행위에 쓰이는 동사는 전치사를 허용하지 않는다. 게르만어에서 무언가를 "잊는다"는 것은 단순하게 그리고 직접적으로, 그러니까 굳이 해당 대상에 기억과 생각을 결합시켜주는 단어를 끌어들일 필요 없이 잊는 것이다. 그러나 이 표현이 무의미한 것은 결코 아니라고 크라우스는 주장한다. "심리 상태"가 워낙 복잡해서 보통 문법으로는 도무지 표현할 수 없어서 그런 표현을 쓸 수밖에 없는 때가 있게 마련이다. 이 점을 완벽하게 확인시켜주는 것이 바로 저 "기억하고 싶지 않아서 기억하지 못한다는, 신뢰할 수 없는 증인"이다. 이 경우, 기억해내지 못한다고 해서 단적으로 잊었다고 말할 수는 없다. 왜냐하면 그의 망각은, 설령 진짜라고 해도, 표면상 지워진 듯 보이는 그 대상에 여전히 강하게 결속돼 있기 때문이다. 그가 이 사실에 대해 스스로 숙고해본 적은 없겠지만, 그리고 이유가 무엇이든, 그는 벌써 자신이 기억하지 않으려 하는 그것에 "즉해" 잊은 것이다.

정신분열증의 음성학자는 〔이에 대한〕 완벽한 사례이며, 그가 쓴 기록들은 비할 수 없이 귀중한 자료다. 이 정신분열증의 언어학도가 한 일이라고는 "일단 기억의 대상을 안전하게 정착시킨 다음 이를 뒤집어서 아주 잘 기억하고 있는 이 대상을 잊어버린 척하는 것"뿐이다. "이렇게 해서 '망각'은 기억의 대상'과' 제대로 관계 맺고 그 대상'에' 접해 있을 수 있게 된다." "마치 그것을 기억하기를 원치 않는 것에 어떤 미묘한 의도가 숨어 있기라도 한 듯 말이다." 제모〔국〕어에 대해 생각한다는 것은 견딜 수 없는 일이었고 그렇다고 그것에 대해 생각하지 않는 것은 생각조차 할 수 없는 일이었기 때문에, 이 미친 젊은이는 제3의 길을 뚫었다. 그리고 그는 자신의 책에서 시종일관 광적인 과단성으로 이 길을 걸었다. 다시 말해 "기억하고 싶지 않아서 기억하지 못한다는, 신뢰할 수 없는 증인"의 역할을 완벽하게 소화하기로 결심하고 저 "지랄 같은 언어"에 "즉해 잊어버린" 것이다. 그러므로 기억인 동시에 망각인 그의 기록은 결국 뜨거운 탄원과 냉혹한 추방을 동시에 기리고 기념하는 양가적인 존재일 수밖에 없다. 이 기념비를 만든 장본인의 표현을 빌리자면, "의심의 여지 없는 기형," 아니, 어쩌면 "옹알이의 탑〔바벨탑〕une Tour de Babil"인 이 책의 각 장은 다양한 방들로 간주될 수 있다. 이 공간 안에서 저 젊은 정신분열증 환자의 "메아리에 미친echomaniacal 혹은 더 정확히 메아리-언어적인echolalical 두뇌"는, 치료받지 못한 채, 그 어떤 언어와도 다른 언어의 소리에 의해 입은 상처를 간직하고 있다.[18] 그러나 이 공간은 "언젠가" 그가 기억하지도 망각하지도 못하는 언어와 새로운 관계를 맺게 해줄 것이다. 『분열증 환자와 언어들』의 마지막 부분은 이 관계를 향한 "희망"의 명백한 아이러니에 대해 사뭇 진지한 어조로 말하고 있다.

어쨌든 고립된 이 젊은이를 둘러싼 모〔국〕어가 점점 더 견딜 만한 것이 되어 그가 영어 단어와 외국어 단어 사이의 소리 및 의미상의 유사성에 기초한 언어학적 게임을 계속해나갈 수 있었다는 사실은 다행인 것 같다. 게다가 희망까지 생겼다. 정신병을 앓는 이 젊은

이도 언젠가는—물론 이것은 무엇보다 그가 이 게임에 완전히 물려야만 (그런데 그는 정말로 어느 정도 그랬던 것 같다) 가능한 일일 테지만—이 언어, 이 유명한 영어라는 언어를 마침내 정상적으로 쓸 수 있게 될 거라는 희망 말이다.[19]

18장 아부 누와스 이야기

아부 누와스Abū Nuwās는 아마도 고전 아랍 문학 전통 사상 가장 탁월한 인물이겠지만, 그렇다고 항상 위대한 시인인 것은 아니었다. 그는 그렇게 되어야 했다. 8세기 아랍-페르시아 작가의 삶과 작품을 다룬 고전적인 자료들에 따르면, 위대한 시인이 되기 위해 그가 감내한 것보다 가혹한 훈련은 있을 수 없었다. 『아부 누와스 이야기』를 쓴 중세 전기 작가 이븐 만주르Ibn Manẓūr에 따르면, 시를 짓기에 앞서 이 젊은 시인은 기존의 전통을 따라 시의 대가인 칼라프 알-아흐마르Khalaf al-Aḥmar를 찾아가 조언과 도움을 구했다고 한다. 칼라프는 이를 승낙했다. 단 누구도 해내기 어려운 한 가지 과제를 완수한다는 조건하에.

아부 누와스가 칼라프에게 시를 지어도 되겠느냐고 허락을 구했을 때, 칼라프는 이렇게 말했다. "기도문, 송시 그리고 축시/행사시

occasional line까지 포함하여 고대의 시 천 편을 외울 때까지 시를 지어서는 아니 된다." 이 말을 들은 아부 누와스는 물러나 종적을 감췄다. 상당한 세월이 흐른 뒤 그는 돌아와서 말했다. "다 외웠습니다."

"읊어보거라." 칼라프가 말했다.

그리하여 아부 누와스는 시를 외우기 시작했고 며칠에 걸쳐 대부분의 시를 다 읊었다. 그런 다음 시를 지어도 되겠냐고 여쭈었다. 칼라프는 말했다. "아니 된다. 이 천 편의 시들을 한 번도 본 적이 없는 듯 다 잊을 때까지는."

"너무 힘든 일입니다." 아부 누와스가 말했다. "저는 이 시들을 완벽하게 기억하고 있단 말입니다!"

"다 잊어버리기 전까지는 시 짓는 것을 금한다." 칼라프가 말했다.

이 말을 들은 아부 누와스는 물러나 수도원으로 들어갔고, 이 시들을 잊어버릴 때까지 홀로 지냈다. 그는 칼라프에게 돌아가 말했다. "마치 기억한 적이 없었던 것처럼 철저하게 다 잊어버렸습니다."

그러자 칼라프가 말했다. "이제 가서 시를 지어라!"[1]

훈련의 일환으로 칼라프가 요구한 이 과제는 분명 스승과 제자에게 똑같이 어려운 일이었다. 시를 기억한다는 것은 어쨌든 비교적 간단한 과제다. 성공 혹은 실패를 가늠하기가 그다지 어렵지 않은 일인 것이다. 그렇지만 〔외운〕 시를 망각한다는 것은, 도대체, 어떤 것인가? 이 일화를 독해하면서 압델파타 킬리토Abdelfattah Kilito가 말했듯, 훈련의 극치인 시 망각하기는 아부 누와스와 칼라프 모두에게 엄청난 도전이었던 것 같다. 킬리토는 이렇게 적었다. "학생은 기억을 단련시킬 수 있고 기억력을 강화할 수 있으며 의식의 흐름을 통제할 수 있고 마음속에 기준점points of reference을 세울 수 있다. 그러나 기억 속에 새겨진 것을 어떻게 의식적으로 잊어버릴 수 있을까? 어떻게 무언가를 잊어버리라고 부탁하거나 요구할 수 있을까? 천 편의 시를 깡그리 지우고 잊을 수가 있을까? 게다가 시를 모두 외웠는지 검사하는 것은 그렇다 쳐도, 이 스승은 제자가 〔정말로〕 시를 잊었는지 어떻게 검사할 수 있었단 말인가?"[2]

아부 누와스에게 요구된 과제는 분명 거의 불가능에 가까운 일이었을 것이다. 그리고 칼라프 알-아흐마르에게는 제자가 이 과제를 정말로 완수했는지 확인할 수 있는 능력이 없었을 것이다. 그리고 설령 이 젊은 시인이 실제로 외웠던 시 천 편을 모조리 잊었다고 해도, 우리는 이것이 과연 평범한 망각의 사례인지 아니면 혹시 악화되고 심화된 기억의 사례는 아닌지 의심할 수 있다. 그도 그럴 것이, 망각하기 위해서 기억하기를 멈춘 것이 아니라면 도대체 무슨 수로 이 시인은 외웠던 시 전부를 완전히 잊어버릴 수 있었단 말인가? 이렇게 보면, 이븐 만주르가 아부 누와스는 받은 과제를 완수했고, 또 칼라프는 칼라프대로 그 사실을 분명히 확인했음을 확신했다는 것은 시사적이다. 이 저명한 전기 작가는 비교를 초월하는 저 시인의 시작법을 제대로 설명할 수 있는 길은 그것을 그러한 훈련, 즉 구성하면서 동시에 해체하는 훈련의 산물로 간주하는 길밖에 없다고 본 것 같다. 그가 보기에는 기억과 망각, 글쓰기와 지우기가 명확하게 분리될 수 없는 언어의 회색 지대야말로 시의 유일한 장소였던 것이다.

19장 "페르시아어"

1937년 이탈리아의 젊은 작가 톰마소 란돌피Tommaso Landolfi는 첫번째 단편집을 출간한다. 『가장 위대한 체계들 간의 대화』라는 이 책의 표제는 세번째 단편의 제목으로, 책 전체를 대표한다고 볼 수 있다. 해당 단편의 이야기 자체가 예술의 본성에 관한 더없이 명확한 설명이라 할 수 있다. 그런데 이 단편이 문학적인 글쓰기에 대해 제시하는 설명은 아무리 좋게 보더라도 그저 당혹스러울 따름이다. 이 단편에 따르면, 〔글 쓰는〕 기술의 숙련은 그 기술의 말소와 합치하며, 문학 언어의 완성은 그 완성〔자체〕에 대한 망각과 아슬아슬하게 맞닿아 있다.

사건은 어느 날 아침 화자의 지인 중 한 사람, "마치 제의를 행하는 양 홀로 비밀스럽게 이상한 연구에 몰두해 있는 수줍음 많고 겸손한 동료"가 예고 없이 그를 찾아오면서 시작된다.[1] 그러나 이 날 Y.라는 이름의 이 지인은 왠지 넋이 나간 듯 보였고 매우 흥분한 상태였는데, 이것은 화자가 한 번도 본 적 없는 모습이었다. 분명 Y.는 뭔가를 말하고 싶은 듯했지만, 끝내기 전까지 말을 끊지 않겠다는 약속을 받아야만 이야기를 꺼낼 수 있다고 했다. 화자는 순순히 약속했고, Y.는 이야기를 시작했다. "오래전부터 나는 예술작품의 구성적 요소들에 관한 까다롭고 힘든 연구를 해오고 있었네. 이 연구를 통해서 나는 움직일 수 없는 명백한 결론에 다다랐어. 그것은 다양하고 풍부한 표현 도구를 자유자재로 구사할 수 있다는 것이 예술가에게 결코 좋은 일이 아니라는 것이네. 예컨대 나는 완벽하게 잘 알고 있는 언어보다 잘 알지 못하는 언어로 글을 쓰는 게 훨씬 낫다고 생각한다네."[2] 가령 어떤 언어의 어휘에 관한 지식을 충분히 갖추지 못한 작가는 의도한 바를 표현하기 위해 새로운 길을 뚫어야 한다는 압박을 받는다. 그는 자신의 생각을 표현할 수 있는 새롭고 때로는 정교한 방법을 찾음으로써 "예술작품의 탄생"을 억누르는 진부한 표현을 피하는 쪽을 자주 택한다. 이처럼 미지의 (혹은 적어도 부분적으로는 미지의) 언어가 지닌 미적인 가치에 대한 믿음을 갖게 됐을 무렵 어느 날 Y.는 레스토랑에서 저녁 식사를 하던 중 한 영국인 선장을 만났다. 이 선장은 자신이 동방에서 수십 년을 보냈고 그래서 많은 외국어를 할 줄 안다고 주장했다. 새로 사귄 이 친구가 그 언어들에 흥미를 느낀다는 것을 알아차린 선장은 자신이 제일 잘 아는 외국어인 페르시아어를 가르쳐주겠다고 제안했고, Y.는 지체 없이 제안을 받아들였다. 자신의 이론을 실제로 적용해볼 수 있는 완벽한 기회로 보였기 때문이다. Y.가 직접 화자에게 설명하고 있듯이, 이제 그는 "번번이 고유명사로 지칭하지 않고도" 체계적으로 의사 표현을 하는 훈련을 받을 수 있게 된 것이다.[3]

이렇게 해서 고된 언어 학습의 시간이 시작되었고, 몇 주 그리고 몇 달이 흘렀다. 친구가 된 두 사람은 함께 있을 때는 반드시 페르시아어로만 말하고 쓰기로 약속했다. Y.는 이렇게 말한다. "산책하는 동안 우리는 오직 그 언어로만 말했고, 지쳐서 더 걸을 수 없게 되면 카페에 자리를 잡고 앉아 하얀 종이 위에 작고 기이한 기호들을 채워나갔어."[4] 제자가 보여준 〔뛰어난〕 성취에 스승은 더없이 만족했다. Y.가 기억하기로, 선장은 굳이 자부심을 숨기지도 않았다. "자신의 교수법 덕분에 내가 얼마나 쉽게 배웠는지 지칠 줄도 모르고 자화자찬을 쏟아내더군." 수업은 1년 남짓한 시간이 흐른 뒤 끝났다. 선장은 Y.에게 스코틀랜드로 떠나야 한다고 말했다. 그러나 이 무렵에는 이미 스승과 제자 모두 제자가 독학으로 배운다 해도 아무 문제 없을 거라는 데 전혀 의심을 품지 않았다. 언제나처럼 야심에 부푼 Y.는, 그 스스로 화자에게 말한 대로라면, "가능한 최대의 열정을 쏟아부으면서" 공부를 계속해나갔다. 그리고 그는 이제부터 오직 페르시아어로만 시를 쓰기로 결심했다(Y. 역시 작가였다). 페르시아어의 언어적이고 문학적인 제약을 감수하면서 쓰고 고치는 데 많은 시간을 들인 그는 마침내 세 편의 시를 완성할 수 있었다. "다작 시인"이 아니었던 Y.에게 이것은 결코 적지 않은 성과였다.[5] 그런데 어느 순간 Y.는 페르시아 원어로 된 시들을 읽는 것이 시작 기술을 향상시키는 데 도움이 될 거라는 생각이 들었다. 오랜 숙고 끝에 그는 마침내 결심했다. 페르시아어 문학을 직접 접해보기로 한 것이다. "시를 읽는 것이 언어 공부에 결코 해가 될 리 없다"고 확신한 Y.는 한 이란 작가의 작품집을 구입하기로 했고, 곧 원하던 물건을 손에 넣었다. 그는 이렇게 적었다. "첫 대면을 할 생각에 들뜬 나는 걸음을 날래게 놀려 집으로 와서 불을 켠 다음 담뱃불을 붙였다네. 그러고는 이 소중한 책을 똑바로 볼 수 있도록 램프를 조절하고 자세를 편하게 취한 다음 포장을 벗겼지."[6] 그러나 그를 기다린 것은 불행한 충격이었다. 그는 그 책에서 단 하나의 단어도 읽을 수 없었던 것이다. 심지어 철자들도 전혀 알아볼 수 없었다. Y.는 자문했다. 혹시 이 책은 페르시아어가 아닌 걸까? 그렇지만 정말 실망스럽게도 그것은 페르시아어 책이었다. Y.는 이야기했다. "그러자 나는 의아해지기 시작했어. 혹시 선장은 글자character들을 잊어버린 상태에서 상상 속의 표기 체계를 만들어서 나에게 가르쳐줬던 것일까? 그러나 이 희망 역시 금방 부서지고 말았다네." 스승이 없는 상태였으므로 Y.는 〔직접〕 여러 가지 조사를 시작했다. 문학 선집과 문법 서적을 뒤져보았고, 전문가들과 이야기를 나누어 보았으며, 심지어 "진짜 이란인 두 사람을 수소문해 만나기까지 했다." 그러나 당혹스러운 결론을 피할 수는 없었다. Y.는 화자에게 말했다. "결국 끔찍한 현실이 충격적으로 눈앞에 드러난 것일세. 선장이 나에게 가르쳐준 것은 페르시아어가 아니었단 말일세! 혹시라도 이 언어가 야쿠어Jakutic나 아이누어Ainu, 혹은 호텐토트어Hottentot 같은 언어가 아닐까 싶어 내가 얼마나 절망적으로 수소문해봤는지까지 이야기할 필요는 없을 것 같네. 나는 유럽에서 가장 유명한 언어학자들과도 접촉해보았어. 다 소용없었어, 소용없었단 말일세. 내가 배운 이 언어는 존재하지 않고 존재한 적도 없었던 거야!"[7]

Y.가 그토록 긴 시간을 들여 공부한 언어, 심지어 세 편의 시를 쓰기까지 한 이 언어는 대체 무엇이었을까? 결국 Y.에게 다른 선택지는 없었다, 선장에게 직접 물어보는 것 외에는. 스코틀랜드로 떠나기 직전 선장은 "혹시 궁금한 것이라도 생길" 경우를 위해 Y.에게 주소를 남겼다. 그러나 스승도 아무런 도움을 주지 못했다. 자신이 배운 소위 페르시아어라는 것의 정체를 해명해달라는 Y.의 편지에 이 영국인은 정중하고도 단호한 말투로 답장했다.

> 내가 꽤 많은 언어를 경험해보기는 했네만, 자네가 쓴 것과 같은 언어는 정말로 단 한 번도 들어본 적이 없네. 자네가 인용한 표현들은 나로서는 전혀 알 수 없는 것들이야. 내가 보기에—부디 내 말을 믿어주게—그것은 다름 아닌 자네의 뜨거운 상상력의 산물인 것 같으이. 자네가 친절하게 편지 말미에 덧붙인 기묘한 기호들에 관해서 말하자면, 그것들은 한편으로는 아람어 문자를, 다른 한편으로는 티베트 문자를 닮은 듯 보이네. 그렇지만 분명히 해두지. 그것들은 아람어도 티베트어도 아닐세. 우리가 함께 보냈던 유쾌한 시간〔……〕 자네도 말했던 그 시간에 대해 진심으로 말함세. 자네에게 페르시아어를 가르치는 과정에서 내가 특정 문법이나 단어를 잘못 기억했을 수는 있어. 워낙 오래전에 썼던 언어니까 말일세. 그렇지

만 나는 자네 스스로 충분히 그 오류를 바로잡을 수 있다고 믿었고, 그래서 전혀 걱정하지 않았어. [……] 내 얘기는 다한 것 같네. 자네가 어떻게 공부하고 있는지 계속 소식 전해주게나.[8]

Y.가 처한 곤경을 화자가 충분히 이해하기까지는 시간이 다소 필요했다. 처음에 그는 그저 시간과 노력을 허비한 것일 뿐이라는 말로 Y.를 다독이려 했다. "여보게, Y. 자네가 겪은 일은 그냥 좀 재수 없는 일이었던 걸세. 그렇지만 잘 따져보면 자네가 정력을 좀 허비했다는 것 말고 딱히 나쁜 일은 없지 않은가?" 그러나 Y.는 전혀 수긍하지 않았다. "그러니까 자네는 그렇게 생각하는 거로군!" Y.는 한층 공격적인 어조로 소리쳤다. "'뭐가 최악인지, 이 이야기 전체에서 뭐가 제일 끔찍한 일인지 모르겠단 말인가? 내 얘기가 뭔지 도대체 모르겠냐고?' 그는 더 격앙된 목소리로 덧붙였다. '그 세 편의 시, 그것들은 내 전부를 쏟아부은 작품이란 말이야! 내가 쓴 세 편의 시, 그걸 어떡하면 좋으냐 이 말일세. 언어 아닌 언어로 쓰여진 것, 마치 아예 쓰여진 것조차 아닌 게 됐다고! 이것that, 내 세 편의 시에 대해서는 대체 뭐라고 말할 텐가?'"[9] 순간 화자는 자신이 잘못 생각한 게 뭔지 깨달았다. 그의 친구는 단순히 상상의 언어, 어디서도 실제로 쓰이거나 쓰이지 않은 페르시아어가 아닌 언어에 몰두했었다는 사실을 신경 쓰는 게 아니었다. 그보다 Y.가 생각한 것은 오로지 선장이 "실제 페르시아어에서 간직하고 있던 것, 말하자면 그 자신만의 '개인적인 페르시아어'였다."[10] 그것은 실제로 기

록된 문학 언어—그러나 결코 존재한 적이 없는 듯한—에 관한 문제였다. 바로 그의 세 편의 시에 쓰인 언어 말이다. 화자는 점잖게 논평한다. "그것은 끔찍하게도 근원적인original 미학적 문제였다."[11]

며칠 뒤 화자와 Y.는 전문가의 조언을 구하기 위해 한 위대한 비평가의 집을 방문했다. 화자의 말에 따르면, 그는 "미학의 모든 비밀을 알고 있으며, 민족 전체의 정신적인 삶을 제 어깨 위에 짊어진 인물들 중 하나"였다.[12] 그러나 여기서도 그들은 제대로 된 답을 듣지 못했다. 비평가는 손님들에게 Y.의 시는 거의 흔적을 남기지 않고 오래전에 죽은 언어로 쓰여진 작품들로 보면 틀림없을 거라고 장담했다. 그는 설교조로 다음과 같이 말했다. "당신들도 아시다시피, 〔자료라고는〕 소수의 비문들밖에 남아 있지 않고 따라서 알려진 단어들도 극소수인 그런 언어들이 존재합니다. 그렇지만 이 언어들도 어쨌든 실재하지요. 한 걸음 더 나아가서 이렇게 말할 수도 있습니다. 즉 이해할 수 없는—다시 말해 해-독-불-가능in-de-ci-pher-able한—비문들을 통해서만 존재를 확인할 수 있는 언어들이라고 해도 고유한 미적 가치를 주장할 권리는 있습니다."[13] 화자와 Y.는 비평가의 추론에 들어 있는 결점을 곧장 알아챘다. 죽은 언어들의 기념물 역시 결국에는 어떤 역사적이고 사회적인 현실의 존재를 가리키기 때문이다. "이 현실이 없다면 그것들은 그저 오래된 돌에 새겨진 오래된 표시에 지나지 않을 것이다." 화자는 날카롭게 질문한다. "그렇지만 이 시들이 도대체 어떤 과거를 갖고 있고, 어디서 그것들의 의미를 찾아낼 수 있다는 말입니까?"[14]

문제는 비단 Y.의 시에 쓰인 언어가 "죽은" 언어라는 사실, 즉 Y. 외에는 아무도 말하지(혹은 쓰지) 않는 언어라는 사실만이 아니다. 정말로 이 언어가 말해진(혹은 쓰여진) 적이 있는지조차 불분명하다. 그리고 이런 의미에서 그의 시에 쓰인 언어는, 말하자면 언제나 이미 죽은 언어라고 볼 수 있다. Y.는 비록 잠시였지만 살아 있는 언어를 배웠다고 굳게 믿었다. 그는 영국인과 함께 지낸 시간 동안 두 사람이 정기적으로 소통했던 언어가 바로 자신이 시에 쓴 기이한 언어라고 확신했다. 선장이 답장에서 보인 어리둥절한 반응에 언짢아진 제자는 그것은 단지 〔선장의〕 망각 때문이라고 주장했다. 한때 자신을 언어의 대가라고 소개했던 이 남자는 사실 〔일종의〕 "즉흥시인improviser"이었고, "아마도 잃어버린 지식을 되찾으려 노력하는 가운데 생긴 환영과 생각이 뒤죽박죽된 상태에서 끔찍한 언어를 발명해내서" 이것을 가르치는 척했다는 것이다. 그리고 나중에 가서는 "자신의 발명품에 대해 까맣게 잊어버렸기" 때문에 Y.가 실제로 그것을 배웠다는 말에 "정말로 놀랐다"는 것이다.[15] 그렇지만 정말로 그럴까? 어쩌면 언어를 잊어버린 사람은 스승이 아니라 학생이었을 것이다. 학생은 스승이 떠난 후 완전히 고립된 상태에서 〔예전에〕 자신이 배웠던 언어와는 닮은 구석이라고는 전혀 없는 저 자신만의 언어를 조금씩 발전시켜나갔던 것이다. 어쨌든 두 가지 가능성이 상호 배타적이지 않다는 사실은 분명하다. 망각이 차례차례 이어지면서 민족 전체가 쓰던 언어가 단 두 사람만의 등어선isogloss으로 축소되어 결국 언어라고 불릴 수조차 없는 '언어'가 되어버린 것일 수도 있다. 이 '언어'는 저자의 펜대에서 처음 출현하던 바로 그 순간 이미 철저하게 홀로 내버려진 것이었다. 그렇다면 우리는 『가장 위대한 체계들 간의 대화』를 단일한 망각의 여러 층들에 관한 이야기로 읽을 수 있다. 선장은 예전에 알았던 페르시아어를 잊었고, Y.는 예전에 배웠던 페르시아어를 잊었으며, 두 사람 모두 자신들이 잊었다는 사실조차 잊었다.

어쨌든 한 가지는 확실하다. 이 이야기에서 언어의 망각에 대한 증인은 시라는 사실이 그것이다. 마지막에 등장하는 다음과 같은 비판적인 견해는 이처럼 본질적으로 이해될 수 없는 문학이 〔오히려〕 예술의 본질에 대해 훨씬 더 많은 이야기를 해줄 수 있음을 암시한다. 친절한 어조는 계속 유지했지만 이제 인내심을 잃기 시작한 위대한 비평가는 대화를 끊고 끼어든다. 그리고 그렇게 시작한 말을 그는 틀림없이 어떤 아이러니를 함축한 생략과 함께 멈춘다. "예술, 누구나 알잖아요, 예술이라는 게……"[16] 우리는 이렇게 덧붙일 수 있다. 누구나 안다, 예술이 무엇을 유발하는지. 알 수 없는 언어 때문에 미칠 지경에 이른 저 시인이 했던 말을 떠올려보면 충분할 것이다. "이 빌어먹을 언어, 뭐라고 불러야 할지조차 알 수 없는 이 언어는 아름답고, 아름답고, 아름답다. 〔……〕 그리고 나는 이 언어를 흠모한다."[17]

1033년을 목전에 둔 어느 날 시리아의 위대한 비평가이자 시인 아부 알-알라 알-마아리Abū al-'Alā' al-Ma'arrī는, 약간 손위의 동시대 작가이자 문법학자이며 이븐 알-카리Ibn al-Qāriḥ라는 호칭으로 〔더 잘〕 알려져 있던 알레포의 알리 이븐 이븐 만수르'Ali ibn Ibn Manṣūr로부터 한 통의 편지를 받는다. 두 사람은 탁월한 문학적 이력을 가진 저명 작가들이었다. 특히 알-마아리는 아바스'Abbasid 왕국의 수도 바그다드에서 수십 년간 지내면서 아랍 문학계에서 전례 없이 복잡한 형식의 시를 통해 이론의 여지 없는 권위를 쌓은 인물이었다. 이븐 알-카리는 알레포의 하마단 왕조 치하에서, 그리고 이후에는 카이로의 파티마 왕조 치하에서 법무대신을 지낸 아부 하산 알-마그리비Abū' l-Ḥasan al-Maghribī로부터 공개적인 후원을 받으면서 명성을 얻었다. 그러나 이 편지가 배달될 무렵에는 두 시인 모두 〔사람들의 뇌리에서〕 잊힌 상태였던 것 같다. 이는 이븐 알-카리가 알-마아리에게 그때까지의 제 삶을 요약해서 쓴 편지 내용을 보면 알 수 있다. 분명한 참회의 어조로 그는 먼 옛날 자신이 고향 시리아를 떠난 이유를 설명한다. 그것은 물론 이해할 수는 있지만 칭찬하기는 어려운 이유였다. 그는 이렇게 적었다. "나는 이집트를 여행하면서 그곳 사람들의 본능에 충실한 모습과 사악하고 교만한 탐욕에 내 영혼을 맡겼습니다. 내 영혼에게 삶의 달콤함을 맛보게 해주고 싶었습니다."[1] 이븐 알-카리가 알-마아리에게 자신의 지난 행적을 스스로 고발하게 된 까닭에 대해서 지금까지 분명히 밝혀진 바는 없다. 그러나 이 편지가 무엇보다 도움을, 더 구체적으로는 재정적인 도움을 요청하는 것이었음은 확실하다. 아마도 이 편지의 의도는 부정할 수 없는 그의 지난 삶을 달리 보게 하는 데 있었던 것 같다. 〔물론〕 알-마아리는 분명 그의 과거를 잘 알고 있었다. 수십 년간 아부 하산 알-마그리비의 보호 아래 안전한 삶을 살았던 알-카리는 알-마그리비가 파티마 왕가의 실력자들에게 총애를 잃자 공개적으로 그에게 반기를 들었다. 이븐 알-카리는 이 불쾌한 일화를 제 손으로 직접 기록했다. 전 법무대신과 그의 가족들이 여러 가지 복잡한 정치적인 이유로 생명의 위협을 받게 되자 공포에 질린 이 시인은 그때까지 자신을 보호해주던 사람을 노골적으로 비난하는 시를 썼다. 이븐 알-카리는 편지에서 알-마아리에게 이렇게 고백한다. "아마도 당신은 내 성품이 저열하다고 생각하고, 나를 고마움도 모르는 몰염치한 인간으로 볼 것 같군요."[2]

알-마아리는 대략 300쪽이 넘는 '편지'로 답장한다. 표면상으로

서한 형식을 취했지만 명백히 그 형식을 초과하는 이 '편지'는 훗날 고전 아랍 문학의 걸작 중 하나로 꼽히게 된다. 이 걸작의 제목은 『용서의 편지*The Epistle of Forgiveness*』다.[3] 그는 이 참회의 시인이 제 삶의 악행을 스스로 고발하면서 보여준 박력을 노골적인 반어법을 써서 칭찬하면서 알-카리가 언급한 몇 가지 사실들을 되짚는 것으로 답장을 시작한다. 더 나아가 그는 참회를 통해 악에서 선으로 돌아온 죄인은 죽음 이후 천국의 복된 정원에 들어갈 수 있다고 말한다. 그런 다음 알-마아리는 『용서의 편지』 전반부에 해당하는 환상 여행의 묘사를 시작하는데, 문학사가들이 종종 주목했던바, 이 부분과 중세 유럽의 한 작품 사이의 유사성은 비단 표면적인 차원에 그치지 않는다. 여기서 중세 유럽의 작품이란 고전 아랍 문화의 성취에 지고의 존경심을 품었던 이탈리아의 시인-철학자 단테 알리기에리의 것을 말한다. 『신곡』보다 3세기 앞서 알-마아리는 이븐 알-카리가 이승에서 저승으로 여행하면서 천국과 지옥을 두루 방문하여 저승의 수많은 걸출한 사람들과 대화 나누는 모습을 그렸다.[4] 그러나 중세 아랍 신곡comedy의 등장인물들은 피렌체 신곡에 나오는 인물들에 비해 훨씬 제한적이다. 단테의 시인-주인공이 만나는 인물character들은 정치가, 과학자, 시인, 철학자에서 성서와 고대 그리스 및 중세 문학 등에서 끌어온 인물figure들에 이르기까지 매우 다종다양하다. 반면 이븐 알-카리의 대화 상대자들에게는 단 한 가지 특성밖에 없었다. 즉 그들은 모두 고전 아랍 문화에서 "언어의 사람들"로 알려진 저명인사에 해당하는 인물들이었다. 따라서 이들이 정치와 역사는 말할 것도 없고 과학과 신학 따위에도 전혀 관심을 보이지 않은 것은 지극히 당연하다. 그들은 세속적인 것, 아니 심지어 사변적인 것에 대해서조차 시인에게 특별히 해줄 말이 없었다. 알-마아리의 『용서의 편지』 속 천국과 지옥에서 살아가는 인물들, 즉 문법학자, 문헌학자, 사전학자, 작가는 한때 그들이 몰두했던 이 독특한 존재의 운명과 관련하여 깨달음을 주었다. 그들은 시간의 끝에서 언어에 관해 시인과 대화를 나누었다.

단테의 여행과 달리 이븐 알-카리의 여행은 죽음 이후, 즉 이 세계에서 다음 세계로 확실하게 넘어간 다음 시작된다. 알-마아리에게 보낸 편지에서 진실한 참회를 보여준 덕분에 그는 천국으로 들어갈 수는 있게 되었지만, 막상 들어가는 과정은 쉽지 않았다. 내세로 들어가는 입구에서 그는 누구나처럼 천사를 만났다. 천사는 그가 이승에서 지은 죄의 목록이 적힌 책을 들고 있었다. 우리는 그의 경우 목록이 특히 길고 상세했을 거라고 짐작할 수 있다. 시인의 참회에 대해서는 목록의 마지막 부분에 짧게 기록되어 있을 뿐이다. 그러나 이 짧은 몇 줄로도 죄의 기억을 지우기에는 충분했다. 나열된 죄의 기록을 읽는 긴 시간을 끈기 있게 기다린 후 공식 판결문, 즉 누구도 날조할 수 없도록 천사가 손으로 직접 쓴 신의 면죄부를 받고 시인이 안도감을 느낀 것은 당연했다. 그러나 뜻밖에도 곧이어 10세기의 저명한 문법학자 아부 알리 알-파리시Abū' l-'Alī al-Fārisī가 모습을 드러냈고, 이 때문에 알-카리는 정신이 흐트러졌다. 이해할 만한 일인바, 알-파리시와 대화를 나눌 수 있다는 생각에 흥분한 그는 이 권위자에게 달려가 아랍 언어학상의 기술적인 여러 문제들에 관해 물어보기 시작했다. 토론을 〔한참〕 하고 나서 마무리할 때쯤 돼서야 참회한 이 시인은 자신이 무슨 짓을 저질렀는지 깨달았다. 그는 조금 전에 어렵게 손에 넣은 소중한 공식 면죄부를 깜빡했다는 사실에 크게 낙담했다. 면죄부를 잃어버린 것은 치명적인 결과를 초래할 수 있었다. 이븐 알-카리와 독자들이 곧 알게 되는바, 천국으로 들어가는 문을 지키는 천사 리드완Riḍwān은 적법한 문서가 없는 사람은 결코 들여보내지 않았다. 그러나 천국 앞의 광장에서 6개월을 기다린 이븐 알-카리에게 행운이 찾아온다. 이슬람 판사의 눈에 든 그는 내세로 들어가기 위한 자신의 노력에 법의 선처를 요구했고, 그리하여 약속된 세계로 들어갈 수 있었다.

따라서 마침내 천국에 들어간 이븐 알-카리에게 그곳을 떠날 마음이 들지 않은 것은 당연했다. 『용서의 편지』의 주인공은 다른 누구도 갖지 못한 재능을 가진 덕분에 저주받은 자들의 세계를 발견할 수 있었다. 즉 그는 지옥에 발을 들여놓지 않은 채 지옥을 탐사했던 것이다. 단테와 달리 이 아랍 시인은 언제든 "지옥을 들여다볼 수 있는 천국의 가장 바깥 지역에" 안전하게 자리를 잡고 상당한 거리를 둔 채로 지옥을 관찰한다.[5] 처음 그의 주의를 끈 사람은 매혹적인 한 여인이었는데, 그는 그녀가 은총받은 자들의 땅 저편을 바라보는 모습을 보았다. 알고 보니 그녀는 이슬람 태동기의 가장 위대한 여류 시인이었다. 그녀는 자신의 두 형제를 위해 지은 비가 덕분에 아랍 문학 전통에서 핵심적인 위상을 차지했다. 그녀는 이븐 알-카리에게 이렇게 말했다.

저는 술라임 가문의 알-칸사al-Khansā입니다. 저는 제 형제인 사크르Ṣakhr를 보고 싶었습니다. [지옥을] 들여다보았는데, 거기에 그가 높은 산처럼 서 있었습니다. 맹렬한 불꽃이 그 위로 쏟아져 내렸습니다. 그가 제게 말했습니다. "네가 나에 대해 한 말은 옳았어!" 그가 말한 것은 제 시의 구절이었습니다. "통치자들은 사크르를 본보기로 데려갈지어다! / 그는 마치 꼭대기에 불이 쏟아져 내리는 높은 산 같기 때문이다."[6]

천국의 관측소에 앉은 시리아 출신의 이 시인은 지옥의 모든 것을 보았다. 그리고 이곳에서 그는 손 닿을 수 없는 거리에 서서 지옥의 주민들과 대화를 나누었다. 예상대로 『용서의 편지』의 주인공이 제일 먼저 말을 건넨 존재는 그의 직업에 존경심을 갖지 않은 유일한 형상, 즉 사탄이었다. 저주받은 자들의 왕은 이렇게 외쳤다. "직업하고는! 그건 정말이지 늪지대 같아. 한번 발을 들이면 곧장 빠져들고 말지."[7] 사탄은 이 시인에게 그와 같은 직업을 가진 많은 이들이 저주받은 자들의 땅에 들어왔다는 사실을 확인시켜주었으며, 뿐만 아니라 친절하게도 일일이 이름을 불러가며 그들을 지목하기까지 했다.

저주받은 동료들과의 만남은 주인공에게 다양한 방면에서 문학적 계몽의 효과를 발휘했다. 이븐 알-카리는 대개의 경우 대화 상대자들의 고통에 무관심했고, 심지어 그들이 너무나도 비인간적인 형벌을 당하는 순간에도 태연하게 그들 작품의 아주 세세한 부분에 대해서까지 설명해달라고 요구했다. 예컨대 이슬람 이전 시기의 가장 위대한 시인으로 꼽힐 만한 임루 알-카이스Imru' al-Qays를 만났을 때, 알-카리는 그에게 가장 유명한 송시의 전승[된 판본]에 관해 문헌학적인 질문들을 던졌다. 전해오는 기록에 따르면, 이 송시는 고대인들이 메카의 카바Kaaba 신전에 걸려야 마땅한 거라고 말했을 정도였다.[8] 이븐 알-카리의 주해에 따르면, 이 시의 세 개 연이 두 가지 형태로 전승되었다. 둘 중 다수 판본의 형태는 접속사 "그리고" 없이 시작되는 반면, 이라크어 교정본은 이 접속사를 포함하고 있다. 따라서 둘 중 '어떤 게 맞는 것인가?'라는, 편집자와 학자로서는 피해갈 수 없는 당혹스러운 이 물음은 오직 저자만이 해결할 수 있는 것이었다. 임루 알-카이스는 이렇게 대답했다. "신께서 바그다드의 학자들을 없애주시기를! 그들은 내 작품의 전승을 망쳤다. 그따위로 시를 읽는다면, 대체 시와 산문이 구별될 수 있겠는가? 그런 짓을 하는 자는 시에 대한 감각이라고는 눈곱만큼도 없는 인간, 운율을 전혀 이해하지 못하는 인간일 것이다."[9]

이븐 알-카리는 이 대답에 만족한 것 같다. 그러나 이 지옥의 시인에 대한 취재는 아직 끝나지 않았다. 그는 계속해서 알-카이스에게 동일한 시의 아랫부분에 등장하는 불규칙 이중자음을 실제로 쓴 게 맞느냐고 물었을 뿐 아니라, 많은 사람들이 이슬람 이전 시기 이 위대한 시인의 작품으로 간주하는 다른 노래에 대해서도 출처를 확인하려 했다. 그리고 이븐 알-카리는 천국의 관측소에서 만난 모든 저주받은 작가들도 일일이 취재를 해나갔다. 이따금 연기의 벽 때문에 대화할 수 없는 경우가 생겼지만, 그렇다고 그가 이 문헌학 연구를 그만둔 것은 아니었다. 매번 대화할 때마다 그는 눈앞에 있는 고전 작가들에게 텍스트, 문법, 어휘, 운율 등에 관한 다양한 질문들을 던졌고, 분명한 답을 얻어냈다.

이런 의미에서 지옥은 이 학자에게 많은 것을, 적어도 구원의 관점에서는 많은 것을 주었다. 그러나 천국 역시 이 시인을 위한 보물을 간직하고 있었는데, 그것은 최소한 지옥의 보물 못지않게 뜻밖의 것, 그리고 그가 이미 잘 알고 있다고 생각한 문학에 새로운 빛을 비춰주는 것이었다. 이븐 알-카리가 이 보물의 특별한 위력을 깨닫게 된 것은 지옥 주민들에 대한 관심을 거두고 나서였다. 재량껏 부릴 수 있는 수많은 탈것 짐승들 중 하나를 골라 올라탄 채 구원받은 자들의 땅을 내달리던 그는 문득 자신이 "천국의 어떤 도시와도 다른 도시"에 당도했음을 깨달았다. 그곳은 "환한 빛으로 목욕한" 곳이 아니라 온통 "동굴과 기름진 계곡" 천지인 곳이었다.[10] 천사가 일러준 길을 따라간 그는 "무함마드(신께서 그를 축복하시고 지켜주시기를!)를 믿는 영혼들의 천국"에 당도했다. 이곳에서 이븐 알-카리는 아담이 창조되기 훨씬 전부터 세계에 살고 있었던 신실한 영혼 알-카이타우르al-Khaita'ūr를 만났다. 늙은 노인의 모습을 한 이 예의바른 피조물에게 어떤 기술이 있는지 한껏 호기심이 동한 시인은 곧장 그에게 가르침을 달라고 청했다. 그가 가르쳐줄 수 있는 분야, 즉 "영혼의 시"에 관해 가르쳐 달라고 한 것이다. 이 시가 기록된 문헌들은 고전 아랍 작가들이 자주 언급하는 것이었다.

이븐 알-카리는 이 주제에 대해 자신이 생각보다 모르는 게 많다는 사실을 곧 깨닫는다. 그가 10세기 이라크 학자 알-마르주바니al-Marzubānī의 전설적인 저작 『영혼의 시*The Poetry of the Spirits*』를 인용하자, 그전까지 정중하던 알-카이타우르의 태도가 갑자기 경멸조로 바뀌었던 것이다. 제 동족에 대한 자부심과 인류에 대한 경멸을 한껏 내비치면서 그는 대답했다. "그건 전부 엉터리요! 대체 인간들이 시에 대해 아는 게 뭐요? 짐승들이 천문과 토지 측량에 대해 아는 만큼일 테지. 인간들이 아는 운율은 〔고작〕 열다섯 개뿐이고, 그들이 쓰는 시는 이 한계를 좀처럼 넘지 못하지요. 그렇지만 우리는 인간들에게 전혀 알려지지 않은 수천 개의 운율을 갖고 있소."[11] 이 영혼에게는 인간이 아무리 위대한 시를 쓴다 한들 하등 주목할 만한 가치가 없었다. 알-카이타우르는 이븐 알-카리에게 이렇게 말했다.

인간들이 임루 알-카이스의 송시에 한껏 열광하고 있다는 소문이 내 귀에까지 들렸소. "멈춰라, 사랑했던 이와 그녀가 머물던 자리를 위해 울도록 하자. 그곳은 알-두쿨al-Dukhūl과 하브말Hawmal 사이의 끝을 모래가 감싸는 곳이다." 이렇게 시작하는 송시 말이오. 심지어 학교에서는 아이들한테 이 시를 외우도록 한다지요. 원한다면 당신에게 오직 〔임루 알-카이스의 송시에 쓰인 것과 같은〕 lī 운율로만 된 천 개의 시구와 더불어 lū 운율로 된 천 개의 시구, 그리고 lih 운율로 된 천 개의 시구까지 암송해줄 수 있소. 이 모든 시를 지은 사람은 불신자로 죽어 지금 지옥의 영원한 불속에서 타고 있는 내 동료 중 한 영혼이오.[12]

처음에 시인은 이 호의는 도무지 거절할 수 없는 거라고 생각했다. 그는 영혼에게 물었다. "정말로 그 시들을 제게 암송해주실 수 있습니까?"[13] 그러나 알-카이타우르가 그에게 "낙타가 짊어질 수 있는 무게보다 더 많은 시, 그러니까 세상에 종이란 종이는 다 가져와서 받아 적어도 좋을 만큼 많은 시를" 외울 수 있다고 호언장담하자, 영혼의 제안은 처음만큼 매력적이지 않게 느껴졌다. 이븐 알-카리는 이렇게 회상한다.

지상 세계에 있을 때 나는 글쓰기에 최선을 다했다. 그러나 별 성과가 없었다. 나는 위대해지기 위해 글쓰기에 전념했다. 그러나 이것은 젖이 다 말라버린 낙타에게서 젖을 짜내려고, 싫다는 단봉낙타에게서 우유를 짜내려고 젖꼭지를 붙들고 씨름하는 일과 다를 바 없었다. 그런데 이제 내가 영혼들의 작품을 베끼느라 시간을 허비한다면, 그것은 천국의 기쁨을 포기하는 일일 테고 그러면 내게 남는 것은 아무것도 없을 것 같았다.[14]

그러니까 이 참회의 시인은 상상을 초월하는 천국의 문학을 선물로 받게 된 바로 그 순간 시작詩作을 완전히 포기한 것이다. 저 미지의 시들을 베껴 쓸 수 있는 기회를 포기하고, 한때 제 삶의 이유였던 펜을 내려놓기로, 한때 자신을 구원해주었던 글쓰기를 단념하기로 결심한 것이다.

알-마아리의 상상 속 지복의 내세에서 이븐 알-카리는 언뜻 생각되는 것과는 달리 그렇게 예외적인 인물이 아니었다. 왜냐하면 주인공뿐 아니라 그가 만난 천국의 뭇 시인들도 어떤 이유에서든 시를 떠난 듯 보이기 때문이다. 그리고 이들은 비록 지상에서 불렸던 이름으로 부르는 소리에 응답하기는 했지만, 한때 그들을 유명하게 만들어준 문학작품에 관해서는 거의 혹은 전혀 기억하지 못하는 듯 보였다. 『용서의 편지』의 주인공에게 처음으로 이 사실을 깨우쳐준 이는 이슬람 이전 시기 시인 알-나비가 알-자아다al-Nābigha al-Ja'ada였다. 이븐 알-카리는 이전에 하던 대로 이 전설적인 시인에게도 역시 그의 작품에 대해, 즉 "한때 비옥했지만 얼마 가지 못해 내버려진 초원을 잠시 방문했던 일"에 관한 이야기를 담은 유명한 작품에 대해 말해달라고 청했다. 이에 대한 알-나비가의 대답은 분명했다. "나는 그 초원을 간 기억이 전혀 없소."[15] 이때 우연히 곁에 서 있던, 나비가와 이름이 거의 똑같은 시인 나비가 바누 두비안 Nābigha Banū Dhubyān이 문제를 해결해주겠다고 나섰다. 그는 이것이 작가를 착각해서 생긴 문제일 뿐이라고 말했다. 그의 설명에 따르면, "초원"에 관한 시는 사실 다른 시인의 작품이라는 것이다. 그는 지상에서 한때 이 시인과 함께 알-히라al-Hīrah로 여행한 적이 있는

데, 이때 "초원" 시를 들었으며 시인의 이름은 기억나지 않지만 타아라바 이븐 우카마Tha'alaba ibn 'Ukāma 가문 출신이라고 말했다. 그러나 이 호기심 많은 학자가 곧이어 두번째 나비가에게 당신이 직접 철자 shīn으로 운을 맞춰 지은 위대한 송시 중 일부분에 대해 알려달라고 청했을 때, 이 작가는 거의 도움이 되지 못했다. 이븐 알-카리가 암송하는 시를 들은 나비가 바누 두비안은 단호하게 말했다. "나는 shīn으로 운을 맞춘 송시를 쓴 적이 전혀 없소. 그리고 당신이 읊은 시에는 내가 한 번도 들어본 적 없는 표현들이 많았소. 가령, '푸른' '탁자' 그리고 '새끼 가젤' 따위의 단어들이 그렇소."[16]

그러나 이것은 시작에 불과했다. 다른 시인들과의 만남에서도 이븐 알-카리는 계속 혼란을 겪었고 결국 다음과 같은 괴로운 결론을 피할 수 없었다. 그것은 천국에 있는 고대의 모든 위대한 시인들이 문학과 언어에 대해 불치의 기억상실증에 걸린 듯 보인다는 것이었다. 구원받은 지 얼마 되지 않은 이 시인은 알-샤마크 이븐 디라르 al-Shammākh ibn Dirār를 만났고, 그에게 평소 너무나도 궁금했던 문헌학적인 질문들을 마침내 할 수 있게 돼서 기쁘다고 말했다. 특히 그가 궁금했던 부분은 알-샤마크의 "zāy 철자로 운을 맞춘 송시"와 "jīm 철자로 된 시"에 관한 것이었다. 그러나 주인공이 들은 것은 다소 퉁명스럽지만 솔직한 대답이었다. "내가 받은 영원한 지복은 그 모든 시를 잊도록 해주셨소. 그래서 나는 단 한 줄도 기억하지 못한다오."[17] 그렇지만 이 선배 시인은 학구열에 불타는 동료 후배를 굳이 곤경에 빠뜨리고 싶지는 않았다. 그래서 그는 이븐 알-

카리가 기억을 돋우는 차원에서 그의 작품 중 일부를 암송해도 되겠냐고 청하자 흔쾌히 승낙했다. "그 시들을 암송해보시구려. 신께서 그대에게 충만한 자비를 내려주시기를." 그러나 이것도 소용없었다. 알-마아리가 다소 반어적으로 자신의 주인공을 부른 별칭을 따르자면, "우리의 셰이크sheikh〔수장首長〕는 곧 이 시인이 정말로 자신의 시에 대해 아무것도 모른다는 사실을 깨달았다. 그래서 그는 이 시인에게 그의 다른 작품에 대해서 물었다. 그러나 그는 알-샤마크가 자신의 작품들 중 그 어떤 것도 알지 못한다고 결론 내릴 수밖에 없었다. 알-샤마크는 이렇게 말했다. "불멸의 기쁨은 그런 부끄러운 것들에 대한 생각을 멀리 하도록 해준다오."[18]

원하는 문헌학적 정보를 얻지 못한 이븐 알-카리는 분명 낙심했다. 그러나 그는 좌절하지 않았다. 이슬람 이전 시기의 또 다른 위대한 시인 타밈 이븐 우바이Tamīm ibn Ubai를 발견한 알-카리는 그에게 서슴없이 고민을 털어놓았다. 눈앞에 있는 사람이 정말로 전설적인 그 인물임을 확인한 이 중세의 학자는 다음과 같이 말했다.

> 그럼 당신이 쓰신 시의 이 구절들에 대해 제게 설명을 좀 해주십시오. "오 살마Salmā가 머무르던 곳! 이곳은 버려졌으므로, 이제 나는 오직 알-마자나al-Mazāna에게만 짐을 지우겠노라. 그것〔혹은 '그녀'〕이 지칠 때까지." 여기서 "알-마자나"가 정확히 무슨 뜻인지요? 어떤 이들은 당신이 여자 이름을 쓴 거라고 말합니다. 그러나 다른 이들은 이게 사실은 낙타 이름이라는 의견이더군요. 그런데 또

어떤 이들은 이게 '습관'을 가리키는 말이라고 주장합니다.[19]

그러나 이번에도 우리의 주인공은 솔직하지만 실망스러운 대답밖에는 듣지 못했다. "신의 자비로 천국의 문을 통과한 후로 내가 썼던 그 많은 시에서 단 하나의 단어도 기억에 남아 있지 않다오."[20] 이슬람 초기 시대 시인 후마이드 이븐 타우르Ḥumaid ibn Thaur의 경우도 도움이 안 되기는 마찬가지였는데, 그는 심지어 야박하게 굴기까지 했다. "철자 dāl로 운을 맞춘" 그의 유명한 "송시"에 관한 토론을 이끌어내려는 이븐 알-카리에게 옴미아드 왕국 출신의 이 시인은 그따위 주제에 대해서는 전혀 관심 없다고 딱 잘라 말했던 것이다. 그는 이렇게 말했다. "나는 철자로 운율을 맞추는 것에 대해서는 모조리 잊어버렸소. 지금 내 유일한 관심은 풍만한 가슴의 천국 아가씨들과 노는 것뿐이오."[21]

그러나 이 참회의 시인을 가장 충격에 빠뜨린 것은 아마도 알-칼릴 이븐 아흐마드al-Khalīl ibn Aḥmad와의 만남일 것이다. 알-칼릴은 고전 아랍어의 제1세대이자 가장 위대한 문법학자 중 한 사람이며, 전해오는 기록에 따르면, 아랍어의 작시법 전체 체계를 홀로 집대성한 인물이었다. 지복의 전차를 타고 달리는 그를 본 이븐 알-카리의 뇌리에는 통상 이 문법학자의 작품으로 간주되는 몇몇 시구들이 퍼뜩 떠올랐다. 이 구절들을 곰곰이 떠올려 보노라니 워낙 세련된 리듬이라 알-카리는 그 음악에 맞춰 춤까지 출 수 있을 것 같았다. 이런 생각이 그의 뇌리를 스치자 곧 더없이 행복한 한 풍경이 눈앞에 펼쳐졌다.

바로 그 순간 지혜롭고 자비로우시며 전능하신 신께서 호두나무에게 명하여 호두를 떨어뜨리도록 하셨다. 나무는 즉시 호두들을 여물게 하여 엄청난 양을 땅에 떨어뜨렸다. 그 수가 얼마나 많았던지 오직 신께서만 헤아릴 수 있을 정도였다. 호두들은 〔저절로〕 깨졌고, 깨진 호두 하나하나마다 각각 네 명의 아가씨들이 나왔다. 가까이서든 멀리서든 이 아가씨들을 본 사람들은 모두 경탄해 마지않았다. 그녀들은 다음과 같은 알-칼릴의 시에 맞춰 춤을 췄다.

사랑하는 이는 말을 타고 떠났으니, 네 사랑의 열병 또한 떠나게 하여라. 그렇지 않으면 너는 쓰러질 것이다!

야생의 새끼 영양들처럼 사랑스러운 네 명의 여인

움 아르-라밥Umm ar-Rabāb, 아스마Asmā, 알-바굼al-Baghūm, 그리고 바우자Bauza'가 없었다면,

그랬다면 나는 제 여인의 전차를 뒤따르는 이에게 이렇게 말했으리라.

"내키는 대로 해라, 내버려 두어라 아니면 설득하라!"[22]

이제 천국의 시인들을 미심쩍게 보게 된 "우리의 셰이크"는 알-칼릴에게 시의 원작자에 대한 곤혹스러운 질문을 던질 수밖에 없었다. "누가 이 시를 쓴 것입니까?" 〔그러나〕 그가 들은 대답과 이어

진 설명 모두 당혹스럽기는 마찬가지였다.

> “나는 모르오.” 알-칼릴은 대답했다. 그러자 이븐 알-카리가 말했다. “그렇지만 지상 세계에서는 당신이 쓴 것으로 전해지는 작품입니다.” “이 시에 대해서 기억나는 게 전혀 없소만. 어쩌면 내가 쓴 게 맞을지도 모르지요.” 셰이크는 물었다. “정말로 잊으셨단 말입니까? 다른 사람도 아니고 당신이, 생전에는 모든 아랍인 중에서 가장 위대한 기억력을 소유했던 당신이?!” 알-칼릴은 말했다. “지옥에서 〔천국으로〕 건너오면서 나는 기억 속에 간직돼 있던 모든 것들로부터 자유로워졌다오.”[23]

시인은 정처 없이 걸었다. 그가 이 혼란스러운 얘기들로부터 금세 주의를 돌릴 수 있었던 것은 우연히도 기막히게 “맛있는 진귀한 맥주의 강”을 발견한 덕분이었다. 이곳은 자애로우신 신께서 “이라크인이든 시리아인이든 또는 어느 나라 출신이든 맥주를 좋아하는 모든 천국의 주민들을” 불러 모으신 곳이었다.[24] 그렇지만 알-카리가 한때 “모든 아랍인 중에서 가장 위대한 기억력을 소유했던” 저 문헌학자의 기억상실에 대해 잊었을 리는 없다. 천국의 영원한 망각으로 들어가기 전 알-칼릴은 운율학의 근간doctrine을 이루는 박자timing 및 리듬time의 법칙을 연구하는 데 평생을 바친 사람이었다.

천국에서 심각한 기억상실증을 앓고 있는 것이 확실한, 적어도 이븐 알-카리가 보기에는 확실한 사람들은 비단 고전 아랍 문학의 저명인사들만이 아니었다. 등장인물들이 모두 작가인 『용서의 편지』 속 상상의 세계에서는 심지어 인류의 시조마저 기억상실증에 걸린 시인으로 등장한다. 사후세계를 두루 살펴보는 여행이 끝날 무렵 이븐 알-카리는 아담을 만난다. 그는 아담에게 다음과 같은 말로 인사했다.

오 모든 인류의 아버지시여, 신께서 당신을 축복해주시기를! 지상에서는 당신이 다음 두 구절이 들어 있는 시를 지으셨다 전해집니다.

우리는 땅의 주민이자 자식이다. 땅에서 만들어졌으니, 우리는 땅으로 돌아가야 한다.
행복을 소유한 자의 손에 행복은 머무르지 않는다,
그러나 행복한 밤은 불행을 지운다.[25]

아담은 정말로 기꺼이 시인과 이 구절들에 대해 토론하겠다는 의지를 보였다. 그리고 이 구절들을 듣고 난 뒤 그는 거기에 담겨 있는 내용에 전적으로 동의한다는 뜻을 분명히 밝혔다. 그는 점잖게 말했다. "이 시구가 말하고 있는 것은 진실입니다. 그리고 이 시를 지은 사람이 누구든 간에 그는 틀림없이 지혜로운 사람입니다." 그렇지만 아담은 마지막에 가서 이 구절을 인용한 시인의 믿음을 배반하는 말을 덧붙일 수밖에 없었다. "그렇지만 나는 방금 처음으로

이 시를 들었습니다."[26]

이것은 심각한 문제였다. 시인도 인류의 조상도 이 문제를 제대로 해결하지 않고 대충 넘길 생각은 없었다. 이븐 알-카리의 입장은 지상의 인간들이 아담의 작품으로 여기는 이 시는 실제로 아담이 지은 것이 맞지만, 다만 그가 이 사실을 잊어버렸다는 것이었다. 시인은 정중하게 그리고 다소 망설이는 말투로 전설 속의 남자에게 말했다. "오 모든 인류의 아버지시여, 아마도 당신께서는 이 구절들을 지은 다음 잊어버리신 듯합니다. 잘 알고 계실 테지만, 당신은 심한 기억상실증을 앓고 계시지요."[27] 이 주장의 근거로 그는 쿠란의 한 구절을 인용한다. "한때 우리는 아담과 계약을 맺었다. 그러나 그는 그것을 잊었고, 따라서 계약은 효력이 없어졌다."[28] 또 시인은 이 최초의 인간의 기억상실증에 대한 제 주장을 뒷받침하기 위해서 문헌학적인, 아니 더 정확히 말하자면, 어원학적인 근거를 제시한다. "어떤 학자는 당신이 '인간'이라는 뜻의 이름을 받은 이유는 실은 당신이 잘 잊어버리기 때문이라고 주장했습니다."[29]

그러나 아담의 비판적 추론은 더 날카로웠다. 시인이 주제넘게 던진 문헌학적인 질문들 때문에 다소 피곤해진 상태이긴 했지만, 아담은 이론의 여지 없이 문제를 해결해줄 텍스트상의 증거를 찾는데 큰 어려움을 느끼지 않았다. 그는 말했다. "당신네 후손들은 분명히 나를 거역하고 능멸하기로 작정한 모양입니다." 그렇지만 이로써 토론을 끝내려는 것은 아니었다. 노련한 선생처럼 엄격하게 시인의 추론에 들어 있는 오류를 짚어내면서 설명을 시작한 아담은 이 학자가 전혀 보지 못한 사실을 알려주었다. 그것은 사람들이 아담의 작품으로 간주하는 이 텍스트에 쓰인 언어, 즉 아랍어에 관한 문제였다. 이 점을 간과한 것은 치명적이었다. 아담은 이렇게 이야기했다.

천국에 있을 때 나는 아랍어를 썼습니다. 지상으로 내려간 후 내 언어는 바뀌어서 아람어가 되었습니다. 죽을 때까지 내가 쓴 언어는 아람어밖에 없습니다. 위대하고 전능하신 신께서 이후에 나를 천국으로 돌아오도록 허락하신 다음에야 나는 다시 아랍어를 썼습니다. 그러니 내가 언제 이 시를 쓸 수 있었겠습니까—지상 세계에서일까요 아니면 내세에서일까요? 이 시를 지은 사람은 틀림없이 저 낮은 세계에서 시를 썼을 것입니다. 반행hemistich으로 된, "땅에서 만들어졌으니, 우리는 땅으로 돌아가야 한다"라는 구절만 봐도 그렇습니다. 지상에서 아람어밖에 몰랐던 내가 어떻게 이런 표현을 쓸 수 있었겠습니까? 천국을 떠나기 전에 나는 죽음을 전혀 몰랐습니다. 죽음이 마치 목걸이처럼 목에 걸린 비둘기인 양 인간을 짓누르고 있다는 사실을 몰랐고, 죽음이 어느 누구의 육체나 생명도 거두지 않는다는 사실을 몰랐습니다. 그리고 천국으로 돌아온 후 나에게 "우리는 땅으로 돌아가야 한다"는 말은 전혀 무의미해졌습니다. 그런 말은 〔의미가 있다 해도〕 틀림없는 거짓입니다. 여기 있는 우리, 천국에 머무는 자들은 영원합니다. 불멸을 얻었으니까요.[30]

아담은 이 시의 언어가 시간의 지표라는 사실을 지적한다. 그리고 여기서 지표란 인류의 시조가 자신이 쓴 것으로 돼 있는 시를 쓸 수 있었던 두 개의 시간, 오직 두 개의 시간만을 가리킨다. 아담이 아랍어로 시를 쓸 수 있었던 시간은 두 차례 지복의 삶을 살[았을] 때뿐이다. 그러나 아담의 설명대로라면, 그는 결코 이 시를 쓸 수 없었을 것이다. 왜냐하면 이 시는 [내용상] 천국에 사는 그에게는 "전혀 무의미하고" "틀림없는 거짓"이기 때문이다. 그러므로 결론은, 이 전설 속의 남자가 설명한 것처럼, 한 가지뿐이다. 이 시는 위작forgery이며, "필시 그의 동료 중 누군가가 틈틈이 쓴" 문학적 장난이라는 것이다.[31]

이렇게 해서 아담은 자신이 저자가 아니라는 사실은 증명했을지 모르지만, 동시에 그는 참회의 시인이 자신에게 맞서 내세운 주장이 전적으로 틀린 말은 아니라는 사실을 암암리에 인정한 셈이다. 알고 그랬는지 아니면 모르고 그랬는지는 모르지만, 인류의 시조는 [지상으로 떨어져] 어긋난 삶을 사는 동안 자신이 적어도 두 번은 망각한 무언가가 적어도 한 가지는 있다는 사실을 인정했다. 그것은, 말할 것도 없이, 그의 언어다. 이 최초의 인간이 "지상으로 내려와 있는" 동안 그가 알았던 원래 아랍어에는 아무 일도 일어나지 않았을까? 그리고 추방됐던 땅에서 다시 [천국으로] 돌아온 후 그가 지상에서 "죽을 때까지" 썼던 아람어는 또 어떻게 됐을까? 킬리토가 지적한 것처럼, 아담은 천국에서 내쫓긴 후에는 "아랍어를 잊고 아람어를 썼으며, 다시 천국으로 돌아온 후에는 아람어를 잊고 아랍어를 썼다."[32] 한 언어는 불가피하게 다른 언어를 지운다. 원죄 이후 각각의 언어는 저보다 앞서 존재하던 언어를 망각에 빠뜨림으로써 성립하게 되었다. '인간'의 이름을 '망각'이라는 이름과 결부시키는 어원론은 학술적으로 충분히 정당화되고도 남는다. 더욱이 『용서의 편지』가 그린 세계에서 이것은 분명 인간의 모범으로서 아담이 가진 지위를 확증해준다. 그도 그럴 것이 알-마아리가 묘사한 복된 자들의 땅에 들어가도록 은총을 받은 자들은 모두 그들의 선조가 걸은 길을 그대로 따르지 않았는가. 지옥의 주민들은 저마다 자신들의 작품을 기억하고 그것에 대해 이야기해줄 수 있었는데, 이에 반해 천국의 시인들은, 비록 그들 스스로는 그 사실을 모르는 듯 보이지만, 잊었다. 우리는 아랍 신곡에 나오는 천국을 시인들의 망각의 땅으로 정의할 수 있을 것이다. 그곳은 원체 잘 잊는 동물인 인간이, 마침내, 행복하게도 기억상실증이라는 아담적 본성을 되찾는 장소인 셈이다.

물론 결정적인 예외가 있는데, 그것은 이 작품의 주인공 이븐 알-카리다. 그는 모든 시인들이 응당 받는 것을 받지 못한 채로 복된 자들의 사후세계로 들어가도록 허락받은 유일한 시인이다. 다른 시인들은 모두 자신들이 받은 것, 즉 기억〔으로부터〕의 '구원'에 대해 너무도 감사하는 듯 보인다. 기억〔으로부터〕의 '구원'이란 신께서 가장 큰 자비로 베푸신 선물로서 그것이 어떤 내용이었든 이전에 가졌던 모든 기억에서 인간을 해방시켜주는 것이다. 이것은 여러 가지 방식으로 해석될 수 있다. 이것은 어쩌면 알-마아리가 이븐 알-카리에게 신랄한 반어법으로 쓴 답장으로 읽힐 수 있다. 즉 자신의 참회를 천명하는 데 열심이었던 저 불쌍한 시인에게 알-마아리가 아마도 결코 부치지 않았을 답장에 숨겨둔 마지막 속임수로 볼 수 있다는 이야기다. 그렇다면 『용서의 편지』는 자신의 출발점이 되어준 신실한 편지에 대한 패러디가 된다. 이 책은 한때 죄인이었으나 이제는 참회를 인정하는 값진 문서를 얻은 덕분에 그동안 저지른 모든 죄에도 불구하고 천국으로 가는 길을 찾은 사람, 고대의 그 어떤 위대한 시인보다 더 우월한 능력을 가진 시인에 관한 이야기를 들려준다. 그러나 이븐 알-카리의 기억술mnemonic prowess은 다른 방식으로 해석될 수도 있다. 즉 한층 더 문자적이고 동시에 한층 더 심오한 방식으로 말이다. 그의 빈틈없는 기억력은 그가 구원받을 수 없다는 사실에 대한 가장 확실한 표시일지도 모른다. 다시 말해 천사에게 아무리 많은 면죄부를 받더라도 알-카리의 구원은 어디까지나 문인의 발명품으로, 즉 모든 의미에서 허구[의 구원]에 지나지 않을 거라는 이야기다.

어쩌면 가장 잔혹한 아이러니는 다음과 같은 것이다. 즉 이 위선적인 작가는 구원받지 못한 채 구원의 땅에 들어갔으며, 자신은 지옥에 속한 존재라는 단 한 가지 확실한 의식을 가진 채로 천국을 유랑하는 운명이었다는 사실. 작품을 이렇게 읽는다면 이븐 알-카리라는 인물이 좋게 보일 리는 만무하다. 그러나 이렇게 읽을 때에만 작품의 전개상 그가 필수적인 역할을 맡은 이유가 성립한다. 천국에 속하지 못한 채로 천국에 받아들여진 이 거짓 참회의 시인은 행복하게 망각한 시인들이 결코 할 수 없는 한 가지 일을 할 수 있다. 즉 그는 그들의 구원에 대해 증언할 수 있다. 결국, 구원받은 자들이 언제나 이미 망각한 사실을 기억할 수 있는 이는 오직 끝까지 구원받지 못한 시인뿐이다. 오직 그만이 행복한 망각으로 들어간, 더 이상 어떤 기억도 필요치 않는 자들의 지복을 기억하고 간직할 수 있다. 그러므로 오직 그만이, 끝내 구원받지 못한 인류를 대표하는 이 나약한 형상만이, 망각하는 말하는 존재의 텅 빈 본성을 정당화해줄 언어와의 관계를 이해할 수 있다. 그 관계 속에서 기억과 망각은 자신들을 장악하고 있는 시간의 연속과 불연속처럼 서로 구별될 수 없다. 그리고 그 관계 속에서는 말의 기억이 마침내 "간직하고 있던 모든 것으로부터 〔……〕 자유로워진다."

바벨

누구나 바벨탑 이야기를 알고 있다. 인간의 어리석음을 상징하는 태곳적 탑에 관한 이야기 말이다. 이 이야기를 가장 간명한 형태로 전하는「창세기」11장에 따르면, 이 건물은 오래가지 못했다. 아니, 어떤 의미에서 이 건물은 결코 지속한 적이 없다고 해야 한다. 왜냐하면 미처 완공되기도 전에 신의 명령에 의해 파괴되었기 때문이다. 그렇지만 그렇게 붕괴된 것으로 다 끝난 것은 아닌 듯하다. 왜냐하면 인류는 이 탑이 개시한 시대, 즉 "지상의 모든 언어들이 뒤섞인" 시대를 줄곧 살아오고 있기 때문이다. 여기까지는 누구나 동의할 것이다. 그러나 이 짧은 이야기 속으로 한 걸음 더 내딛으면, 수많은 설명이 가능해지는 모호한 구역으로 들어서게 된다. 특히 더 정확하게 규명하기 어려운 문제는 이 무명의 고대인들은 애초에 무엇 때문에 저 전설적인 탑을 지을 생각을 했을까 하는 점이다. 그러나 탑을 지으려 한 사람들이 정확히 어떤 벌을 받았는지 역시 못지않게 모호한 문제다. 문제를 더욱 복잡하게 만드는 것은, 성서의 이야기대로라면 시날 계곡에 살던 이 사람들이 탑의 건축을 계획한 것은 "흩어지지scattered" 않기 위해서였는데, 바로 그 거대한 탑이 〔오히려〕 그들을 흩어지게 만들었다는 사실이다. 탑을 짓기 전에 그들은 서로 이렇게 토론했다고 전해진다.

> 자, 도시를 세우고 꼭대기가 하늘까지 닿는 탑을 세워 이름을 날리자. 그렇게 해서 우리가 온 땅으로 **흩어지지** 않게 하자.[1]

이후 이 건물의 파괴를 예고하는 사건을 서술하면서 성서는 이들이 받은 벌을 언급할 때에도 동일한 표현을 사용한다. 신은 "서로 말을 알아듣지 못하도록" 인간들의 언어를 "뒤섞음"으로써 이들의 건축 계획을 끝내기로 결심하셨다. 그 다음 구절은 이렇다.

> 주님께서는 그들을 거기에서 온 땅으로 **흩어**버리셨다. 그래서 그들은 도시 세우는 일을 그만두었다.[2]

이렇게 보면, 바벨탑을 건축한 자들에게 내려진 이 판결은, 그 명성과는 무관하게, 정확하게 규정하기 어려운 것이다. 이 판결을 집행하는 것은 처벌하려는 바로 그 죄에 충분히 타당한 이유가 있음을 확증해주는 일과 아슬아슬하게 맞닿아 있기 때문이다. 그러니까 탑을 무너뜨리려는 이 판결은 탑을 건축하게 한—건축 행위 그 자체는 아니더라도—동기인 두려움을 정당화해주는 결정이 되는 셈이다. 이것은 도저한 역설이다. 시날 계곡의 사람들은 그들이 무엇보다 두려워하며 피하고자 했던 운명, 즉 흩어지는 운명을 결국 피하지 못했다. 이 운명을 피하기 위해 도시를 짓고 탑을 쌓았기 때문에 오히려 그들은 그 운명에 붙들렸다. 그렇다면 우리는 이렇게 묻지 않을 수 없다. 혹시 이들은 정말로 "흩어지기" 위해서 "흩어지는" 운명을 피해 달아나려는 〔척하는〕 전략을 쓴 것이 아닐까? 어쨌든 한 가지는 확실하다. 그것은 「창세기」의 바빌론에서는 행위와 판단, 죄와 벌이 신기할 정도로 점점 더 구별할 수 없게 된다는 점이다. 이곳에서는 최악의 위험을 피하려고 취하는 바로 그 제스처 안에 이미 최악의 위험이 잠재적으로 도사리고 있다. 어떻게 된 일인지 이곳에서는 행위에 대한 처벌이 행위에 앞서 있고 심지어 행위를 유발하기까지 한다.

건축자들에게 내려진 벌의 정체 역시 마찬가지로 모호하다. 성서는 탑의 건축 및 파괴로 인해 인간 언어가 다양해지고 이로써 말하는 존재들이 서로 이해하지 못하게 됐다는 것에 의문의 여지를 남기지 않는다. 탑의 건축이 시작되기 전 "온 땅은 하나의 언어language, 그리고 하나의 말speech로 돼 있었다." 주님께서 이 건축 계획에 개입하셔서 사람들을 "흩으셨을 때" 그리고 "온 땅의 언어를 뒤섞으셨을 때," 아마도 처음 있는 일이었겠지만, 모든 사람이 "서로의 말을 이해하지 못했다." 그러나 신의 판결은 어떻게 집행되었으며, 온 땅은 정확히 어떻게 하나의 언어에서 다수의 언어를 갖게 된 것일까? 이 부분과 관련하여 신께서 어떻게 하셨는지 〔성서는〕 전혀 언급하지 않는다. 엄밀히 말해서, 신께서는 언어를 수다하게 창조하시지 않았다. 그런데 사람들이 온 땅으로 퍼져 나간 것은 언어가 수다했기 때문이다. 탑의 건축으로 인해 수다해지기 전에 존재하던 "하나의 언어"에 다른 언어들이 더해진 것은 아닌 것 같다. 그러나 동시에 이 벌에 대한 성서의 설명 어디에도 인류의 본래 언어에 들어 있던 공통 요소를 신께서 없애려 하셨다는 이야기는 없다. 즉 인간의 단일 언어에서 〔공통적인〕 무언가가 빠졌기 때문에 인류가 흩어지게 된 것은 아니라는 말이다. 사정이 이렇다면, 우리가 해야 할 일은 신께서 바벨탑의 건축자들에게 취하신 행동을 묘사하는 데 쓰인 히브리어 동사의 뜻을 제대로 살펴보는 일이다. 이 동사는 무엇을 더하거나 빼는 것과는 하등 상관없는 것이다. 「창세기」를 보면, 신께서는 온 땅의 언어를 "혼동시키셨다." 그리고 이 행위가 초래한 결과는 창조도 파괴도 아닌 그저 지극히 평범한 혼란 상태일 뿐이었다.

기독교 교리 발전에 지대한 영향을 끼친 〔기원후〕 1세기 알렉산드리아의 철학자, 신학자, 성서 주석가인 유대인 필로Philo Judaeus는 라틴 문학 전통에서 「언어의 혼란에 관하여」라는 제목으로 알려진 논문에서 이 문제를 상세하게 고찰하면서 상당히 정확한 통찰을 보여준 바 있다. 그는 "혼동시키다confound" 혹은 "혼란시키다confuse" 라는 동사(이에 대해 그가 사용한 말은 그리스어 συγχέω인데, 이것은 말 그대로 "마구 쏟아붓다" "쏟아부어 뒤섞다," 더 나아가 "성가

시게 하다," 그리고 "훼손하다"의 뜻을 가진다)는 단순히 파괴하거나 창조한다는 뜻이 아니라는 사실을 증명하는 데 상당한 공을 들인다. 그는 이렇게 주장한다. "혼란시킨다는 것은 〔……〕 하나의 단일하고도 다채로운 실체를 창조한다는 관점에서 보면 원래의 성질들을 파괴한다는 뜻이다."[3] 이와 관련하여 그가 사례를 끌어오는 분야는 의학이다. 그는 다음과 같이 적었다.

> 내가 이야기하려는 사례는 의사들이 쓰는 약이다. 이 약은 네 가지 성분을 조합해 만든다. 내가 틀린 게 아니라면, 이 약은 밀랍, 수지, 역청, 송진을 넣어 만든다. 그러나 성분 조합이 완전히 이루어지면, 이 성분들의 다양한 성질들을 구별하는 것은 더 이상 불가능하다. 사실 이 성질들은 사라진다. 이렇게 성질들이 파괴됨으로써 새로운 물질이 만들어지는데, 이 약은 유일한 종류의 약이다(ἀλλ' ἑκάστε μὲν αὐτῶν ἠφάνισται, πασῶν δ' ἡ φθορὰ μίαν ἐξαίρετον ἄλλην ἐγέννησε δύναμιν).[4]

필로가 묘사한 대로라면 "혼란"은 요소들의 조합으로 시작되어 요소들의 공동 소멸로 끝난다. 그러나 그 자체로 볼 때 혼란은 조합과도 소멸과도 동일시될 수 없다. 이 철학자의 사례를 계속 이어 가보자면, "뒤섞이는〔혼동되는〕" 과정에서 밀랍, 수지, 역청, 그리고 송진은 더도 덜도 아닌 그들 자신으로 변형된다. 일단 "뒤섞인〔혼란된〕" 다음 이 요소들은 통일된 상태로 "새로운 물질"이 된다. 이 상태에서는 요소들의 "다양한 성질들을 구별하는 것은 더 이상 불가능하다." 이전에 〔별개의〕 구성 요소였던 것들은 창조와 파괴, 더하기와 빼기가 구별될 수 없는 곳, 즉 다 함께 "혼란에 빠지는/함께-녹아-없어지는con-fusion" 지점에서도 여전히 존속한다.

어떤 의미에서 「창세기」가 전하는 사건은 필로가 언급한 것과 정 반대되는 "혼동〔뒤섞임〕"의 사례에 해당한다. 바벨탑 건축자들에게 내려진 벌은 다양한 요소들을 녹이고 결합하여 "새로운 물질"을 만들어내는 것이 아니었다. 반대로 그것은 "하나의 언어 그리고 〔……〕 하나의 말"을 완전히 사라지게 만든 다음 그 자리에 도저히 줄일 수 없을 정도로 수많은 언어들이 생기게 한 것이다. 그러므로 성서가 이야기하는 사건의 형식은 약의 사례보다 훨씬 복잡하다. 인간 언어에는 뭔가를 만들거나 파괴하는 행위가 개입된 적도, 뭔가가 더해지거나 빠진 적도 없다. 인간 언어는 그저 "혼동된" 것이며 이로써 다양해진 것이다. 전해지는 바에 따르면, 하나였던 언어는 일거에 일흔두 개의 언어로 바뀌었고 "흩어진" 이후 시날 계곡의 사람들은 이 언어들을 쓰기 시작했다고 한다.[5]

대체 어떤 종류의 혼란이었기에 하나였던 언어를 수많은 언어로 만들 수 있었을까? 단테가 『속어론』 1권에서 괄호 속에 적어둔 한 마디가 이 물음에 대한 하나의 대답이 된다. 그 말은 두번째 관계절에 조심스럽게 삽입되어 있어서 주의 깊은 독자라도 무심코 지나치기 쉽다. 오늘날 문헌학자들에 의해 고대 프로방스어, 고대 프랑스어, 이탈리아어로 판명된 중세 연가 언어의 "세 가지 계보"와 관련하여 피상적인 설명을 제시한 다음, 단테는 고전 형이상학의 원리 한 가지를 상기시킨다. 단테가 쓴 다른 철학적 저작들에서도 몇 차례 언급되는 이 원리는 다음과 같다. "그 자체로 원인을 초과하는 결과는 있을 수 없다. 왜냐하면 〔애초에〕 존재하지 않는 것을 만들어낼 수 있는 것은 없기 때문이다Nullus effectus superat suam causam, in quantum effectus est, quia nil potest efficere quod non est."[6] 그는 이렇게 덧붙인다.

> 이 점을 고려하면, 신께서 최초의 인간과 더불어 창조하신 언어를 제외한 다른 모든 언어는 혼란을 따르는 우리의 성향에 따라 재구성된 것이다(여기서 혼란이란 이전 언어에 대한 망각에 지나지 않는다). 그리고 인간이 극도로 종잡을 수 없고 변덕스러운 동물임을 고려하면, 우리의 언어 역시 지속하거나 연속할 수 없다. 습관이나 풍습처럼 우리가 가진 다른 모든 것과 마찬가지로, 우리의 언어도 시간과 공간에 따라 필연적으로 변할 수밖에 없다.[7]

표면상으로 이 주장은 중세의 논고들에 제시된 가장 유명하고 대표적인 테제들에 속하는 것으로 보인다. 단테가 거듭 주장하는바, 이 진술은 인간 언어를 총체적으로 규정하는 본질적 가변성에 이중 원인이 있음을 상정한다. 그에 따르면, 한편으로 모든 언어는 굳이 따로 설명할 필요가 없는 〔바벨이라는〕 거대한 "혼란confusio" 이후 재구성된 혹은 "보수reparata"된 것이다. 어떤 언어도 엄밀한 의미에서 독창성을 주장할 수 없다. 왜냐하면 모든 언어는 〔하나였던〕 인간 언어가 수다하게 된 이후에 생긴 〔각자의〕 특정한 "성향" 혹은 "의지"에 따라 만들어졌기 때문이다. 동시에 단테는 모든 언어 형식은 "극도로 종잡을 수 없고 변덕스러운" 말하는 존재의 흔적을 지닌다고 적었다. 그러므로 언어 형식은 지역과 역사에 따라 끊임없이 서로 그리고 그 자신과도 달라질 수밖에 없다.

그러나 또한 이 문장은 슬그머니 제시된 "혼란"에 두드러지는 한 가지 특징을 부여한다. 물론 단테가 이 단어를 문장 구조상 열등한 자리에 배치한 것은 부인할 수 없는 사실이지만, 그럼에도 이것은 인간 언어의 기원과 구조에 관한 그의 성찰에 핵심적인 직관을 표현하고 있다. 이 문장은 일종의 정의, 즉 「창세기」가 전하는 사건의 정확한 본성을 규명하는 정의로 읽을 수 있다. 시인-철학자는 사건의 핵심인 "혼란"이 "이전 언어에 대한 망각에 지나지 않는다confusionem illam que nil aliud fuit quam prioris oblivio"라고 적었다. 이 언급에 주목했던 『속어론』의 주석가들은 단테의 견해에 공감하지 않았다. 그들은 이것을 저자 스스로가—터무니없는 혼란까지는 아니라도—문제를 제대로 이해하지 못한 사례로 간주했다. 예컨대 이 부분과 관련하여 텍스트를 철저하게 주해한 최신 판본에서 우리는 독자에게 다음과 같은 주의를 요청하는 문장을 읽게 된다. "이 단락은 미묘한 문제들을 제기한다."[8] 어느 학자의 주장에 따르면, 만약 단테의 주장에 동의한다면 우리는 인류의 근원어가 바벨탑 사건 때 완전히 사라졌으며 따라서 그 이후 인류가 사용해온 언어는 신께서 〔다시〕 창조한 것이라고 생각할 수밖에 없다. 그러나 최신 판본의 편집자가 지적하듯이, 이런 해석은 논고에 등장하는 여타의 진술들과 전혀 부합하지 않는다. 즉 단테는 다른 곳에서 인류의 수다한 언어는 말하자면 저 유명한 "혼동confounding"의 순간에 저절로 생겨난 것임을 시사했던 것이다. 결국 이 편집자는 변명에 가까운 결론을 제시할 수밖에 없었는데, 이것은 단테 연구를 하는 입장에서 심히 부적절해 보인다. 그는 이렇게 적었다. "어쩌면 이 문장과 관련하여 단테에게 절대적이고 체계적인 일관성을 요구하는 것은 부적절한 일일 것이다."[9]

그러나 『속어론』의 저자는 변명할 필요가 없다. 그리고 바벨의 혼란에 대한 설명은 그가 쓴 표현 그대로 이해되어야 한다. 즉 바벨의 거대한 "혼동"은 더하거나 빼는 행위 혹은 창조하거나 파괴하는 행위와는 아무 관련이 없다. 그것은 오히려 기억상실에 따른 것으로서, 이로 인해 말하는 존재들은 "하나의 언어 그리고 〔……〕 하나의 말"을 잊어버리는 운명에 처하고 말았다. 이 망각 속에서 그들은 수다한 언어들을 만들어냈고 이로 인해 뿔뿔이 흩어지게 되었다. "예전 언어에 대한 망각prioris oblivio"으로 이해된 혼동은 이렇듯 언어의 다양성에 신화적인 단초가 있음을 가리킨다. 그러나 혼란은 여기서 끝나지 않는다. 모든 언어의 출발점이자 시간과 지역에 따라 끊임없이 언어들을 배가시키는 방도로서의 "혼란"은 자신이 탄생시킨 언어들과 불가분한 상태로 계속 남아 있다. 혼란은 우리가 언어〔혀/어〕라고 부르는 가변적 존재의 불변적 중심, 언어의 모든 변화를 관장하는 변하지 않는 핵심이다. 이전 언어에 대한 망각으로 규정됨으로써, 모든 언어는 자신보다 앞선 언어의 상실을 "보수하는" 동시에 그 언어의 부재가 돌이킬 수 없는 것임을 인정한다. 다시 말해 모든 언어는 앞선 언어의 재구성인 동시에 역설적으로 그 언어의 탈-구성이다. 요컨대 우리는 말을 함으로써 언제나 이미 잊어버리기 시작한다. 심지어—아니, 어쩌면 특히—우리가 이 사실을 모를 때 〔더〕 그렇다.

파괴된 바벨탑에 관한 성찰의 역사에서 제시된 많은 견해들에 비춰 봤을 때, 단테가 함축적으로 제시한 이 테제는 전혀 주류에 속할 수 없는 것이다. 그렇다고 이 테제가 아주 유별난 축에 속하는 것 또한 아니다. 후기 고대 유대주의의 자료집 끝 부분, 즉 바빌로니아 『탈무드』의 「산헤드린Sanhedrin」 논고에 나오는 바벨탑 일화에 관한 설명은 단테의 견해와 정확히 일치한다. 랍비 현자들은 토라의 앞부분에 등장한 저 불경한ungodly 인간들, 죄인들이 궁극적으로 어떤 운명을 맞이했는가를 두고 토론을 벌였다. 토론이 저 "흩어진 세대"에 대한 이야기에 다다르자, 어쩔 수 없이 이들은 잠시 멈출 수밖에 없었다. 미쉬나의 판결dictum에 따르면, 이 세대는 "도래할 세계에 몫이 없는" 자들이다.[10] 이 판결의 이유를 설명할 수 있는 유일한 방법은 다음 한 가지 질문에 답하는 것뿐이었다. 유대 공동체에서 법적이고 신학적인 권위를 가졌던 이들은 주저 없이 이 질문을 제기했다. 질문은 간단했다. "그들은 무슨 일을 벌인 것인가?" 여러 가지 대답이 제출됐다. 랍비 예레미야 벤 엘리에제르Jeremiah ben

Eliezer의 대답은 공사를 시작했을 때 이미 건축자들이 세 개의 파당으로 분열돼 있었다는 것이었다. "첫번째 당은 '하늘로 올라가 그곳에 살자'고 말했고, 두번째는 '하늘로 올라가 우상을 섬기자'고 말했으며, 세번째는 '하늘로 올라가 〔신에게〕 전쟁을 선포하자'고 말했다."[11] 따라서 이 교만한 건축가들에게 부과된 벌 역시 한 가지가 아니라 세 가지였다. 하늘에 살고자 한 이들은 "흩어졌고," 우상을 섬기려 한 이들은 "원숭이, 유령, 악마, 밤 귀신으로 변했으며," 마지막 호전적인 세번째 당은 그들이 지금껏 쓰던 단일한 언어가 돌이킬 수 없을 정도로 혼동된 언어로 변하는 벌을 받았다.[12]

여느 다른 주제들 못지않게 바벨에 대해서도 『탈무드』는 분분한 의견을 들려준다. 고대 시날 계곡에서 일어난 사건에 관한 랍비 예레미야 벤 엘리에제르의 해석에 이어 즉각 다양한 설명을 제시하는 대답들이 뒤따랐다. 건축자들이 서로 다른 세 가지 목표를 갖고 있었다는 견해에 대해 랍비 나탄Nathan은 말한다. "그들은 모두 우상숭배로 기울어 있었다. 왜냐하면 성서는 다른 곳에서는 '다른 신들의 이름을 언급해서는 아니 된다'고 기록한 반면, 〔이 부분에서는〕 '이름을 날리자'〔「창세기」 11장 9절〕고 기록하고 있기 때문이다. 앞의 구절과 마찬가지로 후자 역시 우상숭배에 관한 내용이다."[13] 그리고 랍비 요나단Jonathan은 삼중 형식을 취하는 것은 인간들이 건축을 하게 된 동기가 아니라 신의 파괴 작업이라고 설명한다. 그의 설명에 따르면, 이 건축자들을 벌하시고 이들의 작업을 끝내려고 결심하셨을 때 주님께서는 이들이 세운 탑에 세 가지 조치를 취하셨다. "탑의 삼 분의 일은 불태우시고, 삼 분의 일은 〔땅속으로〕 가라앉히셨으며, 나머지 삼 분의 일은 그대로 서 있게 하셨다."[14] 이 설명은 잠시 멈춰서 숙고할 만한 가치가 있다. 아마도 이 설명을 통해 제보된 가장 뜻밖의 뉴스는 마지막 부분의 내용일 것이다. 그러니까, 정말 그의 설명대로라면, 전설 속의 그 탑 중 일부가 오늘날에도 아직 그대로 서 있어야 하는 것이다! 그러나 이뿐만이 아니다. 더 구체적으로 설명되어야 할 결정적인 세부사항이 남아 있다. 탑에서 잔존하는 부분이 있다는 언급을 한 뒤, 랍비는 이렇게 덧붙인다. "이 탑을 둘러싼 공기는 기억을 잃게 만든다."[15]

바빌로니아 『탈무드』에 나오는 비슷한 유형의 다른 발언들처럼, 이 놀라운 발언에도 아무런 주석이 달려 있지 않다. 그리고 이 말을 한 현자는 재빨리 다른 질문, 다르지만 긴밀히 연관된 질문, 즉 소돔 주민들의 운명에 관한 질문으로 넘어간다. 그러나 랍비 요나단의 진술에 담긴 함의는 지대한 영향을 끼칠 수 있는 것이며, 따라서 대충 넘길 수 없다. 그의 진술은 탑 자체의 붕괴뿐 아니라 그곳에 살았었고 결국에는 그곳에 내버려진 사람들의 운명에 대해서도 이야기하고 있기 때문이다. 이들의 운명은 실로 희귀한 것이었다. 주변의 공기로 인해 영원한 망각의 상태에 빠진 이들은 자신들에게 무슨 일이 일어났는지, 아니 짐작건대, 무슨 일인가가 일어났다는 사실 자체마저 까맣게 잊었을 것이다. 그러나 만약 이 탈무드 이야기를 곧이곧대로 받아들인다면, 탑의 마지막 삼 분의 일에 대해서 간과할 수 없다. 이런 문제들의 영역에서는 사실 어떤 것도 확실하게 배제할 수 없다. 그러나 불에 의해 파괴된 탑의 첫번째 부분과 땅속에 묻힌 두번째 부분을 탈출하여 살아남은 사람들이 많을 것 같지는 않다. 말하자면, 이 형벌을 받고도 살아남은 사람들은 부서진 건물의 나머지 부분에 머무르던 사람들이었을 개연성이 높다는 얘기다. 이들, 즉 세번째 형벌을 받은 남은 부분에 머무르던 사람들은 건물이 파괴되었다는 사실을 망각함으로써 살아남았다. 자신들이 계획해서 지은 건물 안에 내버려진 이들은 파괴된 건물에 대한 모든 지식을 상실한 채 그곳에 계속 머물렀을 것이다.

언젠가 발터 벤야민은 인간의 두 가지 능력, 즉 기억과 망각에 의한 갖은 우여곡절에도 굳건히 지속하는 모종의 존재를 가리키는 개념을 발명한 적이 있다. 그는 이것을 "망각할 수 없는 것das Unvergessliche"이라고 불렀다. 이 개념이 유명해진 것은 무엇보다 벤야민이 직접 번역한 보들레르의 「파리 풍경Tableaux parisiens」에 대한 서문으로 쓴 글 「번역자의 과제」를 통해서이다. 이 논문의 대강은 1921년에 작성된 것으로 보인다.[16] 논문의 서두에서 벤야민은 하나의 작품은 어떤 의미에서 "번역 가능하다übersetzbar"고 말해질 수 있는가를 규명하는 작업에 착수한다. 그리고 이를 위해 그는 적합한 번역자가 있는지 없는지를 따짐으로써 이 문제를 해결할 수 있다고 보는 "피상적인" 믿음을 기각한다. 대신 이 철학자는 강령적인 어조로 "특정한 관계 개념Relationsbegriffe들은, 배타적으로 인간에게만 관련되는 것이 아니라면, 훌륭한 의미, 어쩌면 진정한 의미를 갖게 될 것"이라고 주장한다.[17] 그런 다음 그는 "망각할 수 없는 것"을 언급한다.

우리는 잊을 수 없는 삶 혹은 순간에 대해 말할 수 있다. 설사 모든 사람들이 그것을 잊었다 할지라도 말이다. 왜냐하면, 만약 이 삶 혹은 이 순간이 본질상 망각되지 않기를 요구하는 것이라면, 이 술어는 오류가 아니라 어떤 요구, 인간들이 부응하지 못했던 요구에 부응하는 것일 터이기 때문이다. 동시에 이것은 이 요구에 부응했던 영역, 즉 신의 기억auf ein Gedenken Gottes을 가리킨다. 그렇다면 우리는 언어적 창조물의 번역 가능성 역시 〔이 요구에〕 부응하는 것으로 간주할 수 있을 것이다. 비록 그것이 인간들에게는 번역 불가능한 것으로 남아 있을지라도 말이다.[18]

이 개념에 대한 더 자세한 서술을 원한다면, 벤야민이 1917년 출간한 짧은 에세이를 살펴봐야 한다. 이 글에서 "망각할 수 없는 것"의 개념은 엄밀한 의미의 "관계 개념"이 아니라 도스토옙스키 소설 주인공의 삶을 가리킨다.

뮈시킨 공작에 대해서, 우리는 마치 꽃이 향기 뒤로 혹은 별이 별빛 뒤로 물러나듯이 그의 인격이 〔……〕 그의 삶 뒤로 물러난다고 말할 수 있을 것이다. 불멸의 삶das unsterbliche Leben은 망각할 수 없다. 망각할 수 없는 것은 우리에게 불멸을 알게 해주는 기호다. 이것은 기념비도 추억도 심지어 증인조차 없는데도 불구하고 망각되지 않은 채 남아 있는 삶이다. 이 삶은 망각될 수 없다. 이것은 말하자면 그릇에 담기지도 않았고 형태도 없지만 흘러가지/흘러내리지 않는, 덧없지 않은das Unvergängliche 삶이다. 그리고 "망각할 수 없는"이라는 표현이 말하는 바는 우리가 그것을 망각할 수 없다는 사실에 그치지 않는다. 이 표현은 망각할 수 없는 것의 본질 안에 있는 무언가를 가리킨다. 바로 이 무언가로 인해 그것은 망각할 수 없는 것이 된다. 말년에 병을 앓던 공작의 기억상실증Erinnerungslosigkeit이 바로 그의 삶에서 망각할 수 없는 것의 상징이다. 왜냐하면 이제 그의 삶은 제 기억의 심연 속으로 가라앉아 다시는 떠오를 수 없어 보이기 때문이다. 다른 사람들이 그를 방문한다. 이 소설의 짧은 결말은 그의 삶에 참여했던 모든 사람들에게 이 삶의 영원한 무늬를 찍어 넣는다. 어떻게 그랬는지 그들이 미처 깨닫지 못한 사이에.[19]

이 두 인용문에서 정의된 바, "망각할 수 없는 것"의 가장 두드러지는 특징은 벤야민이 두 글에서 공히 완강히 주장했던 사실, 즉 그것이 인간들에 의해서 너무도 쉽게 망각된다는 점이다. 그러므로 번역자 논문에 쓰인 표현을 빌리자면 "망각할 수 없는"이라는 술어는 인간이 아니라 어떤 요구Forderung, 충족되는 것에 무관심한 어떤 요구를 가리킨다. 이 요구는 본질상 무언가가 "망각되지 않은" 채 남아 있기를 바라는 요구이다. 그리고 도스토옙스키에 관한 에세이에서 "망각할 수 없는 삶"은 "기념비도 추억도 심지어 증인조차 없는데도 불구하고 망각되지 않은 채 남아 있는" 삶으로 정의된다. 망각할 수 없는 것은 망각과 대립하지 않는다. 그래서 망각할 수 없는 것은 그것이 가장 예시적으로 적용될 수 있는 사람의 정신조차 비껴갈 수 있다. 그러므로, 벤야민에 따르면, 간질로 인해 발작을 일으키던 뮈시킨의 기억상실증은 "그의 삶에서 망각할 수 없는 것의 상징"에 해당한다. 이런 의미에서 기억상실Amnesia은 〔오히려〕 망각할 수 없는 것을 보호하는 것일 수 있다. 아니, 그것이 가장 안전한 피난처일지도 모른다.

탈무드의 현자가 이야기한 탑의 폐허는 이처럼 기억할 수 없는 본성을 가진 존재일 것이다. 형벌을 받은 이후로도 계속 머물렀던 사람들에게 그 탑은 잊혀진 존재를 위한 고향과 같은 것이었을지 모른다. 그들은 물론 알지 못했겠지만, 탑 내부의 바닥과 벽은 계속해서 그들을 파괴로부터 보호해주었을 것이다. 그렇지 않았다면 그들 역시 살아남지 못했을 테니 말이다. 비록 그들은 몰랐겠지만, 거기 머무른 사람들은 더 이상 존재하지 않는 바벨탑에 여전히 속해 있는 사람들이었다. 어쩌면 망각할 수 없는 것이 그들을 만졌을 수도 있다. 벤야민의 표현을 빌리자면, 백치 공작을 알았던 사람들이 "어떻게 그랬는지 미처 깨닫지 못한 사이에" 공작의 삶이 그들에게 무늬를 "찍은" 것처럼 말이다. 그리고 신의 명령으로 변화된 공기 속에서 계속 살았다면, 그들은 계속해서 잊었을 것이고, 따라서 자신들이 망각한 것이 자신들 곁에 계속 머물러 있다는 사실조차 잊었을 것이다. 그들뿐 아니라 그들의 손자들도 그들을 둘러싼 망각의 환경 속에서 여전히 숨 쉬었을 것이다. 혹시 그들이 우리의 진짜 선조는 아닐까? 만약 그렇다면, 우리 모두는 잔존한 바벨탑의 폐허 속에서 기억상실증을 앓던 주민들의 후예인 셈이다. 이 이야기는 무척 당혹스럽게 들리겠지만, 어떤 의미에서 이로부터 귀결되는 또 다른 가능성에 비하면 그 당혹스러움은 〔오히려〕 하찮은 것이다. 또 다른 가능성이란 과연 우리가 저 전설의 탑을 정말로 떠난 게 맞는지조차 불확실하다는 점이다. 게다가 저 거대한 혼동을 겪고 난 뒤 우리가 다시 단단한 땅 위에 발을 딛고 서게 됐다는 보장 역시 없다. 분명 오늘날 많은 사람들이 저 성서 속 건물은 오래전에 사라졌다고 믿고 있다. 그러나 믿음은 아무런 보장이 없는 것이다. 어쩌면 우리가 여전히 탑 속에 살고 있다는 사실을 가장 확실하게 보여주는 기호는 다름 아닌 우리가 더 이상 그 사실을 모른다는 것일지도 모른다. 결국 탑의 폐허 안에 사는 것과 그 주위의 혼란스러운 공기 속에서 연명하는 것은 전혀 다르지 않다. 사정이 이렇다면, 바벨탑은 파괴된 채로 계속 있〔을 것이〕다. 그리고 우리는 언어의 끝없는 혼란 속에 내던져진 채, 끝내 그 사실을 망각한 채로, 바벨탑 속에 머무르는 셈이다.

1장 극치의 옹알거림

1 Jakobson, *Kindersprache, Aphasie, und allgemeine Lautgesetze*(1940~42), rpt. in Jakobson, *Selected Writings*, vol. 1, *Phonological Studies*, p. 335; English in Jakobson, *Child Language, Aphasia, and Phonological Universals*, p. 21.

2 같은 곳.

3 (옮긴이) 한국어로는 '반향어反響語' 또는 '메아리어'로 번역할 수 있을 것이나, 이 용어가 책의 제목인 점을 고려하여 그대로 음역했다. 전문용어로서의 에코랄리아 echolalia는 언어적 정신질환의 일종으로 다른 사람이 한 특정한 말에 '꽂혀서' 또는 '붙박혀서' 그 말을 강박적으로 반복하는 현상을 가리킨다. 참고로 스스로 한 말을 강박적으로 반복하는 현상은 팔리랄리아palilalia라고 한다.

2장 감탄사

1 Jakobson, *Kindersprache, Aphasie, und allgemeine Lautgesetze*(1940~42), rpt. in Jakobson, *Selected Writings*, vol. 1, *Phonological Studies*, p. 339; English in Jakobson, *Child Language, Aphasia, and Phonological Universals*, p. 26.

2 Trubetskoi, *Grundzüge der Phonologie*, pp. 205~206; English in Trubetskoi, *Principles of Phonology*, pp. 207~209 〔한국어판: 니콜라이 트루베츠코이, 『음운론의

원리』 발췌본, 한문희 옮김, 서울대학교출판문화원, 2013〕.

3 같은 곳.

4 Aristoteles, *De interpretatione*, 17a6~8 〔한국어판: 아리스토텔레스, 『명제에 관하여』, 『범주들·명제에 관하여』 개정판, 김진성 옮김, 이제이북스, 2009〕.

5 Trubetskoi, *Grundzüge der Phonologie*, p. 205; *Principles of Phonology*, p. 208.

6 같은 곳.

7 Dante, *De vulgari eloquentia* 1.4.4, pp. 42~44.

3장 알레프

1 Jakobson, *Kindersprache, Aphasie, und allgemeine Lautgesetze*, rpt. in Jakobson, *Selected Writings*, vol. 1, *Phonological Studies*, pp. 370~71; English in Jakobson, *Child Language, Aphasia, and Phonological Universals*, p. 63. 꿈속에서의 언어 장애와 실어증 증세 간의 유사성에 관해 논의하면서 야콥슨은 다음과 같이 말한다. "꿈꾸는 사람이 실제로 한 말들뿐 아니라 단지 꿈꾸기만 한 말, '속으로만 할 수 있는 발화되지 않은non-motor 말들' 또한 모종의 음성 장애mutilation로 볼 수 있다. 나는 나 자신의 꿈 언어에서 이 현상을 여러 차례 목격했다. 최근에 알람 소리에 잠이 깬 적이 있는데, 그때 꿈에서 나는 seme이라는 말을 했었다. 깨어났을 때 나는 그 말이 '죽음'을 뜻하는 체코어 zemřel임을 확신했다(요즘 나는 꿈에서 주로 체코어를 쓴다)."

2 Sībawayh, *Al-Kitāb*, vol. 3, p. 548. 시바와이의 함자에 대한 논의는 al-Nassir, *Sibawayh the Phonologist*, pp. 10~12를 보라.

3 Spinoza, *Compendium grammatices linguae hebraeae*, in *Opera*, vol. 1, *Korte verhandeling van God; De Mensch en deszelfs welstand; Renati Des Cartes principiorum philosophiae pars I & II; Cogitata metaphysica; Compendium grammatices linguae hebraeae*, p. 288.

4 같은 책, p. 287.

5 성서 언어에서의 알레프에 관해서는 Joüon, *Grammar of Biblical Hebrew*, vol. 1, *Orthography and Phonetics; Morphology*, pp. 25~26를 보라.

6 Abrams, *The Book Bahir*, p. 123, par. 13. 이 판본의 각주에 명시되어 있는바, 어떤 사본들은 이 주장을 랍비 아모라이Amoray의 것으로 간주하지만, 또 다른 사본들은 랍비 레후마이Rehumay의 것으로 간주한다.

7 *Sefer ha-Zohar* 2b. 영어 번역은 *The Zohar*, vol. 1. p. 9에서 볼 수 있다. 1차 저작과 2차

저작 가리지 않고 많은 저작들이 창조에 관한 카발라 교의에서 이 철자가 갖는 지위와 관련하여 인용될 수 있다. 카발라 언어철학에서 이 문제가 어떻게 다루어지는지를 개관하려면 게르숌 숄렘의 기초적인 논고 "Der Name Gottes und die Sprachtheorie der Kabbalah," in *Judaica III*, pp. 7~70과 Sirat, "Les Lettres hebraïques"를 보라.

8 *Sefer ha-Zohar* 3a; English in *Zohar*, vol. 1, p. 12.

9 같은 책, 3a~3b; English in *Zohar*, vol. 1, pp. 12~13(trans. modified).

10 *Midrash rabbah* 1.10; 영어 번역은 *Midrash Rabbah*, vol. 1, *Genesis*, p. 9에서 볼 수 있다; *Sefer ha-Bahir* 3을 보라.

11 *Eliahu rabbah* 31.

12 *Midrash rabbah*, 1.10; English in *Midrash Rabbah*, p. 9.

13 같은 책, p. 43.

14 *Shir ha-shirim rabbah* 5.9.

15 *Makkot* 24a.

16 Maimonides, *Le Guide des égarés*, vol. 2, ch. 33, p. 75.

17 같은 책, p. 74.

18 같은 책, p. 75.

19 같은 곳.

20 *Shabbat* 105a. 탈무드 해석학에 있어서 노타리콘notarikon 및 여타의 철자 형상들에 관해서는 Ouakin, *Le Livre brûlé*, pp. 124~26을 보라.

21 Scholem, "Religious Authority and Mysticism," in *On the Kabbalah and Its Symbolism*, p. 30.

22 *The Book Bahir*, p. 149, sec. 53.

23 *Zohar* 21a; English in *Zohar*, vol. 1, p. 89.

4장 멸종 위기의 음소들

1 가령 Riegel, Pellat & Rioul, *Grammaire méthodique du français*, p. 41을 보라.

2 같은 책, p. 44.

3 같은 책, p. 49.

4 Mallarmé, *Œuvres complètes*, p. 67 〔한국어판: 말라르메, 「백조」, 『목신의 오후』 개정증보판, 김하영 옮김, 민음사, 1995, p. 28. 번역은 다음과 같다. "서릿발 아래로 위협하듯 찾아드는 이 모진 잊혀진 호수를"〕.

5 Cornulier, *Art poëtique*, p. 249. 같은 저자의 "Le Droit de l'*e* et la syllabilicité"; "Le Remplacement d'*e* muet par è et la morphologie des enclitiques"를 보라.

6 Cornulier, *Art poëtique*, p. 250.

5장 H와 친구들

1 그리스어 서기 체계의 발전에 관해서는 Jeffery, *Local Scripts of Archaic Greece*, 특히 pp. 24~25를, 철자 vau에 대해서는 pp. 326~27을 보라.

2 유럽 대륙 언어 g에 대해서는 Pyles & Algeo, *Origins and Development of the English Language*, pp. 139~40을 보라. 영어 정서법을 개관하려면 Scragg, *History of English Spelling*을 보라.

3 고대 슬라브 정교회가 쓰던 자모 체계에 대해서는 무엇보다 Leskien & Rottmann, *Handbuch der altbulgarischen(altkirchenslavischen) Sprache*, pp. 9~19를 보라.

4 Heine, *Werke*, vol. 4, *Schriften über Deutschland*, p. 558. 하이네는 시인 예후다 하-레비Yehuda ha-Levi에 관한 꿈에서도 h를 본 적이 있다. "Jehuda ben Halevy," *Hebräische Melodien*, bk. 3, in *Werke*, vol. 1, *Gedichte*, pp. 199~226을 보라.

5 Allen, *Vox Graeca*, pp. 52~56을 보라. 이하의 요약은 이 부분에 의거한 것이다.

6 Allen, *Vox Latina*, p. 43. 이하의 설명은 pp. 43~45의 앨런의 간결한 요약에 빚진 것이다.

7 *Institutio oratoria* 1.4.9; 1.5.19 〔한국어판: 퀸틸리아누스, 『스피치 수업: 변론법 수업』, 전영우 옮김, 민지사, 2014〕.

8 Priscian, *Institutionum grammaticarum*, bk. 18, 1.8.47. 또한 Marius Victorinus, *Ars grammatica* 3. 10, p. 68을 보라. "H quoque admittimus, sed adspirationis notam, non litteram aestimamus."

9 Allen, *Vox Latina*, pp. 43~44를 보라.

10 *Catullus, Tibullus, Pervegilium Veneris* 84, pp. 160~62: "*Chommoda* dicebat, si quando *commode* vellet dicere, et *insidias* Arrius *hinsidias*, / et tum mirifice sperabat se esse locutum, / cum quantum poterat dixerat hinsidias" (아리우스Arrius는 "*wh*innings"라고 발음하면서 "winnings〔상금〕"를, 그리고 "*h*ambush"로 발음하면서 "ambush〔매복〕"를 말하려고 했던 것 같다. 그리고 "*h*ambush"를 발음할 때마다 할 수 있는 한 최대로 〔에이치 발음을〕 강조하면서 자기가 아주 멋있게 말했다고 생각한 것 같다).

11 *Confessions* 1, ch. 18: "Uide, domine…… quomodo diligenter a prioribus locutoribus……; ut qui illa sonorum uetera placita teneat aut doceat, si contra disciplinam grammaticam sine adspiratione primae syllabae *ominem* dixit, displiceat magis hominibus quam si contra tua praecepta hominem oderit." 영어 번역은 Augustine, *Confessions*, pp. 38~39를 보라.

12 *The Attic Nights of Aulus Gellius*, pp. 128~29.

13 Petrus Helias, *Summa super Priscianum*, vol. 1, p. 83: "*H* littera non est, sed cum aspirationis nota propter solam figuram in abecedario scribitur intra litteras."

14 Richardson, *Trattati sull'ortografia del volgare*, p. 95.

15 Trissino, "I dubbî grammaticali," in *Scritti linguistici*, p. 110.

16 Tory, *Champfleury*, Iiij r.

17 Bovelles, "De nota aspirationis *H*," in *Sur les langues vulgaires et la variété de la langue française*, ch. 32.

18 Nebrija, *Reglas de orthografía en la lengua castellana*, pp. 139~40.

19 Schibsbye, *Origin and Development of the English Language*, vol. 1: *Phonology*, pp. 96~97를 보라.

20 Smith, *Literary and Linguistic Works: Part III, a Critical Edition of "De recta et emendata linguae Anglicae scriptione, dialogus,"* p. 108.

21 Holder, *The Elements of Speech*, p. 68(Wallis, *Grammar of the English Language*, p. 59에서 인용).

22 Hamann, "Neue Apologie des Buchstaben *H*," in *Sämtliche Werke*, vol. 3: *Schriften über Sprache, Mysterien, Vernunft, 1772~1788*, p. 91을 보라.

23 같은 책, p. 91.

24 같은 책, p. 92.

25 같은 곳.

26 같은 책, p. 94.

27 같은 곳.

28 같은 책, p. 105.

29 Karl Kraus, *Schriften*, vol. 9, *Gedichte*, p. 40.

30 Celan, né Antschel, *Der Meridian*, p. 115: "The poem: the trace of our breathing in language [or speech]"(*Das Gedicht: die Spur unseres Atems in der Sprache*)를 보라.

6장 추방

1 문제의 이 저작은 *Al-ḍarūrī fī-l-lugha al-'ibranīa*이다. 이 책에 대해서는 Zafrani, *Poésie juive en Occident musulman*, pp. 226~42를 보라. 아랍 운율의 히브리 수용에 관해서는 Nehemia Allony의 중요한 연구인 *Torat ha-mishkalim*을 보라.

2 Baneth, *Kitāb al-radd wa'l-dalīl fī'l-dīn al-dhalil*, pp. 82~83.

3 Benavente Robles, *Tešubot de los discípulos de Menahem contra Dunaš ben Labrat*, p. 19.

4 조제프 카스피와 중세 유대 문헌에서 다루어지는 히브리어의 소실에 대해서는 Aslanov, *Le Provençal des juifs et l'hébreu en Provence*, pp. 114~18을 보라.

5 Benavente Robles, *Tešubot*, p. 15.

6 Brodsky, "The Condition We Call Exile," in *On Grief and Reason: Essays*, p. 32.

7장 끝장

1 Al-Harizi, *Las asambleas de los sabios(Tahkemoni)*, 1, sec. 14, p. 39.

2 Horace, *Ars poetica* 60~64 [한국어판: 호라티우스, 『시학』, 천병희 옮김, 문예출판사, 1993]: "Ut silvae foliis pronos mutantur in annos / prima cadunt: ita verborum vetus interit aetas, / et iuvenum ritu florent modo nata vigentque. / debemus morti nos nostraque." Klein, *Latein und Volgare in Italien*, p. 91을 보라.

3 Isidore of Seville, *Etymologiae sive originum*, vol. 1, 9.1.6. 이 네 가지 계기를 진정한 시대 단계로 특징지은 클라인Hans Wilhelm Klein의 *Latein und Volgare in Italien*을 참조하라.

4 (클라인의 책에 인용된) 그의 소네트에 관한 『주해서』의 도입부는 다음과 같다: "Massime insino ad ora si può dire essere l'adolescenzia di questa lingua (volgare)…… E potrebbe facilmente nella gioventù ed adulta età sua venire in maggiore perfezione."

5 Sperone Speroni, *Dialogo delle lingue*, pp. 183~84; Klein, *Latein und Volgare in Italien*, p. 92를 보라.

6 Speroni, *Dialogo*, p. 185; Klein, *Latein und Volgare in Italien*, p. 92.

7 Speroni, *Dialogo*, p. 185; Klein, *Latein und Volgare in Italien*, p. 93.

8 Klein, *Latein und Volgare in Italien*, p. 94에서 인용.

9 Davanzati to Baccio Valori, 1599(Klein, *Latein und Volgare in Italien*, p. 96에서 인용).

10 Krauss, "World's Languages in Crisis," p. 4.

11 Kincade, "Decline of Native Languages in Canada," pp. 160~63.

12 Wurm, "Methods of Language Maintenance and Revival"; Crystal, *Language Death*, p. 21〔한국어판: 데이비드 크리스털, 『언어의 죽음』, 권루시안 옮김, 이론과실천, 2005〕에서 한 가지 논평을 볼 수 있다. 이 논평에서 크리스털은 자신이 쓰는 언어와 닮은 질병을 앓는 사람들을 거론한다. 양자 모두 곧 소멸할 예정이다. 〔그러나〕 이 언어학자가 더 단순한 은유를 써서 말할 때, 이 유비는 다소 약해진다. 즉 그는 "건강한 화자"가 "불치병을 앓는 화자" 혹은 "장애가 있는 화자semi-speaker"와 구별될 거라고 말한다. 마치 건강의 속성이 순수하게 언어학적인 함의를 갖고 있기라도 한 양 말이다. Dorian, "Problem of the Semi-Speaker in Language Death"를 보라.

13 Crystal, *Language Death*, p. vii에서 인용.

14 같은 책, p. viii에서 인용.

15 Sasse, "Theory of Language Death," p. 7.

16 Crystal, *Language Death*, p. ix.

17 같은 책, p. 1.

18 현재 통용되는 "언어 자살"이라는 용어는 상당 부분 낸시 C. 도리언Nancy C. Dorian에 힘입은 것이다. 그녀의 *Language Death*를 보라. "언어 자살"은 많은 학자들에 의해 "언어 살해language murder" 혹은 "언어 박멸linguacide" 등의 이전 용어를 대체하는 개념으로 채택되었다. Dressler, "Language Shift and Language Death"를 보라.

19 Crystal, *Language Death*, p. 142.

20 같은 책, p. 145.

21 Andersen, "Burial of Ubykh," p. 3(Crystal, *Language Death*, p. 2에서 인용).

22 Terracini, "Come muore una lingua," p. 20.

23 같은 책, p. 21.

24 Vendryes, "La Mort des langues," pp. 5~6.

25 Crystal, *Language Death*, p. 2.

26 Vendryes, "La Mort des langues," p. 6.

27 Terracini, "Come muore una lingua," p. 21.

8장 문턱

1 Terracini, "Come muore una lingua," p. 17.

2 Vendryes, "La Mort des langues," pp. 7~8.

3 같은 책, pp. 7~8.

4 *Odyssey* 4.456~58; Dressler, "Language Shift and Language Death"를 보라.

5 Cerquiglini, *La Naissance du français*, p. 26.

6 같은 책, pp. 25~42.

7 Meillet, *Linguistique historique et linguistique générale*, p. 81.

8 Cerquiglini, *La Naissance du français*, p. 42.

9 Dante, *De vulgari eloquentia* 1.9.10, p. 78. "Si ergo per eandem gentem sermo variatur, ut dictum est, successive per tempora, nec stare in ullo modo poest, necesse est ut disiunctim abmotimque morantibus varie varietur."

10 Vendryes, "La Mort des langues," pp. 5, 14.

11 같은 글, p. 15.

12 Terracini, "Come muore una lingua," p. 18.

13 Montaigne, "De la vanité," in *Essais*, 3, 9, p. 982 〔한국어판: 몽테뉴, 『몽테뉴 수상록』 4판, 손우성 옮김, 동서문화사, 2007, p. 1091〕. 전체 단락은 다음과 같다. "J'escris mon livre à peu d'hommes et à peu d'années. Si c'eust esté une matiere de durée, il l'eust fallu commettre à un langage plus ferme. Selon la variation continuelle qui a suivy le nostre jusques à cette heure, qui peut esperer que sa forme presente soit en usage, d'icy à cinquante ans? Il s'escoule tous les jours de nos mains et depuis que je vis s'est alteré de moitié. Nous disons qu'il est à cette heure parfaict. Autant en dict du sien chaque siecle. Je n'ay garde de l'en tenir là tant qu'il fuira et se difformera comme il faict."

9장 지층

1 Emerson, "The Poet," in *Selected Essays*, p. 271.

2 Proust, *A la Recherche du temps perdu*, p. 153. "Tous ces souvenirs ajoutés les uns aux autres ne formaient plus qu'une masse, mais non sans qu'on ne pût distinguer entre eux—entre les plus anciens, et ceux plus récents, nés d'un parfum, puis ceux

qui n'étaient que les souvenirs d'une autre personne de qui je les avais appris—sinon des fissures, des failles véritables, du moins ces veinures, ces bigarrures de coloration, qui dans certaines roches, dans certains marbres, révèlent des différences d'origine, d'âge, de 'formation.'" English in *Remembrance of Things Past*, p. 203. (옮긴이) 마르셀 프루스트, 『잃어버린 시간을 찾아서』, 김희영 옮김, 민음사, 2012, pp. 318~19. 이 책의 문맥에 맞게 영문판을 대조하여 번역을 약간 수정했다.

3 브레스도르프와 기저층 개념의 발전에 관해서는 Nielson, "La Théorie des substrats et la linguistique structurale"를 보라.

4 Fauriel, *Dante et les origines de la langue et de la littérature italiennes*; Diez, preface to *Etymologisches Wörterbuch der romanischen Sprachen*; Schuchardt, *Der Vokalismus des Vulgärlateins*, vol. 1, p. 86; Ascoli, "Una lettera glottologica."

5 Walther von Wartburg, *Zeitschrift für romanische Philologie* 56(1932), p. 48(Kontzi, introduction to *Substrate und Superstrate in den romanischen Sprachen*, p. 10, n. 30에서 인용).

6 저자가 지적한 대로 1939년 8월 28일부터 9월 2일 사이에 개최된 제5차 국제 언어학자 대회 회의록 pp. 47~65를 보면, 이 용어가 처음 쓰인 곳은 Valkhoff, *Latijn, Romaans, Roemeens*, pp. 17, 22인 것 같다.

7 이 주제와 관련된 논쟁들에 대한 요약은 Nielson, "La Théorie des substrats et la linguistique structurale"을 보라.

8 Merlo, "Lazio santia ed Etruria latina?"(Kontzi, *Substrate und Superstrate in den romanischen Sprachen*, p. 15에서 인용).

9 특히 Campanile, *Problemi di sostrato nelle lingue indoeuropee*; Silvestri, "La teoria del sostrato"를 보라.

10 Riegel, Pellat & Rioul, *Grammaire méthodique du français*, p. 44를 보라.

11 이 주제에 관한 언어학적이고 문헌학적 연구사에 대해서는 Jacoby, *Zur Geschichte des Wandels*, 특히 pp. 1~15에 인용되어 있는 자료들을 보라.

12 Koschwitz, *Überlieferung und Sprache der Chanson du Voyage de Charlemagne à Jérusalem et à Constantinople*, p. 36.

13 같은 곳.

14 같은 곳.

15 Jacoby, *Zur Geschichte des Wandels*를 보라. Schuchardt, review of *Kurzgefasste Irische Grammatik mit Lesestücken*, 특히 pp. 140~54 참조. 그리고 Goidánich, *L'origine e le forme della dittongazione romanza*를 보라.

16 Meyer-Lübke, *Einführung in das Studium der romanischen Sprachwissenschaft*, pp. 172 이하.

17 Philipon, "L'U long latin dans le domaine rhodanien."

18 가령 Lambert, *La Langue gauloise*, pp. 40~43에 제시된 음운론적 초상화를 보라.

19 Paris, *Vie de Saint Alexis*, pp. 61 이하.

20 Paris, review of *Die aeltesten franzoesischen Mundarten*, 특히 pp. 129~30.

21 Rudolf Lenz, "Zur Physiologie der Geschichte der Palatalen," diss., Bonn, 1887(Jacoby, *Zur Geschichte des Wandels*, p. 5에서 인용).

22 Meyer-Lübke, *Grammatik der romanischen Sprachen*, pp. 67 이하. 이 주제에 관한 Meyer-Lübke의 차후 진술에 대해서는 그의 논고 "Zur u-y Frage"를 보라.

23 가령 Kontzi, *Substrate und Superstrate in den romanischen Sprachen*, p. 6에 실린 Otto Jespersen(1925)를 보라. 레오 바이스게르버Leo Weisgerber는 켈트어의 흔적은 기원후 5세기까지 발견되지만, 이 언어가 통상적으로 사용된 것은 3세기가 끝이라고 보았다. *Die Sprache der Festlandkelten*, p. 177(Kontzi, introduction to *Substrate und Superstrate in den romanischen Sprachen*, p. 6에서 인용)을 보라.

24 Meillet, "La Notion de langue mixte," in *La Méthode comparative en linguistique historique*, p. 80; Merlo, "Il sostrato etnico e i dialetti italiani."

25 Becker, *Die Heiligsprechung Karls des Grossen und die damit zusammenhängenden Fälschungen*(Kontzi, introduction *to Substrate und Superstrate in den romanischen Sprachen*, p. 8에서 인용).

26 Pokorny, "Substrattheorie und Urheimat der Indogermanen."

27 Menéndez Pidal, "Modo de obrar el substrato lingüistico." Silvestri, "La teoria del sostrato," p. 149에서도 유사한 추론을 볼 수 있다. Silvestri의 더 본격적인 저서 *La teoria del sostrato*를 참조하라.

10장 변환

1 Kafka, "Kleine Rede über den Jargon," in *Gesammelte Werke*, vol. 5, *Beschreibung eines Kampfes und andere Schriften aus dem Nachlass*, p. 152.

2 라틴어의 그리스어 기원에 대해서는 Gabba, "Il latino come dialetto greco"; Opelt, "La coscienza linguistica dei Romani"; Tavoni, "On the Renaissance Idea That Latin Derives from Greek"을 보라.

3 Matthias Brenzinger, *Foundation for Endangered Languages Newsletter* 1(1995), p. 5 (Crystal, *Language Death*, p. 22에서 인용 〔한국어판: 데이비드 크리스털, 『언어의 죽음』, 권루시안 옮김, 이론과실천, 2005〕).
4 Garbell, "Remarks on the Historical Phonology of an East Mediterranean Dialect," pp. 303~304.
5 이 문제에 대한 베르너 디엠Werner Diem의 종합적 고찰에 관해서는 "Studien zur Frage des Substrats"를 보라.
6 Sobhy, *Common Words in the Spoken Arabic of Egypt of Greek or Coptic Origin*, p. 3.
7 이 상황에 대한 신중한 견해는 Wilson B. Bishai의 세 편의 논문을 보라. "Coptic Grammatical Influence on Egyptian Arabic"; "Nature and Extent of Coptic Phonological Influence on Egyptian Arabic"; "Notes on the Coptic Substratum in Egyptian Arabic." 또한 Diem, "Studien zur Frage des Substrats," pp. 50~52를 참조하라.
8 Fellmann, "A Sociolinguistic Perspective on the History of Hebrew," p. 33; 또한 Chomsky, *Ha-lashon ha-ivrit be-darkhe hitpatḥutah*, p. 226(Wexler, *Schizoid Nature of Modern Hebrew*, p. 14에서 인용)도 보라.
9 Gold, "Sketch of the Linguistic Situation in Israel Today," p. 364.
10 성서 히브리어의 동사 체계가 완료형 대 비완료형이라는 대립에 기초해 있는 반면, 현대 이스라엘어의 동사 체계는 시제에 기초해 있다. 그러니까 성서 히브리어의 비완료형은 이브리트어Ivrit〔현대 히브리어〕에서 각각 미래와 과거 시제를 가리키게 된 것이다. 여기에는 현재 시제가 빠져 있었기 때문에 시온주의 언어 입안자들은 성서 히브리어 분사에 기초해 현재 시제를 고안해내야 했다.
11 Wexler, *Schizoid Nature of Modern Hebrew*, p. 10, n. 6에 실린 Haim B. Rosén을 보라.
12 Bergsträsser, *Einführung in die semitischen Sprachen*, p. 47.
13 Bendavid, *Leshon mikra u-leshon hakhamim*, vol. 1, p. 253(Wexler, *Schizoid Nature of Modern Hebrew*, pp. 11~12에서 인용).
14 Wexler, *Schizoid Nature of Modern Hebrew*, p. 36.

11장 작은 별

1 성서 히브리어 표현과 『탈무드』와 『미드라시』에 쓰인 아람어와 아랍어 용어들의 비교에 관해서는 Cohen, "Arabisms in Rabbinic Literature"를 보라. 중세 스페인 문헌학

에 나타난 히브리어와 여타 언어들의 비교에 관해서는 Valle Rodríguez, *La escuela hebrea de Córdoba*, pp. 257~64를 보라.

2 특히 *Cratylus* 410a 〔한국어판: 플라톤, 『크라튈로스』, 김인곤·이기백 옮김, 이제이북스, 2007〕를 보라. 『단어의 의미에 대하여*De verborum significatione*』 392를 보면, 그리스어 ἕξ ἑπτά가 라틴어 sex septum에 상응한다는 언급이 있는데, 이 사실은 라틴어 철자 s가 그리스어 대기음을 대체하는 것임을 가리킨다. "ὕλας dicunt et nos *siluas*, item ἕξ *sex* et *septa* ἑπτά."

3 이븐 바룬에 관해서는 *Ibn Barūn's Arabic Works on Hebrew Grammar and Lexicography*에 실린 Pinchas Wechter의 번역, 서론, 주석을 보라. 이 논고 텍스트는 Pavel Konstantinovich Kokovtsov의 *K istorii srednevekovoi evreiskoi filologii i evreiskoi-arabskoi literaturi*의 제1권으로 간행된 Abū Ibrāhīm Ibn Barūn의 *Kitāb al-muwāzana*, Pavel Konstantinovich Kokovtsov(ed.)를 보라. 또한 Eppenstein, *Ishak ibn Baroun et ses comparaisons de l'hébreu avec l'arabe*에 실린 개정판을 참조하라.

4 Sir William Jones에 관해서는 Cannon, *Life and Mind of Oriental Jones*를 보라. 힌두어에 대한 유명한 담론에 관해서는 특히 제10장 "A Genetic Explanation: Indo-European(1787~1788)", pp. 241~70을 보라.

5 *Les Langues du paradis*, p. 25, n. 37에서 모리스 올렌더Maurice Olender가 말했듯이, 존의 편지를 보면 그는 1785년 말경이 되어서야 산스크리트어 연구를 시작한 것 같다.

6 *Collected Works of Sir William Jones*, vol. 3, pp. 34~35.

7 같은 책, pp. 45~46.

8 보프의 1816년 연구는 *Über das Conjugationssystem der Sanskritsprache in Vergleichung mit jenem der griechischen, lateinischen, persischen, und germanischen Sprachen*이다.

9 독일어 원제를 제대로 적으면 다음과 같다. *Compendium der vergleichenden Grammatik der indogermanischen Sprachen: Kurzer Abriss einer Laut- und Formenlere der indogermanischen Ursprache, des Altindischen, Alteranischen, Altgriechischen, Altitalischen, Altkeltischen, Altslawischen, Litauischen, und Altdeutschen*. 영어판은 1874년에 *A Compendium of the Comparative Grammar of the Indo-European, Sanskrit, Greek, and Latin Languages*라는 제목으로 간행되었다. 오늘날에 인도-유럽(어)indoeuropäisch를 가리키는 독일어는 인도-게르만indogermanisch이다. 그러나 1857년과 1861년 사이에 출간된 보프의 『비교문법론』은 인도-유럽(어)라는 용어를 채택하고 있다. 인도-게르만과 인도-유럽(어)라는 용어들의 의미와 기원에 관해서는 Koerner, *Practicing Linguistic Historiography*, pp.

149~77을 보라. Bolognesi, "Sul termine 'Indo-Germanisch'"도 참조하라.

10 *Compendium of Comparative Grammar*, p. 8. 오늘날 인도-유럽어 가계에 속하는 것으로 인정되는 언어들은 약간 다르다. Oswald J. L. Szemerényi, *Introduction to Indo-European Linguistics*에는 이 가계에 다음 열두 개 언어가 속하는 것으로 소개된다: 아리안어, 아르메니아어, 아나톨리아어, 토카리아어, 그리스어, 이탈리아어, 베네토어, 켈트어, 게르만어, 발트어, 슬라브어, 알바니아어(pp. 11~12).

11 Milner, *L'Amour de la langue*, p. 107.

12 같은 책, pp. 107~108. 밀네는 산스크리트어 이후 히타이트어가 겪은 운명이 바로 이것이라고 말한다. 그가 이 언어들을 "원인-언어"라고 부른 것은 잠시 동안이며, 그 언어들 각각은 단지 "효과-언어"에 지나지 않은 것으로 강등된다.

13 포트와 인도-유럽어학의 발전에 관해서는 Lepschy(ed.), *History of Linguistics*, vol. 4, *Nineteenth-Century Linguistics*, by Davies, pp. 150~89, 특히 p. 152를 보라.

14 Isidore of Seville, *Etymologie sive originum*, 특히 bk. 1, ch. 29. 후기 고대와 중세의 어원학에 관해서는 Curtius, "Etymology as a Category of Thought," in *European Literature and the Latin Middle Ages*, pp. 495~500을 보라.

15 이 사전들 각각의 어원 설명 방식은 분명 상이하다. 따라서 각 사전의 편찬 원리가 되는 어원학의 기능과 본성에 관한 가설들 역시 상이하다.

16 주목할 만한 사실은 애스터리스크에 관한 각주가 애스터리스크에 의해 각주 표시되어 있다는 점이다. *Compendium der vergleichenden Grammatik*, vol. 1, p. 12를 보라.

17 이 문장은 오시프 만델시탐Osip Mandelstam의 것이다. Mandelstam, "Journey to Armenia," in *Collected Critical Prose and Letters*, p. 374를 보라.

18 Schleicher, *Compendium der vergleichenden Grammatik*, vol. 1, p. 12n.

19 August Schleicher, "Eine Fabel in indogermanischer Ursprache," *Beiträge der Zeitschrift für vergleichende Sprachforschung* 5(1868), pp. 206~208. 출간 이후로 슐라이허의 우화는 여러 차례 "교정되었다." Hirt, *Die Hauptprobleme der indogermanischen Sprachwissenschaft*; Lehmann & Zgusta, "Schleicher's Tale after a Century"; Campanile, "Le pecore dei neogrammatici e le pecore nostre"를 보라.

20 Szemerényi, *Introduction to Indo-European Linguistics*, p. 32.

21 Koerner, "Zu Ursprung und Geschichte," pp. 185~86.

22 Gabelenz & Loebe, *Glossarium der Gothischen Sprache*, pp. vi~vii(Koerner, "Zu Ursprung und Geschichte," p. 186에서 인용).

23 Gabelenz & Loebe, *Glossarium der Gothischen Sprache*, pp. vi(Koerner, "Zu Ursprung und Geschichte," p. 186에서 인용).

24 Benfey, *Vollständige Grammatik der Sanskritsprache*, p. 71, n. 1(Koerner, "Zu Ursprung und Geschichte," p. 186에서 인용).

25 Meyer, "Das Suffix ka im Gothischen," p. 2(Koerner, "Zu Ursprung und Geschichte," p. 187에서 인용).

26 Meyer, "Gothische doppelconsonanz,"(Koerner, "Zu Ursprung und Geschichte," p. 187에서 인용).

27 Bühler, "Das gothische zd," p. 151(Koerner, "Zu Ursprung und Geschichte," p. 188에서 인용).

28 *Compendium of Comparative Grammar*, p. x.

29 Cowgill, "Origins of the Insular Celtic Conjunct and Absolute Verbal Endings," p. 58(Koerner, "Zu Ursprung und Geschichte," p. 189에서 인용).

30 Szemerényi, *Introduction to Indo-European Linguistics*, p. viii.

12장 별빛 돌아오다

1 언어학 내에서의 '구조주의'의 정의에 관해서는 Milner, *Le Périple structural*을 보라.

2 Trubetskoi, "Gedanken über das Indogermanenproblem"; English in "Thoughts on the Indo-European Problem," in *Studies in General Linguistics and Language Structure*, p. 87.

3 Chomsky, *Syntactic Structures*, p. 11.

4 변형-생성문법의 인식론에 관해서는 Milner, *Introduction à une science du langage*, pp. 23~90을 보라.

5 고안된 언어학적 사례 문장이 실증 과학의 대상으로 갖는 함의와 "애스터리크스-기능"에 관해서는 같은 책, pp. 109~26을 보라.

6 Chomsky, *Syntactic Structures*, p. 67.

7 Chomsky, *Aspects of the Theory of Syntax*, pp. 150~51.

8 Householder, "On Arguments from Asterisks," pp. 370~72.

9 언어학자들이 이 용어를 다양한 방식으로 차용하는 것은 주로 방법론상의 이유 때문이다. 어떤 학자들은 문법성과 비문법성을 이유로 들고, 다른 학자들은 허용 가능성과 허용 불가능성을, 또 다른 학자들은 한층 전통적인 입장에서 정확성과 부정확성을 이유로 든다. 촘스키가 허용 가능성을 수행의 측면에 속하는 것으로, 그리고 문법성을 〔언어〕 능력에 유관한 범주로 정의하면서 양자를 구별한 사실은 잘 알려져 있다(Chomsky,

Aspects of the Theory of Syntax, pp. 11~12를 보라). 그러나 밀네가 증명했듯이, 어떤 용어를 선호하든 그 용어들의 가치는 변별적인 것으로 남아 있다(Milner, *Introduction à une science du langage*, pp. 55~56을 보라).

10 Chomsky, *Aspects of the Theory of Syntax*, p. 11.

11 같은 책, pp. 18, 24.

13장 글 쓰는 소

1 Ovid, *Metamorphoses*, bk. 1, ll. 767~70, p. 24 〔한국어판: 오비디우스, 『변신 이야기』, 천병희 옮김, 도서출판 숲, 2005, p. 65〕.

2 같은 책, bk. 1, ll. 786~91, p. 25 〔한국어판: 『변신 이야기』, p. 66〕.

3 같은 책, bk. 1, ll. 801~11, p. 25 〔한국어판: 『변신 이야기』, p. 67〕.

4 Tory, *Champfleury*, pp. c.j.r.~c.ij.v.

5 같은 책, p. c.ij.v.

6 같은 책, p. c.ij.v. 또한 토리는 물론 잠깐이지만 O가 "I로부터 만들어졌을" 수 있다는 가능성도 생각했다.

7 Gaus, "Was bleibt? Es bleibt die Muttersprache," in *Zur Person*, p. 24; English in Arendt, "What Remains? The Mother Tongue Remains," in *Essays in Understanding*, p. 12 〔한국어판: 한나 아렌트, 『이해의 에세이: 1930~1954』, 홍원표 외 옮김, 텍스트, 2012, p. 63〕.

8 Gaus, "Was bleibt?" p. 24; Arendt, *Essays in Understanding*, p. 13 〔한국어판: 『이해의 에세이: 1930~1954』, p. 64〕.

9 Brodsky, "Uncommon Visage: The Novel Lecture," in *On Grief and Reason*, p. 57.

14장 부족한 동물

1 Spinoza, *Ethics* 3, scholium to prop. 2 〔한국어판: 스피노자, 『에티카』 개정판, 강영계 옮김, 서광사, 2007, p. 157〕.

2 내가 인용한 아랍어 판본은 'Abd al-Salām Muhammad Hārūn이 편집한 제7권 *Al-Kitāb al-Hayawān*, vol. 1, p. 35이다. 아랍어를 번역하는 데는 Lakhdar Souami가 프랑스어 선집으로 출간한 *Le Cadi et la mouche*, p. 62에서 도움을 받았다.

3 *Al-Kitāb al-Hayawān*, vol. 1, p. 35; *Le Cadi et la mouche*, p. 63.

4 *Al-Kitāb al-Hayawān*, vol. 1, p. 36; *Le Cadi et la mouche*, p. 64.

5 같은 곳.

6 같은 곳.

7 *Al-Kitāb al-Hayawān*, vol. 1, pp. 35~36; *Le Cadi et la mouche*, pp. 63~64.

8 같은 곳.

9 *Al-Kitāb al-Hayawān*, vol. 1, p. 36; *Le Cadi et la mouche*, p. 64.

10 같은 곳.

11 *Al-Kitāb al-Hayawān*, vol. 1, p. 35; *Le Cadi et la mouche*, pp. 62~63.

12 Jakobson, "Toward a Linguistic Typology of Aphasic Impairments," in *Selected Writings*, vol. 2, pp. 289~306; "Linguistic Types of Aphasia," in *Selected Writings*, vol. 2, pp. 307~33; "On Aphasic Disorders from a Linguistic Angle," in *Selected Writings*, vol. 7, *Contributions to Comparative Mythology*; *Studies in Linguistics and Philology, 1972~1982*, pp. 128~40를 보라.

13 Freud, *Zur Auffassung der Aphasien*; 이 책은 스텡겔E. Stengel에 의해 영어로 번역되었다. 이하의 주석에서 독일어 원본의 쪽수는 〔 〕 안에 병기하도록 한다.

14 "Letter of May 21, 1894," in Sigmund Freud, *Briefe an Wilhelm Fliess*, p. 67; *The Complete Letters of Sigmund Freud to Wilhelm Fliess*, p. 74.

15 Ernst Kris, "Introduction," to Freud, *Origins of Psychoanalysis*, p. 18, n. 19를 보라.

16 Freud, *Zur Auffassung der Aphasien*, p. 39〔1〕; *On Aphasia*, p. 1. 여기서 나는 프로이트가 해둔 이탤릭〔강조〕 표시를 그대로 지켰고 이하 모든 인용에서도 마찬가지다. 스텡겔은 자신의 번역에 이 사항을 포함시키지 않았다.

17 Broca, "Remarques sur le siege 〔*sic*〕 de la faculté du langage articulé suivies d'une observation d'aphémie(perte de la parole)."

18 Freud, *Zur Auffassung der Aphasien*, p. 99, n. 2 〔57〕; *On Aphasia*, p. 56, n. 1에서 인용.

19 Freud, *Zur Auffassung der Aphasien*, p. 111 〔68〕; *On Aphasia*, p. 67.

20 Freud, *Zur Auffassung der Aphasien*, p. 99 〔58〕; *On Aphasia*, p. 56.

21 Freud, *Zur Auffassung der Aphasien*, p. 95 〔54〕; *On Aphasia*, p. 53.

22 같은 곳.

23 Freud, *Zur Auffassung der Aphasien*, p. 95 〔55〕; *On Aphasia*, p. 53.

24 같은 곳.

25 Freud, *Zur Auffassung der Aphasien*, pp. 95~96 〔55〕; *On Aphasia*, p. 53.

26 Freud, *Zur Auffassung der Aphasien*, pp. 131~32 〔89〕; *On Aphasia*, p. 87.

27 Freud, *Zur Auffassung der Aphasien*, p. 132 〔89〕; *On Aphasia*, p. 87.

28 Freud, *Zur Auffassung der Aphasien*, p. 83 〔43〕; *On Aphasia*, p. 42.

29 Freud, *Zur Auffassung der Aphasien*, p. 131 〔89〕; *On Aphasia*, p. 87.

30 같은 곳.

31 Freud, *Zur Auffassung der Aphasien*, p. 133 〔90〕; *On Aphasia*, p. 88.

32 같은 곳. 프로이트가 증거로 인용하는 것은 윌리엄 헨리 브로드벤트William Henry Broadbent의 "A Case of Peculiar Affection of Speech, with Commentary"이다.

33 Freud, *Zur Auffassung der Aphasien*, p. 133 〔90〕; *On Aphasia*, p. 88.

34 Freud, *Zur Auffassung der Aphasien*, pp. 104~106 〔62~64〕. 스텡겔은 프로이트의 Sprachresten을 "residues of speech"와 "speech remnants" 두 가지로 번역했다. *On Aphasia*, pp. 60~62. 프로이트의 난외 제목들은 아쉽게도 Fischer사에서 출간된 『실어증의 이해를 위하여』의 최신 독어판에서는 찾아볼 수 없다. Valerie D. Greenberg가 언급하고 정당하게 비판했듯이, 새로운 판본은 인쇄, 정서, 문단 구조 등에서 원본과 눈에 띄게 다르다. 그의 *Freud and His Aphasia Book*, p. 10을 보라.

35 Freud, *Zur Auffassung der Aphasien*, p. 105 〔63〕; *On Aphasia*, p. 61. 독일어판 편집자들이 지적했듯이 프로이트는 프랑스어로 쓴 논문 "Quelques considérations pour une étude comparative des paralysies motrices organiques et hystériques," *Archives de neurologie* 26(1893), p. 45에서 예/아니요의 사용 및 저주를 공히 히스테릭한 언어의 사례로 인용한다.

36 Freud, *Zur Auffassung der Aphasien*, p. 105 〔63〕; *On Aphasia*, p. 61.

37 같은 곳.

38 Freud, *Zur Auffassung der Aphasien*, pp. 105~106 〔63〕; *On Aphasia*, pp. 61~62.

39 Freud, *Zur Auffassung der Aphasien*, p. 106 〔63~64〕; *On Aphasia*, p. 62.

40 *Standard Edition of the Complete Psychological Works of Sigmund Freud*, vol. 6, *The Psychopathology of Everyday Life*, p. 261 〔한국어판: 지그문트 프로이트, 『일상생활의 정신병리학』, 이한우 옮김, 열린책들, 2004, p. 348〕. 프로이트는 이렇게 이야기한다. "혼자 외국의 어느 도시에 살던 시기—그 당시 나는 젊었다—에 나는 종종 불현듯 어느 아름다운 목소리가 내 이름을 부르는 듯한 소리를 들은 적이 있다." German in *Zur Psychopathologie des Alltagslebens*, p. 325.

41 Freud, *Briefe an Wilhelm Fliess*, letter 113, p. 218; *Complete Letters of Sigmund Freud to Wilhelm Fliess*, p. 208.

42 Freud, *Briefe an Wilhelm Fliess*, pp. 217~18; *Complete Letters of Sigmund Freud to

Wilhelm Fliess, pp. 207~208. Trans. modified.

43 Freud, *Briefe an Wilhelm Fliess*, pp. 218~19: *Complete Letters of Sigmund Freud to Wilhelm Fliess*, p. 208. Trans. modified.

44 Breuer & Freud, *Studien über Hysterie*, p. 5 〔한국어판: 지그문트 프로이트, 『히스테리 연구』, 김미리혜 옮김, 열린책들, 2004, p. 19〕: "Der Hysterische leide〔t〕 grössten theils an Reminiscenzen." English in *Standard Edtion of the Complete Psychological Works of Sigmund Freud*, vol. 2, *Studies on Hysteria*, p. 7. 프로이트와 브로이어는 해당 문장을 이탤릭으로 표기했다.

45 Kafka, *Gesammelte Werke*, vol. 7, *Zur Frage der Gesetze und andere Schriften aus dem Nachlass*, p. 155: "Ich kann schwimmen wie die andern, nur habe ich ein besseres Gedächtnis als die andern, ich habe das einstige Nicht-schwimmen-können nicht vergessen. Da ich es aber nicht vergessen habe, hilft mir das Schwimmenkönnen nichts und ich kann doch nicht schwimmen."

15장 아글로소스토모그래피

1 Roland, *Aglossostomographie*, pp. 3~4.

2 같은 책, pp. 33~34.

3 혀의 부분 상실이 초래하는 위험에 대한 전반적인 설명은 그의 책 5장, "Why Those Who Have Lost a Noteworthy Part of the Tip of the Tongue Do Not Speak Without Artifice"를 보라.

4 De Jussieu, "Sur la manière dont une fille sans langue s'acquitte des fonctions qui dépendent de cet organe."

5 같은 글, p. 10.

6 같은 글, p. 7.

7 같은 곳. 그러나 드 쥐시외에게 알파벳 철자들을 발음해보라는 요구를 받은 소녀는 어떤 철자는 잘 발음했지만, 다른 것들은 그만큼 잘하지 못했다. 의사는 이 소녀가 c, f, g, l, n, r, s, t, x, z 발음은 그다지 잘하지 못했다고 말한다.

8 Jakobson, *Six Leçons sur le son et le sens*, lecture 1, in *Selected Writings*, vol. 8, *Major Works, 1976~1980*, p. 328. 이후 그는 Linda R. Waugh와 공저한 *The Sound Shape of Language*, in *Selected Writings*, vol. 8, p. 99에서 동일한 저작에 대해 다음과 같이 논평한다. "언어 소리 연구는 혀-페티시즘 때문에 자주 곤란을 겪었다."

9 Jakobson, *Six Leçons sur le son et le sens*, p. 328.

10 같은 책, pp. 328~29.

11 같은 책, p. 329.

12 Poe, *Fall of the House of Usher and Other Writings*, p. 350 〔한국어판: 에드거 앨런 포, 「M. 발드마르 사건의 진실」, 『우울과 몽상』, 홍성영 옮김, 하늘연못, 2002, p. 802〕.

13 같은 곳 〔한국어판: 『우울과 몽상』, pp. 802~803〕.

14 같은 곳 〔한국어판: 『우울과 몽상』, p. 803〕.

15 같은 책, p. 354 〔한국어판: 『우울과 몽상』, p. 806〕.

16 같은 책, p. 355 〔한국어판: 『우울과 몽상』, p. 807〕.

17 같은 책, p. 356 〔한국어판: 『우울과 몽상』, p. 808〕.

18 같은 책, pp. 356~57 〔한국어판: 『우울과 몽상』, pp. 808~809〕.

19 Barthes, "Analyse textuelle d'un conte d'Edgar Poe," p. 47.

20 같은 글, pp. 47~49.

21 같은 글, p. 49.

22 Svenbro, *Phrasikleia*, pp. 13~32; Pfohl, "Die ältesten Inschriften der Griechen"; Jeffery, *Local Scripts of Archaic Greece*; Guarducci, *Epigrafia greca*; Pfohl, *Greek Poems on Stones*, vol. 1, *Epitaphs*.

23 Maria Letizia Lazzarini, "Le formule delle dediche votive nella Grecia arcaia," in *Atti della Accademia nazionlae dei Lincei, Memorie: Classe di scienze morali, storiche, e filogiche*, ser. 8, vol. 9(1976), no. 795.

24 Pfohl, *Greek Poems on Stones*, nos. 158, 15.

25 Svenbro, *Phrasikleia*, pp. 37~38.

26 같은 책, p. 51; 언급된 저작은 Brugmann, *Die Demonstrativpronomina der Indogermanischen Sprachen*, p. 71.

27 Svenbro, *Phrasikleia*, p. 51.

28 같은 곳.

16장 후드바

1 우리는 이 materna lingua라는 표현syntagma을 1119년에 쓰였다고 추정되는 중세 라틴어 텍스트에서 볼 수 있는데, 이것이 '모[국]어'를 가리키는 최초의 용어이다. 그러나 단테 『신곡』의 「연옥편」 26권에 등장하는 parlar materno처럼 로망 민족어에

도 곧 유사한 용어들이 등장한다. "모[국]어"라는 표현의 역사에 대해서는 Spitzer, "Muttersprache und Muttererziehung," in *Essays in Historical Semantics*, pp. 15~65를 보라.

2 *De vulgari eloquentia* 1.1.2~3, pp. 28~33을 보라.

3 Elias Canetti, *Die gerettete Zunge*, p. 10; English translation in *The Tongue Set Free*, p. 4 [한국어판: 엘리아스 카네티, 『구제된 혀』, 양혜숙 옮김, 심설당, 1982]. 이하의 인용에서는 독일어본 쪽수를 앞에, 영어 번역본 쪽수를 뒤에 표기한다.

4 같은 책, p. 33; p. 23.

5 같은 책, p. 34; p. 24.

6 같은 책, p. 85; p. 66.

7 같은 책, p. 86; p. 67.

8 같은 책, p. 88; p. 69.

9 같은 책, pp. 86~87; pp. 67~68.

10 같은 책, p. 87; p. 68.

11 같은 곳.

12 같은 곳.

13 같은 책, pp. 87~88; p. 68.

14 같은 책, p. 88; p. 69.

15 같은 곳.

16 같은 책, p. 89; p. 70.

17 같은 책, p. 90; p. 70.

18 같은 곳.

19 같은 책, p. 94; p. 74.

20 *De vulgari eloquentia* 1.1.2.

21 Canetti, *Die gerettete Zunge*, p. 17; *The Tongue Set Free*, p. 10.

22 같은 책, p. 17; p. 10.

23 같은 책, pp. 17~18; p. 10.

24 Canettti, *Das Augenspiel*, p. 293.

25 같은 책, p. 293.

26 같은 곳.

27 같은 책, p. 294.

28 같은 곳.

29 *Das Augenspiel*, p. 284.

30 Asadowski, *Rilke und Russland*, p. 409.

17장 언어분열증

1 Wolfson, *Le Schizo et les langues*.

2 같은 책, p. 33.

3 같은 곳.

4 Gilles Deleuze, "Schizologie," in *Le Schizo et les langues*, p. 6.

5 Wolfson, *Le Schizo et les langues*, p. 73.

6 같은 책, p. 122.

7 같은 책, p. 71.

8 같은 책, pp. 71~72.

9 같은 책, p. 118.

10 같은 곳.

11 같은 책, pp. 118~19.

12 같은 책, p. 177.

13 같은 책, p. 51. 또한 중요한 사실은, 이 텍스트보다 앞서 제시된 한 각주에서 볼 수 있는바, 본디 저자는 이 책을 "개혁 철자법"으로 출간하기를 원했다는 점이다. 이에 대한 상세한 사례는 *Le Schizo et les langues*(pp. 259~68)의 부록에서 볼 수 있다.

14 같은 책, p. 77.

15 Benjamin, "Karl Kraus," in *Gesammelte Schriften*, vol. 2, pt. 1, p. 344 〔한국어판: 발터 벤야민, 「카를 크라우스」, 『서사·기억·비평의 자리』, 최성만 옮김, 2012, p. 303〕.

16 Karl Kraus, *Schriften*, vol. 7, *Die Sprache*, p. 23.

17 실어증에 관한 연구 말미에서 프로이트는 언어 장애에 관해 샤르코가 행한 분석의 장점을 논의하면서 이 끔찍한 표현을 사용했다. 그는 이렇게 적었다. "샤르코의 아이디어에 즉해*an* 잊어버린다는 것은 분명 부당한 일일 것이다"(Freud, *Zur Auffassung der Aphasien*, p. 145 〔p. 102 of the 1891 edition〕, 나의 강조). 스텡겔의 번역은 다음과 같다. "It would certainly be wrong to dismiss Charcot's idea completely"(*On Aphasia*, p. 100). 그러나 다소 이상한 어법처럼 보일 수는 있으나 직역을 하자면 다음과 같다. "It would certainly be wrong to forget on Charcot's idea completely."

18 Wolfson, *Le Schizo et les langues*, pp. 249, 233, 140.

19 같은 책, p. 247.

18장 아부 누와스 이야기

1 Ibn Manẓūr, *Akhbār Abi Nuwās*, p. 55. 이 부분에 관해서는 Amjad Trabulsi, *La Critique poétique des Arabes*, pp. 114~15를 보라. 여기 인용된 영어 번역은 대부분 Michael Cooperson, in Kilito, *The Author and His Doubles*, p. 14의 것이다.

2 Kilito, *The Author and His Doubles*, p. 15.

19장 "페르시아어"

1 Landolfi, *Dialogo dei massimi sistemi*, p. 73.

2 같은 책, p. 74.

3 같은 책, p. 75.

4 같은 책, p. 76.

5 같은 곳.

6 같은 책, p. 77.

7 같은 곳.

8 같은 책, p. 78.

9 같은 책, p. 79.

10 같은 책, p. 78.

11 같은 책, p. 80.

12 같은 곳.

13 같은 책, p. 82.

14 같은 책, p. 83.

15 같은 책, p. 79.

16 같은 책, p. 92.

17 같은 책, p. 79.

20장 천국의 시인들

1 Ibn al-Qāriḥ가 al-Ma'arrī에게 보낸 편지에 대해서는 Blachère, "Ibn al-Qārih et la genèse de l'epître du pardon d'al-Ma'arrī"를 보라. 이 구절은 Schoeler, *Paradies und*

Hölle, p. 20에서 인용했다.

2 Schoeler, *Paradies und Hölle*, p. 20.

3 이 저작의 가장 완벽한 판본은 'Āisha 'Abdarrahmān "bint al-Shāti"가 편집한 *Risālat al-ghufrān*이다. 이 작품에 대한 유럽어 번역본들이 여러 개 존재한다. 그중 가장 최근의 것은 쇨러Gregor Schoeler의 것이다. 쇨러의 꼼꼼한 독일어 번역본은 이 작품을 아랍어에서 번역하는 데 큰 도움이 되었다. 이하 인용에서 첫번째 쪽수는 아랍어 판본이고 두번째는 쇨러의 번역본이다.

4 이슬람이 『신곡』에 영향을 미쳤을 가능성에 대한 논의는, 비록 논쟁적인 저작이기는 하나, Miguel Asín Palacios의 고전적인 연구 *La escatología musulmana en la "Divina Comedia"*와 Dieter Kremer의 요약적인 논문 "Islamische Einflüsse auf Dantes 'Göttliche Komödie'"를 보라.

5 Al-Ma'arrī, *Risālat al-ghufrān*, p. 308; p. 171.

6 같은 책, p. 308; pp. 171~72.

7 같은 책, p. 309; p. 173. 아마도 사탄이 시인의 인용에 대해 전혀 인내심을 갖지 못한 것은 이 때문일 것이다. 이 사악한 존재가 작품 주인공에게 설명하는 바에 따르면, 그가 사탄에게 원한 것은 그저 정보, 그것도 특정한 종류의 정보뿐이었기 때문이다. 사탄은 제 대화 상대인 인간에게 이렇게 말한다. "이 세계에서는 너에게 와인이 금지되어 있지만, 반면 다음 세계에서는 허락되어 있다. 불멸하는 청춘을 가진 천국의 주민들이 롯의 친구들이 청춘 시절에 한 것과 같은 일을 하겠느냐?"

8 문제의 시는 알-카이스의 "mu'allaqa"(이 말은 문자 그대로 "매달린 존재"를 뜻한다)인데, 그 첫 구절은 다음과 같다. "멈춰라, 사랑했던 이와 그녀가 머물던 자리를 위해 울도록 하자. 그곳은 알-두쿨al-Dukhūl과 하브말Ḥawmal 사이의 끝을 모래가 감싸는 곳이다." 이 시의 편집, 번역, 주해에 대해서는 Jones, *Early Arabic Poetry*, vol. 2, *Select Odes*, pp. 52~86을 보라. 번역은 이 책을 참조했다.

9 Al-Ma'arrī, *Risālat al-ghufrān*, p. 316; p. 177.

10 같은 책, p. 290; p. 152.

11 같은 책, p. 291; p. 153. 인류가 알고 있는 "열다섯 개의 운율"은 고전 아랍 운율 체계에 의해 규정된 것으로 전통적으로 al-Khalīl ibn Aḥmad에 따른 것으로 간주되었다. 다른 분류법에 따르면 열여섯 개로 산정되기도 한다.

12 같은 책, p. 292; p. 154.

13 같은 곳.

14 같은 책, pp. 292~93; p. 155.

15 같은 책, p. 207; p. 79.

16 같은 책, p. 209; pp. 80~81.

17 같은 책, p. 238; p. 103.

18 같은 책, p. 239; p. 104.

19 같은 책, p. 246; p. 110.

20 같은 곳.

21 같은 책, p. 264; p. 130.

22 같은 책, p. 279; p. 141.

23 같은 책, pp. 279~80; pp. 141~42.

24 같은 곳.

25 같은 책, p. 360; p. 203.

26 같은 곳.

27 같은 책, p. 360; pp. 203~204.

28 Sura 20.115.

29 Al-Ma'arrī, *Risālat al-ghufrān*, p. 360; pp. 203~204. 'Abdelfattah Kilito가 *La Langue d'Adam*, p. 49에서 지적했듯이, Abū Tammām의 시에서 비롯한 것으로 보이는 이 어원론은 al-Ma'arrī의 책 다른 곳에서도 등장한다. Amjad Trabulsi(ed.), *Zajr al-nābih "muqtatafāt,"* pp. 100~101: "너의 의무를 잊지 말아라, 진실로 / 네가 인간이라 불리는 이유는 네가 잘 잊어버리기 때문이다."

30 Al-Ma'arrī, *Risālat al-ghufrān*, pp. 361~62; pp. 204~205.

31 같은 책, p. 364; p. 206. 그러나 킬리토가 말했듯이, 토론은 영원히 계속될 수 있었다. 아담이 직접 해명했음에도, 이븐 알-카리는 만족하지 못했다. 아람어로 지었어도 이후에 아랍어로 번역될 수 있지 않았겠냐고 알-카리는 논박했다. 아담이 자기 시대의 그 누구도 이 시를 지은 적이 없다고 신의 이름으로 맹세하면서 그만하자는 뜻을 분명히 밝혔을 때에야 비로소 토론은 끝이 났다. 킬리토는 엄숙하게 언급한다. "예언자가 신의 이름으로 맹세하면, 더 이상 덧붙일 말은 없다"(Kilito, *La Langue d'Adam*, p. 50).

32 Kilito, *La Langue d'Adam*, p. 50. 나는 킬리토가 '시리아어syriaque'라고 쓴 것을 '아람어Aramaic'로 고쳤다. 왜냐하면 이 용어는 알-마아리의 표현 اللسان السريانية (p. 361)를 가리키는데, 이 표현은 내가 일관되게 '아람어'로 번역한 것이기 때문이다.

21장 바벨

1 Gen. 11.4 (「창세기」, 11.4).

2 Gen. 11.8 〔「창세기」, 11.8〕.

3 Philo of Alexandria, *De confusione linguarum*, par. 187, p. 148.

4 같은 곳.

5 바벨탑의 표상에 관한 역사에 대해서는 Arno Borst의 기념비적인 저작 *Der Turmbau von Babel*을 보라.

6 Dante, *De vulgari eloquentia*, 1.9.6. *Convivio* 2.4.14; *De Monarchia* 2.6.1과 비교해보라. 또한 *Convivio* 9.10.8, 23.5; *De Monarchia* 3.13.6과도 비교해보라.

7 Dante, *De vulgari eloquentia*, 1.9.6~7, pp. 74~76; "Dicimus ergo quod nullus effectus superat suam causam, in quantum effectus est, quia nil potest efficere quod non est. Cum igitur omnis nostra loquela—preter illam homini primo concreatam a Deo—sit a nostro beneplacito reparata post confusionem illam que nil aliud fuit quam prioris oblivio, et homo sit instabilissimum atque variabilissimum animal, nec durabilis nec continua esse potest, sed sicut alia que nostra sunt, puta mores et habitus, per locorum temporumque distantias variari oportet."

8 같은 책, p. 75.

9 같은 책, p. 76.

10 *Sanhedrin* 109a; English in Epstein, *Babylonian Talmud*.

11 같은 곳.

12 같은 곳.

13 같은 곳.

14 같은 곳.

15 같은 곳.

16 Benjamin, *Gesammelte Schriften*, vol. 4, pt. 2, pp. 888~95 〔한국어판: 발터 벤야민, 「번역자의 과제」, 『언어 일반과 일반 언어에 대하여, 번역자의 과제 외』, 최성만 옮김, 길, 2008〕.

17 Benjamin, *Gesammelte Schriften*, vol. 4, pt. 1, p. 10. 다른 학자들이 보여주었듯이 이 부분에 대한 해리 존Harry Zohn의 고전적인 번역은 가히 치명적이라 할 만한 실수를 범하고 있다. 그는 벤야민의 문장에 쓰인 부정적 불변화사를 빠뜨림으로써 문장의 의미를 정반대로 바꾸었다("It should be pointed out that certain correlative concepts retain their meaning, and possibly their foremost significance, if they are 〔*sic*〕 referred exclusively to man"(*Illuminations*, Hannah Arendt(ed.) 〔New York: Harcourt, Brace and World, 1968〕, p. 70).

18 Benjamin, *Gesammelte Schriften*, vol. 4, pt. 1, p. 10 〔한국어판: 「번역자의 과제」,

p. 123]: "So dürfte von einem unvergesslichen Leben oder Augenblick gesprochen werden, auch wenn alle Menschen sie vergessen hätten. Wenn nähmlich deren Wesen es forderte, nicht vergessen zu werden, so würde jenes Prädikat nichts Falsches, sondern nur eine Forderung, der Menschen nicht entsprechen, und zugleich auch wohl den Verweis auf einen Bereich enthalten, in dem ihr entsprochen wäre: auf ein Gedenken Gottes. Entsprechend bliebe die Übersetzbarkeit sprachlicher Gebilde auch dann zu erwägen, wenn diese für die Menschen unübersetzbar wären."

19 Benjamin, *Gesammelte Schriften*, vol. 2, pt. 1, pp. 239~40 [한국어판: 발터 벤야민, 「도스토옙스키의 『백치』」, 『서사·기억·비평의 자리』, 최성만 옮김, 길, 2012, pp. 163~64]: "Vom Fürsten Myschkin darf man im Gegenteil sagen, dass seine Person hinter seinem Leben zurücktritt wie die Blume hinter ihrem Duft oder der Stern hinter seinem Flimmern. Das unsterbliche Leben ist unvergesslich, das ist das Zeichen, an dem wir es erkennen. Es ist das Leben, das ohne Denkmal und ohne Andenken, ja vielleicht ohne Zeugnis unvergessen sein müsste. Es kann nicht vergessen werden. Dies Leben bleibt gleichsam ohne Gefäss und Form das Unvergängliche. Und 'unvergesslich' sagt seinem Sinn nach mehr als dass wir es nicht vergessen können; es deutet auf etwas im Wesen des Unvergesslichen selbst, wodurch es unvergesslich ist. Selbst die Erinnerungslosigkeit des Fürsten in seiner spätern Krankheit ist Symbol des Unvergesslichen seines Lebens; denn das liegt nur scheinbar im Abgrund seines Selbstgedenkens versunken aus dem es nicht mehr emporsteigt. Die andern besuchen ihn. Der kurze Schlussbericht des Romans stempelt alle Personen für immer mit diesem Leben, an dem sie teilhatten, sie wissen nicht wie."

Abrams, Daniel(ed.), *The Book Bahir: An Edition Based on the Earliest Manuscripts*, Los Angeles: Cherub Press, 1994.

Al-Jāḥiẓ, *Le Cadi et la mouche: Anthologie de Livre des Animaux*, Lakhdar Souami(ed. & trans.), Paris: Sinbad, 1988.

Allen, W. Sidney, *Vox Graeca: A Guide to the Pronunciation of Classical Greek*, 3rd ed., Cambridge, UK: Cambridge University Press, 1987.

———, *Vox Latina: A Guide to the Pronunciation of Classical Latin*, 2nd ed., Cambridge, UK: Cambridge University Press, 1978.

Allony, Nehemia, *Torat ha-mishkalim*, Jerusalem: Hebrew University Press, 1951.

Andersen, Ole Stig, "The Burial of Ubykh," in *Abstracts for the Open Forum*, supplement to Nicholas Ostler(ed.), *Endangered Languages: What Role for the Specialist? Proceedings of the Second FEL Conference, University of Edinburgh, 25~27 September 1998*, Bath: Foundation for Endangered Languages, 1998.

Arendt, Hannah, *Essays in Understanding, 1930~1954*, Jerome Kohn(ed.), New York: Harcourt Brace Jovanovich, 1994 [한국어판: 한나 아렌트, 『이해의 에세이: 1930~1954』, 홍원표 외 옮김, 텍스트, 2012].

Asadowski, Konstantin(ed.), *Rilke und Russland: Briefe, Erinnerungen, Gedichte*, Berlin: Aufbau-Verlag, 1986; Frankfurt: Insel, 1986.

Ascoli, Graziadio, "Una lettera glottologica," *Rivista di filologia e d'istruzione classica* 10, 1882, pp. 1~71.

Asín Palacios, Miguel, *La escatología musulmana en la "Divina Comedia,"* 4th ed., Madrid: Hiperión, 1984.

Aslanov, Cyril, *Le Provençal des juifs et l'hébreu en Provence: Le Dictionnaire* "Šaršot ha-Kesef" *de Joseph Caspi*, Paris: Peeters, 2001.

Augustine, *Confessions*, R. S. Pine-Coffin(trans.), London: Penguin, 1961 [한국어판: 아우구스티누스, 『고백록』, 강영계 옮김, 서광사, 2014].

Baneth, David H.(ed.), *Kitāb al-radd wa'l-dalīl fī'l-dīn al-dhalīl (Al-Kitāb al-khazarī)*, Jerusalem: Magnes Press, 1977.

Barthes, Roland, "Analyse textuelle d'un conte d'Edgar Poe," in Claude Chabrol(ed.), *Sémiotique narrative et textuelle*, Paris: Larousse, 1973, pp. 29~54.

Barūn, Ibn, *Arabic Works on Hebrew Grammar and Lexicography*, Pinchas Wechter(ed.), Philadelphia: Dropsie College for Hebrew and Cognate Learning, 1964.

Becker, Philipp August, *Die Heiligsprechung Karls des Grossen und die damit zusammenhängenden Fälschungen*, Leipzig: S. Hirzel, 1947.

Benavente Robles, Santiaga(ed.), *Tešubot de los discípulos de Menahem contra Dunaš ben Labrat: Edición del texto y traducción castellana*, Angel Sáenz-Badillos(rev. & completed), Granada: Universidad de Granada, 1986.

Bendavid, Aba, *Leshon miḳra u-leshon ḥakhamim*, 2 vols., Tel Aviv: Devir, 1967~71.

Benfey, Theodor, *Vollständige Grammatik der Sanskritsprache*, Leipzig: n.p., 1852.

Benjamin, Walter, *Gesammelte Schriften*, 7 vols., Hermann Schweppenhäuser & Rolf Tiedemann(eds.), Frankfurt: Suhrkamp, 1972~91.

Bergsträsser, Gotthelf, *Einführung in die semitischen Sprachen: Sprachproben und grammatische Skizzen*, Munich: Huebner, 1928.

Bishai, Wilson B., "Coptic Grammatical Influence on Egyptian Arabic," *Journal of the American Oriental Society* 82(1962), pp. 285~89.

———, "Nature and Extent of Coptic Phonological Influence on Egyptian Arabic," *Journal of Semitic Studies* 6(1961), pp. 175~81.

———, "Notes on the Coptic Substratum in Egyptian Arabic," *Journal of the American Oriental society* 80(1960), pp. 225~29.

Blachère, Régis, "Ibn al-Qārih et la genèse de l'epître du pardon d'al-Ma'arrī," in *Analecta*, Damascus: Institut Français de Damas, 1975, pp. 431~42.

Bolognesi, G., "Sul termine 'Indo-Germanisch,'" in P. Cipiriano, P. Di Giovine & M. Mancini(eds.), *Miscellanea di studi linguistici in onore di Walter Belardi*, 2 vols., Rome: Calamo, 1994, pp. 327~38.

Bopp, franz, *Über das Conjugationssystem der Sanskritsprache in Vergleichung mit jenem der griechischen, lateinischen, persischen, und germanischen Sprachen*, Karl Joseph Windischmann(ed.), Hildesheim: Olms, 1975.

Borst, Arno, *Der Turmbau von Babel: Geschichte der Meinungen über Ursprung und Vielfalt der Sprachen und Völker*, 7 vols., Stuttgart: Anton Hiersemann, 1959.

Bovelles, Charles de, *Sur les langues vulgaires et la variété de la langue française: Liber de differentia vulgarium linguarum et Gallici sermonis varietate(1533)*, Colette Dumont-Demaizière(ed.), Paris: Klincksieck, 1973.

Breuer, Josef & Sigmund Freud, *Studien über Hysterie*, Leipzig: Franz Deuticke, 1893 〔한국어판: 지그문트 프로이트, 『히스테리 연구』, 김미리혜 옮김, 열린책들, 2004〕.

Broadbent, William Henry, "A Case of Peculiar Affection of Speech, with Commentary," *Brain* 1(1878~79), pp. 484~503.

Broca, Paul, "Remarques sur le siege 〔*sic*〕 de la faculté du langage articulé suivies d'une observation d'aphémie(perte de la parole)," *Bulletins de la Société Anatomique de Paris, XXXVIe année*(1861), pp. 330~57.

Brodsky, Joseph, *On Grief and Reason: Essays*, New York: Farrar, Straus and Giroux, 1995.

Brugmann, Karl, *Die Demonstrativpronomina der Indogermanischen Sprachen*, Leipzig: Teubner, 1904.

Bühler, Georg, "Das gothische zd," *Zeitschrift für vergleichende Sprachforschung* 8(1859), pp. 148~52.

Campanile, Enrico, "Le pecore dei neogrammatici e le pecore nostre," in A. Quattordio Moreschini(ed.), *Un periodo di storia linguistica, i neogrammatici: Atti del Convegno della società italiana di glottologia (1985)*, Pisa: Giardini, 1986, pp. 147~51.

———(ed.), *Problemi di sostrato nelle lingue indoeuropee*, Pisa: Giardini, 1983.

Canetti, Elias, *Das Augenspiel: Lebensgeschichte, 1931~1937*, Munich: C. Hauser, 1985.

———, *Die gerettete Zunge: Geschichte einer Jugend*, Zurich: Erben, 1977; rpt., Frankfurt: Fischer, 1979.

———, *The Tongue Set Free*, Joachim Neugroschel(trans.), London: Continuum, 1974 〔한국어판: 엘리아스 카네티, 『구제된 혀』, 양혜숙 옮김, 심설당, 1982〕.

Cannon, Garland, *The Life and Mind of Oriental Jones: Sir William Jones, the Father of Modern Linguistics*, New York: Cambridge University Press, 1990.

Catullus, Tibullus, Pervegilium Veneris, F. W. Cornish, J. P. Postgate, J. W. Mackail(ed. & trans.), 2nd ed., rev. by G. P. Goold, Cambridge, MA: Harvard University Press, 1962.

Celan, Paul, *Der Meridian: Endfassung, Entwürfe, Materialen*, Bernhard Böschenstein, Heino Schmull, Michael Schwarzkopf & Christiane Wittkop(eds.), Frankfurt: Suhrkamp, 1999.

Cerquiglini, Bernard, *La Naissance du français*, Paris: Presses Universitaires de France, 1991.

Chomsky, Noam, *Aspects of the Theory of Syntax*, Cambridge, MA: MIT

Press, 1965.

———, *Syntactic Structures*, The Hague: Mouton, 1957.

Chomsky, William(Zev), *Ha-lashon ha-ivrit be-darkhe hitpatḥutah*, Jerusalem: R. Mas, 1967.

Cohen, A., "Arabisms in Rabbinic Literature," *Jewish Quarterly Review* 3(1912~13), pp. 221~333.

Cornulier, Benoît de, *Art poëtique: Notions et problèmes de métrique*, Lyons: Presses Universitaires de Lyon, 1995.

———, "Le Droit de l'*e* et la syllabilicité," *Cahiers de linguistique, d'orientalisme, et de slavistique* 5/6(1975), *Hommage à Mounin*, pp. 101~17.

———, "Le Remplacement d'*e* muet par è et la morphologie des enclitiques," in Christian Rohrer(ed.), *Actes du Colloque franco-allemand de linguistique théorique*, Tübingen: Niemeyer, 1977, pp. 150~80.

Cowgill, Warren, "The Origins of the Insular Celtic Conjunct and Absolute Verbal Endings," in Helmut Rix(ed.), *Flexion und Wortbildung: Akten der V. Fachtagung der Indogermanischen Gesellschaft, Regensburg, 9.~14. September 1973*, Wiesbaden: L. Reichert, 1975, pp. 40~70.

Crystal, David, *Language Death*, Cambridge, UK: Cambridge University Press, 2000 〔한국어판: 데이비드 크리스털, 『언어의 죽음』, 권루시안 옮김, 이론과실천, 2005〕.

Curtius, Ernst Robert, *European Literature and the Latin Middle Ages*, Willard Trask(trans.), Princeton, NJ: Princeton University Press, 1990.

Dante Alighieri, *De vulgari eloquentia*, in *Opere minori*, pt. 3, vol. 1, *De vulgari eloquentia, Monarchia*, Pier Vincenzo Mengaldo & Bruno Nardi(eds.), Milan: Ricciardi, 1996.

Diem, Werner, "Studien zur Frage des Substrats im Arabischen," *Islam* 56(1979), pp. 12~80.

Diez, Friedrich, *Etymologisches Wörterbuch der romanischen Sprachen*, 5th ed., Bonn: A. Marcus, 1887.

Dorian, Nancy C., *Language Death: The Life Cycle of Scottish Gaelic*, Philadelphia: University of Pennsylvania Press, 1981.

——, "The Problem of the Semi-Speaker in Language Death," in Wolfgang U. Dressler & Ruth Wodak-Leodolter(eds.), *Language Death*, The Hague: Mouton, 1977, pp. 23~32.

Dressler, Wolfgang U., "Language Shift and Language Death—A Protean Challenge for the Linguist," *Folia Linguistica* 15, nos. 1~2(1981), pp. 5~28.

Emerson, Ralph Waldo, *Selected Essays*, Larzer Ziff(ed.), London: Penguin, 1982.

Eppenstein, Simon, *Ishak ibn Baroun et ses comparaisons de l'hébreu avec l'arabe*, Paris: A. Durlacher, 1901.

Epstein, Isidore(ed.), *The Babylonian Talmud*, 7 pts., London: Soncino, 1961.

Fauriel, Claude Charles, *Dante et les origines de la langue et de la littérature italiennes*, 2 vols., Paris: A. Durand, 1854.

Fellmann, J., "A Sociolinguistic Perspective on the History of Hebrew," in Joshua A. Fishman(ed.), *Readings in the Sociology of Jewish Languages*, London: Brill, 1985, pp. 27~34.

Freud, Sigmund, *Briefe an Wilhelm Fliess, 1887~1904: Ungekürzte Ausgabe*, Jeffrey Moussaieff Masson(ed.), Frankfurt: Fischer, 1986.

——, *The Complete Letters of Sigmund Freud to Wilhelm Fliess, 1887~1904*, Jeffrey Moussaieff Masson(ed. & trans.), Cambridge, MA: Belknap Press of Harvard University Press, 1985.

——, *On Aphasia*, E. Stengel(trans.), London: Imago, 1953.

——, *The Origins of Psychoanalysis: Letters, Drafts, and Notes to Wilhelm Fliess, 1887~1902*, Marie Bonaparte, Anna Freud & Ernst Kris(eds.), New York: Doubleday, 1957.

——, *The Standard Edition of the Complete Psychological Works of Sigmund Freud*, 24 vols., James Strachey(trans.), London: Hogarth Press, 1957~74.

——, *Zur Auffassung der Aphasien: Eine kritische Studie*, Paul Vogel & Ingeborg Meyer-Palmedo(eds.), 2nd ed., Frankfurt: Fischer, 2001.

——, *Zur Psychopathologie des Alltagsleben: Über Vergessen, Versprechen,*

Vergreifen, Aberglaube, und Irrtum, Frankfurt: Fischer, 2000 〔한국어판: 지그문트 프로이트, 『일상생활의 정신병리학』, 이한우 옮김, 열린책들, 2004〕.

Gabba, Emilio, "Il latino come dialetto greco," in *Miscellanea di studi alessandrini in memoria di Augusto Rostagni*, Turin: Bottega d'Erasmo, 1965, pp. 188~94.

Gabelentz, Hans Conon von der & Julius Loebe, *Glossarium der Gothischen Sprache*, Leipzig: F. A. Brockhaus, 1843.

Garbell, Irene, "Remarks on the Historical Phonology of an East Mediterranean Dialect," *Word* 14(1958), pp. 303~37.

Gaus, Günter, *Zur Person: Porträts in Frage und Antwort*, Munich: Feder, 1964.

Gellius Aulus, *The Attic Nights*, John C. Rolfe(trans.), Cambridge, MA: Harvard University Press, 1984.

Goidánich, Pier Gabriele, *L'origine e le forme della dittongazione romanza: La qualità d'accento in sillaba mediana nelle lingue indeuropee*, Tübingen: Niemeyer, 1907.

Gold, D. L., "A Sketch of the Linguistic Situation in Israel Today," *Language in Society* 18(1989), pp. 361~88.

Greenberg, Valerie D., *Freud and His Aphasia Book*, Ithaca, NY: Cornell University Press, 1997.

Guarducci, Margherita, *Epigrafia greca*, 4 vols., Rome: Istituto Poligrafico dello Stato, Libreria dello Stato, 1967~70.

Hamann, Johann Georg, *Sämtliche Werke*, 6 vols., Josef Nadler(ed.), Wuppertal: R. Brockhaus; Tübingen: Antiquariat H. P. Willi, 1999.

Ḥarizi, Judah ben Shelomo al-, *Las asambleas de los sabios(Taḥkemoni)*, Carlos del Valle Rodríguez(ed. & trans.), Murcia: Universidad de Murcia, 1988.

Heine, Heinrich, *Werke*, 4 vols., Frankfurt: Insel, 1968.

Hirt, Herman Alfred, *Die Hauptprobleme der indogermanischen Sprachwissenschaft*, Helmut Arntz(ed.), Halle: Niemeyer, 1939.

Holder, William, *The Elements of Speech*, 1669, London: facsimile reprint,

Scholar Press, 1967.

Householder, F. W., "On Arguments from Asterisks," *Foundations of Language* 10(1973), pp. 365~75.

Isidore of Seville, *Etymologiae sive originum*, 2 vols., W. M. Lindsay(ed.), Oxford: Clarendon Press, 1957.

Jacoby, Elfriede, *Zur Geschichte des Wandels von lat. ū zu y im Galloromanischen*, Berlin: Friedrich-Wilhelm-Universität, 1916.

Jāhiẓ, Abī 'Uthmān 'Amr ibn Baḥr al-, *Kitāb al-Ḥayawān*, 8 vols., 'Abd al-Salām Muhammad Hārūn(ed.), Cairo: Muṣṭafā al-Bābī al-Ḥalabī, 1938~45.

Jakobson, Roman, *Child Language, Aphasia, and Phonological Universals*, Allan R. Keiler(trans.), The Hague: Mouton, 1968.

———, *Selected Writings*, 8 vols., The Hague: Mouton, 1962~.

Jeffery, L. H., *The Local Scripts of Archaic Greece: A Study of the Origin of the Greek Alphabet and Its Development from the Eighth to the Fifth Centuries B. C.*, A. W. Johnston(rev. & a supp.), Oxford: Oxford University Press, 1990.

Jones, Alan, *Early Arabic Poetry*, 2 vols., Reading, UK: Ithaca Press Reading for the Board of the Faculty of Oriental Studies, Oxford University, 1992~96.

Jones, Sir William, *The Collected Works of Sir William Jones*, 13 vols., 1803; rpt., New York: New York University Press, 1993.

Joüon, Paul, *A Grammar of Biblical Hebrew*, 2 vols., T. Muraoka(rev. & trans.), Rome: Editrice Pontificio Istituto Biblico, 1991.

Jussieu, Antoine de, "Sur la manière dont une fille sans langue s'acquitte des fonctions qui dépendent de cet organe," *Mémoires de l'Académie Royale des Sciences*, Jan. 15, 1718, pp. 6~14.

Kafka, Franz, *Gesammelte Werke*, 12 vols., Hans-Gerd Koch(ed.), Frankfurt: Fischer, 1994.

Kilito, Abdelfattah, *The Author and His Doubles: Essays on Classical Arabic Culture*, Michael Cooperson(trans.), a foreword by Roger Allen,

Syracuse, NY: Syracuse University Press, 2001.

———, *La Langue d'Adam et autres essais*, Casablanca: Toubkal, 1999.

Kincade, M. Dale, "The Decline of Native Languages in Canada," in R. H. Robins & E. M. Uhlenbeck(eds.), *Endangered Languages*, Oxford: Berg, 1991, pp. 157~76.

Klein, Hans Wilhelm, *Latein und Volgare in Italien: Ein Beitrag zur Geschichte der italienischen Nationalsprache*, Munich: Huebner, 1957.

Koerner, E. F. K., *Practicing Linguistic Historiography: Selected Essays*, Amsterdam: Benjamins, 1989.

———, "Zu Ursprung und Geschichte der Besternung in der historischen Sprachwissenschaft: Eine historiographische Notiz," *Zeitschrift für vergleichende Sprachforschung* 89(1976), pp. 185~90.

Kokotsov, Pavel Konstantinovich, *K istorii srednevekovoi evreiskoi filologii i evreiskoi-arabskoi literaturi: Kniga sravneniya evreiskavo iazika s arabskim*, St. Petersburg, 1893.

Kontzi, Reinhold(ed.), *Substrate und Superstrate in den romanischen Sprachen*, Darmstadt: Wissenschaftliche Buchgesellschaft, 1982.

Koschwitz, Eduard, *Überlieferung und Sprache der Chanson du Voyage de Charlemagne à Jérusalem et à Constantinople*, Heilbronn: Henninger, 1876.

Kraus, Karl, *Schriften*, 12 vols., Christian Wagenknecht(ed.), Frankfurt: Suhrkamp, 1986~89.

Krauss, Michael, "The World's Languages in Crisis," *Language* 68(1992), pp. 4~10.

Kremer, Dieter, "Islamische Einflüsse auf Dantes 'Göttliche Komödie,'" in Wolfhart Heinrichs(ed.), *Neues Handbuch der Literaturwissenschaft: Orientalisches Mittelalter*, Wiesbaden: AULA-Verlag, 1990, pp. 202~15.

Lambert, Pierre-Yves, *La Langue gauloise: Description linguistique, commentaire d'inscriptions choisies*, preface by Michel Lejeune, Paris: Errance, 1994.

Landolfi, Tommaso, *Dialogo dei massimi sistemi*, Milan: Adelphi, 1996.

Lazzarini, Maria Letizia, "Le formule delle dediche votive nella Grecia arcaica," in *Atti dell'Accademia nazionale dei Lincei, Memorie: Classe di scienze morali, storiche, e filologiche*, ser. 8, vol. 9(1976), pp. 47~354.

Lehmann, W. P. & L. Zgusta, "Schleicher's Tale After a Century," in Béla Brogyányi(ed.), *Festschrift for Oswald Szemerényi on the Occasion of His 65th Birthday*, 2 vols., Amsterdam: Benjamins, 1979.

Lepschy, Giulio(ed.), *History of Linguistics*, vol. 4, *Nineteenth-Century Linguistics*, by Anna Morpurgo Davies, London: Longman, 1994.

Leskien, August & Otto A. Rottmann, *Handbuch der altbulgarischen (altkirchenslavischen) Sprache: Grammatik, Texte, Glossar*, 11th ed., Heidelberg: C. Winter, 2002.

Ma'arrī, Abū al-'Alā' al-, *Risālat al-ghufrān*, 'Āsha 'Abdarrahmān(ed.), "bint al-Shāti," Cairo: Dār al-Ma'ārif, 1963.

——, *Zajr al-nābih "muqtatafāt,"* Amjad Trabulsi(ed.), Damascus: al-Maṭba'a al-hāshimīyah, 1965.

Maimonides, *Le Guide des égarés: Traité de théologie et de philosophie*, 3 vols., Salomon Munk(ed.), Paris: A. Franck, 1861.

Mallarmé, Stéphane, *Œuvres complètes*, Henri Mondor & G. Jean-Aubry (eds.), Paris: Gallimard, 1945.

Mandelstam, Osip, *The Collected Critical Prose and Letters*, Jane Gray Harris (ed.), Jane Gray Harris & Constance Link(trans.), London: Collins Harvill, 1991.

Manẓūr, Ibn, *Akhbār Abi Nuwās*, Cairo: al-Itimad, 1924.

Meillet, Antoine, *Linguistique historique et linguistique générale*, Paris: Champion, 1965.

——, *La Méthode comparative en linguistique historique*, Paris: Champion, 1954.

Menéndez Pidal, Ramón, "Modo de obrar el substrato lingüistico," *Revista de filología española* 34(1950), pp. 1~8.

Merlo, Clemente, "Lazio santia ed Etruria latina?," *Italia dialettale* 3(1927), pp. 84~93.

———, "Il sostrato etnico e i dialetti italiani," *Revue de linguistique romane* 9(1933), pp. 176~94.

Meyer, Leo, "Gothische doppelconsonanz," *Zeitschrift für vergleichende Sprachforschung* 4(1855), pp. 401~13.

———, "Das Suffix *ka* im Gothischen," *Zeitschrift für vergleichende Sprachforschung* 6(1857), pp. 1~10.

Meyer-Lübke, Wilhelm, *Einführung in das Studium der romanischen Sprachwissenschaft*, Heidelberg: C. Winter, 1901.

———, *Grammatik der romanischen Sprachen*, Leipzig: Fues, 1890.

———, "Zur u-y Frage," *Zeitschrift für französische Sprache und Literatur* 44(1916), pp. 76~84.

Midrash Rabbah, 14 vols., H. Freedman & Maurice Simon(trans.), a foreword by Isidore Epstein, London: Soncino, 1961.

Milner, Jean-Claude, *L'Amour de la langue*, Paris: Seuil, 1978.

———, *Introduction à une science du langage*, Paris: Seuil, 1989.

———, *Le Périple structural: Figures et paradigme*, Paris: Seuil, 2002.

Montaigne, Michel, *Essais*, Pierre Villey(ed.), Paris: Presses Universitaires de France, 1978 〔한국어판: 미셸 드 몽테뉴, 『몽테뉴 수상록』 4판, 손우성 옮김, 동서문화사, 2007〕.

Nassir, A. A. al-, *Sibawayh the Phonologist: A Critical Study of the Phonetic and Phonological Theory of Sibawayh as Presented in His Treatise "Al-Kitab,"* London: Kegan Paul, 1993.

Nebrija, Antonio de, *Reglas de orthografía en la lengua castellana*, Antonio Quilis(ed.), Bogotá: Publicaciones del Instituto Caro y Cuervo, 1977.

Nielsen, Niels Åge, "La Théorie des substrats et la linguistique structurale," *Acta linguistica* 7(1952), pp. 1~7.

Olender, Maurice, *Les Langues du paradis: Aryens et sémites, un couple providentiel*, Jean-Pierre Vernant(rev., ed. & preface), Paris: Seuil, 1989.

Opelt, Ilona, "La coscienza linguistica dei Romani," *Atene e Roma* 14(1969), pp. 21~37.

Ouaknin, Marc-Alain, *Le Livre brûlé: Philosophie du Talmud*, Paris: Lieu Commun, 1993.

Ovid, *Metamorphoses: The Arthur Golding Translation of 1567*, John Frederick Nims(ed.), a new essay by Jonathan Bate, Philadelphia: Paul Dry Books, 2000 〔한국어판: 오비디우스, 『변신 이야기』, 천병희 옮김, 도서출판 숲, 2005〕.

Paris, Gaston, review of *Die aeltesten franzoesischen Mundarten: Eine sprachgeschichtliche Untersuchung*, by Gustav Lücking, *Romania* 7(1878), pp. 111~40.

———(ed.), *Vie de Saint Alexis*, Paris: Champion, 1872.

Petrus Helias, *Summa super Priscianum*, Leo Reilly(ed.), Toronto: Pontifical Institute of Mediaeval Studies, 1993.

Pfohl, Gerhard, "Die ältesten Inschriften der Griechen," *Quaderni urbinati di cultura classica* 7(1969), pp. 7~25.

———, *Greek Poems on Stones*, vol. 1, *Epitaphs: From the Seventh to the Fifth Centuries B. C.*, Leiden: Brill, 1967.

Philipon, Edouard Paul Lucien, "L'U long latin dans le domaine rhodanien," *Romania* 40(1911), pp. 1~16.

Philo of Alexandria, *De confusione linguarum*, J. G. Kahn(ed. & trans.), Paris: Cerf, 1963.

Poe, Edgar Allan, *The Fall of the House of Usher and Other Writings*, David Galloway(ed.), London: Penguin, 1986.

Pokorny, Julius, "Substrattheorie und Urheimat der Indogermanen," *Mitteilungen der Anthropologischen Gesellschaft in Wien* 66(1936), pp. 69~91.

Proust, Marcel, *À la Recherche du temps perdu*, Jean-Yves Tadié(ed.), Paris: Gallimard, 1999 〔한국어판: 마르셀 프루스트, 『잃어버린 시간을 찾아서』, 김창석 옮김, 국일미디어, 1998; 김희영 옮김, 민음사, 2012~〕.

———, *Remembrance of Things Past*, C. K. Scott Moncrieff & Terence

Kilmartin(trans.), London: Penguin, 1981.

Pyles, Thomas & John Algeo, *The Origins and Development of the English Language*, 4th ed., New York: Harcourt Brace Jovanovich, 1993.

Richardson, Brian(ed.), *Trattati sull'ortografia del volgare, 1524~1526*, Exeter, Devon: University of Exeter, 1984.

Riegel, Martin, Jean-Christophe Pellat & René Rioul, *Grammaire méthodique du français*, Paris: Presses universitaires de France, 1994.

Roland, Jacques, *Aglossostomographie; ou, Description d'une bouche sans langue, laquelle parle et faict naturellement toutes les autres fonctions*, Saumur, 1630.

Sasse, Hans-Jürgen, "Theory of Language Death," in Matthias Brenzinger (ed.), *Language Death: Factual and Theoretical Explorations with Special Reference to East Africa*, Berlin: de Gruyter, 1992, pp. 7~30.

Schibsbye, Knud, *Origin and Development of the English Language*, vol. 1, *Phonology*, Copenhagen: Nordisk Sprogog Kulturforlag, 1972.

Schleicher, August, *Compendium der vergleichenden Grammatik der indogermanischen Sprachen: Kurzer Abriss einer Laut- und Formenlere der indogermanischen Ursprache, des Altindischen, Alteranischen, Altgriechischen, Altitalischen, Altkeltischen, Altslawischen, Litauischen, und Altdeutschen*, Weimar: Böhlau, 1861~62.

——, *A Compendium of the Comparative Grammar of the Indo-European, Sanskrit, Greek, and Latin Languages*, Herbert Bendall(trans. from the 3rd ed.), London: Trübner, 1874.

Schoeler, Gregor, *Paradies und Hölle: Die Jenseitsreise aus dem "Sendschreibung über die Vergebung,"* Munich: Beck, 2002.

Scholem, Gershom, *Judaica III*, Frankfurt: Suhrkamp, 1970.

——, *On the Kabbalah and Its Symbolism*, Ralph Manheim(trans.), New York: Schocken Books, 1965.

Schuchardt, Hugo, review of *Irische Grammatik mit Lesebuch*, by Ernst Windisch, *Zeitschrift für romanische Philologie* 4, no. 1(1880), pp. 124~55.

———, *Der Vokalismus des Vulgärlateins*, 3 vols., Leipzig: Teubner, 1866~68.

Scragg, D. G., *A History of English Spelling*, Manchester: Manchester University Press, 1974.

Sībawayh, *Al-Kitāb*, 4 vols., ʿAbd al-Salām Muhammad Hārūn(ed.), Cairo: Al-Khānabī, 1966~75.

Silvestri, Domenico, *La teoria del sostrato: Metodo e miragi*, 3 vols., Naples: Macchiaroli, 1977~82.

———, "La teoria del sostrato nel quadro delle ricerche di preistoria e protostoria linguistica indoeuropea," in Enrico Campanile(ed.), *Problemi di sostrato nelle lingue indoeuropee*, Pisa: Giardini, 1983, pp. 149~57.

Sirat, Colette, "Les Lettres hebraïques: Leur existence idéale et matérielle," in Alfred Ivry, Elliot Wolfson & Allan Arkush(eds.), *Perspectives on Jewish Thought and Mysticism*, Amsterdam: Harwood Academic, 1998, pp. 237~56.

Smith, Sir Thomas, *Literary and Linguistic Works: Part III, Critical Edition of "De recta et emendata linguae Anglicae scriptione, dialogus"* Bror Danielsson(ed.), Stockholm: Almquist and Wiksell International, 1963.

Sobhy, George, *Common Words in the Spoken Arabic of Egypt of Greek or Coptic Origin*, Cairo: Société d'Archéologie Copte, 1950.

Spinoza, Benedictus de, *Opera*, 4 vols., Carl Gebhardt(ed.), Heidelberg: C. Winter, 1925 〔한국어판: 스피노자, 『에티카』 개정판, 강영계 옮김, 서광사, 2007〕.

Spitzer, Leo, *Essays in Historical Semantics*, preface by Pedro Salinas, New York: S. F. Vanni, 1948.

Svenbro, Jesper, *Phrasikleia: Anthropologie de la lecture en Grèce ancienne*, Paris: Découverte, 1988.

Szemerényi, Oswald J. L., *Introduction to Indo-European Linguistics*, 4th ed., Oxford: Oxford University Press, 1990.

Tavoni, Mirko, "On the Renaissance Idea That Latin Derives from Greek," *Annuali della scuola normale di Pisa* 18(1986), pp. 205~38.

Terracini, Benvenuto, "Come muore una lingua," in *Conflitti di lingue e di cultura*, Venice: Pozzi, 1957.

Tory, Geoffroy, *Champfleury; ou, Art et science de la vraie proportion des lettres*, facsimile reproduction of the 1529 ed., Paris: Bibliothèque de l'Image, 1998.

Trabulsi, Amjad, *La Critique poétique des Arabes jusqu'au Ve siècle de l'Hégire(XI. siècle de J. C.)*, Damascus: Institut Français d'Etudes Arabes à Damas, 1955.

Trissino, Giovan Giorgio, *Scritti linguistici*, Alberto Castelvecchi(ed.), Rome: Salerno, 1986.

Trubetskoi, Nikolai Sergeevich, "Gedanken über das Indogermanenproblem," *Acta linguistica*(Copenhagen) 1(1939), pp. 81~89.

———, *Grundzüge der Phonologie*, 3rd ed., Göttingen: Vandenhoeck and Ruprecht, 1962 〔한국어판: 니콜라이 트루베츠코이, 『음운론의 원리』 발췌본, 한문희 옮김, 서울대학교출판문화원, 2013〕.

———, *Principles of Phonology*, Christiane A. M. Baltaxe(trans.), Berkeley: University of California Press, 1969.

———, *Studies in General Linguistics and Language Structure*, Anatoly Liberman(ed. & trans.), Durham, NC: Duke University Press, 2001.

Valkhoff, Marius, *Latijn, Romaans, Roemeens*, Amersfoort: Valjhoff, 1932.

Valle Rodríguez, Carlos del, *La escuela hebrea de Córdoba: Los orígenes de la escuela filológica hebrea de Córdoba*, Madrid: Editora Nacional, 1981.

Victorinus, Marius, *Ars grammatica*, Italo Mariotti(ed.), Florence: Le Monnier, 1967.

Vendryes, Joseph, "La Mort des langues," in *Conférences de l'Institut de Linguistique de l'Université de Paris*(1933), pp. 5~15.

Wallis, John, *Grammar of the English Language, with an Introductory Grammatico-Physical Treatise on Speech(or on the Formation of All Speech Sounds)*, J. A. Kemp(ed. & trans.), London: Longman, 1982.

Weisgerber, Leo, *Die Sprache der Festlandkelten*, 1931.

Wexler, Paul, *The Schizoid Nature of Modern Hebrew: A Slavic Language in Search of a Semitic Past*, Wiesbaden: Harrassowitz, 1990.

Windisch, Ernst, *Kurzgefasste Irische Grammatik mit Lesetücken*, Leipzig: Hirzel, 1879.

Wolfson, Louis, *Le Schizo et les langues; ou, La Phonétique chez le psychotique (Esquisses d'un étudiant de langues schizophrénique)*, preface by Gilles Deleuze, Paris: Gallimard, 1970.

Wurm, Stephen A., "Methods of Language Maintenance and Revival, with Selected Cases of Language Endangerment in the World," in Kazuto Matsumura(ed.), *Studies in Endangered Languages: Papers from the International Symposium on Endangered Languages, Tokyo*, November 18~20, 1995, Tokyo: Hituzi Syobo, 1998, pp. 191~211.

Zafrani, Haïm, *Poésie juive en Occident musulman*, Paris: Geuthner, 1977.

The Zohar, 5 vols., Harry Sperling & Maurice Simon(trans.), London: Soncino, 1984.

언어메아리 언어수줍음

* 주의: 이 글은 군더더기, 중언부언, (무한히) 무의미한 덧칠이다. 그러므로 이 책을 읽고 스스로 (충분히) 이해했다고 믿는 사람은 이 글을 읽을 필요가 전혀 없으며, 반대로 이 책이 (전혀 혹은 거의) 이해되지 않는다고 느낀 사람이 이 글을 읽는다면 그것은 오히려 사태를 더 악화시키는 일일 뿐이라는 점을 일러둔다. 더불어 강조하고 싶은 것은 이 책이 결코 이론서가 아니며, 오히려 철저하게 이색적인—다시 말해 준엄한—의미에서 하나의 (지독한) 작품으로서 인지되고 그 바탕 위에서 독해되어야 한다는 사실이다. 아니, 차라리 이 책은 망각되어야 한다. 왜냐하면 아마도 이 책은 (벌써 혹은 차차) 독자를 잊(었)을 것이기 때문이다. "언어의 망각"의 극치인 이 책은 스스로가 책이라는 사실을 (언제나 이미) 망각했을지도 모른다. 하여 가없이 가없이 망각되는 것, 오직 이것만이 이 책의 존재 이유, 지향 목표, (끝까지) 잠복 가능한 잠재력일 것이다.

***

나는 유일한 벗을 갖고 있다. 그것은 메아리다. 그것은 어째서 내 벗인가? 나는 나의 슬픔을 사랑하고 메아리는 내게서 그것을 빼앗지 않기 때문이다. 나는 유일한 심복을 갖고 있다. 그것은 밤의 정적이다. 그것은 어째서 내 심복인가? 그것은 잠자코 있기 때문이다.

— 쇠렌 키에르케고르

뭔가 말할 게 있는 사람은 앞으로 나와 침묵하기 바랍니다!

— 카를 크라우스

"넌 어디서 살지?" "정해지지 않은 집" 하고 말하면서 그는 웃을 것이다. 그러나 그 웃음은 폐를 가지고는 만들어낼 수 없는 그런 웃음이다. 그것은 마치 낙엽이 바스락거리는 소리처럼 들린다.

— 프란츠 카프카

1.

19세기 스위스의 어느 객줏집. 스위스의 괴테라 불리는 작가 고트프리트 켈러Gottfried Keller와 그의 벗이자 화가인 아르놀트 뵈클린Arnold Böcklin, 그리고 뵈클린의 아들 카를로Carlo Böcklin가 한자리에 앉아 있다. 그들은 도통 말이 없다. 아닌 게 아니라 그들의 모임은 그렇게 조용하고 말이 없기로 유명했다고 한다. 그런데 한참이 지나고 나서 아들 뵈클린이 입을 열었다. "덥군요." 또 한참이 지나고 나서 아버지 뵈클린이 대답했다. "바람도 안 부네." 다시 또 한참이 지나고 나서 이번에는 켈러가 말했다. "수다 떠는 놈들하곤 술 마시고 싶지 않아."

여기서 켈러와 뵈클린 부자가 한 말들을 우리가 흔히 일컫는 대화라고 볼 수 있을까? 일단은 그렇게 볼 수 있을 것이다. 하지만 그렇게 단순히 결론 내리기에는 뭔가 석연찮은 구석이 있다. "덥군요." "바람도 안 부네." "수다 떠는 놈들하곤 술 마시고 싶지 않아." 무엇보다 이들의 대화를 이렇게 글자로 옮겨 써놓으면 저 세 마디 언어 사이에 존재하는 가공할 침묵이 간단히 휘발되어버린다. 그러나 이 언어들 사이에 존재하는 것은 단순한 침묵이 아니다. 거기에는 침묵보다 먼저 한참이 있(었)다. 침묵에 앞서는 한참, 침묵을 밀어/찍어내는 한참, 이것이 핵심적인 사안이다. 한참이라는 시간은 물리적으로 약속할 수 없고 산술적으로 집계할 수 없는 시간, 그러나 현실 생활적으로는 핍진하며 (문득) 필요불가결한 시간이다. 왜냐하면 한참은 무엇보다 한참(이라는 말)이기 때문이다. 바꿔 말해, 한참이라는 말을 제대로 쓰기 위해서는 한참(이) 걸리기 때문이다. 더 근본적인 차원에서 이야기하자면, 한참(이라는 글)을 틀리지 않게 쓰기 위해서는 정말이지 한참(을) 걸려 인생을 살아(내)야 한다. 그러므로 침묵은 (오직) 한참'에' 걸린다. 그 반대가 아니다. 켈러의 퉁명스러운 마지막 말은 바로 이 사태를, 비록 우회적인 암시를 통해서일지언정, 가리키고 있다. 그리고 이 스위스적인 한참은 이 책에서 거듭 변주/연주되는 언어메아리, 즉 에코랄리아스를 떠받치는 유일한 힘, 즉 '언어수줍음Sprachscham'을 표현하고 있다. 아닌 게 아니라 내가 이 특이한 스위스인들에 관한 일화를 발견한 곳은 이들 못지않게, 아니 이들보다 더 특이한 스위스 작가 로베르트 발저Robert Walser에 대한 발터 벤야민의 짧은 비평문인데, 이 글에서 벤야민은 언어수줍음이라는 신개념을 제출하기 위한 포석 작업의 일환으로 저 켈러와 뵈클린 부자의 수다 사건을 먼저 소개했던 것이다.

그렇다면 벤야민이 발저에게서 (최상의 형태로) 구현되었다고 본 언어수줍음이란 무엇일까? 이 질문에 답하기 위해서는 먼저 켈러와 뵈클린 부자의 독특한 한참들로 되돌아가야 한다. 언뜻 보면, 켈러의 저 마지막 한방에 의해 더위와 무풍의 한참들은 일소되는 것 같다. 하지만 이것은 부적절한 관찰이다. 좀더 자세히 들여다보면, 역설적이게도 '수다 떠는' 놈들을 향한 비난의 일갈이 가장 수다스럽다(=길다)는 사실을 알 수 있기 때문이다(원어인 독일어의 경우도 마찬가지다. 아니 오히려 더 뚜렷하게 대비된다). 수다를 꾸짖는 말이 오히려 가장 수다에 가까운 말이 되는 역설이 발생하는 것이다. 그러나 사태는 그렇게 단순하지 않다. 왜냐하면 저 말들이 지시하는 차원, 즉 내용을 들여다보면, 뵈클린 부자의 짧은 두 마디 말은 말 그대로 수다의 범주—잘 알려져 있듯이 날씨에 대한 이야기는 수다의 대표적인 사례이다—에 적합한 것인 반면, 켈러의 말은 그러한 수다의 틈입을 차단하려는 강력한 의지의 표명처럼 보이기 때문이다. 여기서 우리는 수다스럽지 않은 수다 의지와 수다스러운, 짐작건대 수다스러울 수밖에 없었을 수다 저항 의지가 기묘하게 대립하는 장면을 보게 된다. 그럼에도 사태의 복잡성은 여전히 난공불락처럼 보인다. 왜냐하면 켈러의 (수다스러운) 일성을 수다에 대한 방어 의지로 읽어낼 수 있다 하더라도, 여전히 질문은 남기 때문이다. 켈러는 과연 무엇을 지키려 한 것일까? 그것은 (앞서 우리가 고찰했던 대로 한참'에' 걸린) 침묵이었을까 아니면 (평범하고 일상적인 의미의) 술(맛)이었을까? 게다가 우리는 이런 추측을 해볼 수도 있다. 원체 조용하고 과묵한 술자리를 갖기로 유명했던 세 사람이었던 만큼, 이날 카를로 뵈클린이 날씨에 대한 이야기를 꺼냈고 아르놀트 뵈클린이 거기에 맞장구를 친 것이 혹시 켈러의 기대를 저버리고 기분을 망쳐버린 것은 아닐까? 다시 말해 뵈클린 부자의 말들은 정말로 수다였던 것이 아닐까? 요컨대 켈러의 항의는, 비록 가장 수다스러운 형태로 표출되었을지언정, 정당한 항의였을지도 모른다는 말이다.

그러나 이 추측의 타당성을 무너뜨리는 한 가지 요인이 있는데, 그것은 다름 아닌 한참(의 시간)이다. 만약 정말로 뵈클린 부자의 '수다'에 항의하고 싶었다면, 켈러는 아르놀트가 "바람도 안 부네"라고 말한 그 순간 즉시 저 비난의 수다를 쏟아냈어야 하지 않을까? 그는 어째서 한참을 기다린 것일까? 아니, 더 정확히 표현하자면, 켈러의 언어는 어째서 그렇게 한참(이나) 걸려 (터져) 나온 것일까? 아마도, 아니 틀림없이, 수줍음 때문이었을 것이다. 한참은 수줍음의 시간이다. 그리고 그런 한참 이후의 수다는 결코 쏟아져 나올 수는 없고 다만 (단말마처럼) 터져 나올 수만 있다. 왜냐하면 한참(이라는 수줍음의 시간)은 처음과 끝에 침묵을 걸고 있기 때문이다. 따라서 켈러에게 중요한 것은 술(맛)이 아니라 침묵이었음을 알 수 있다. 수다를 지우기 위해 수다를 떨 수밖에 없게 만드는 침묵, 그리고 이 침묵을 걸고 있는 한참—어쩌면 한참은 (우리에게 가능한 단) 하나의 참일지도 모른다—이 바로 벤야민이 스위스인들에게서 간취한 언어수줍음이다. 수줍은 한참'에' 걸린 무뚝뚝한 침묵은 우리가 일상적으로 알고 있는 그런 침묵이 아니며, 그 뒤에 터져 나오는 수다는 우리가 대충 알고 있는 그런 수다가 아니다. 우리는 여기서 독특한 침묵과 기묘한 수다가 서로 저촉—접촉이 아니다!—하는 장면을 보고 있는 셈인데, 이 책의 저자라면 혹시 이것을 에코랄리아스의 범례라고 부를지도 모르겠다. 높은 산 위에서가 아니라 무덥고 바람도 불지 않는 객줏집의 한구석에 살짝 나타났다 사라지는 메아리, 언어메아리. 그리고 이 언어메아리, 아니 모든 언어메아리는 언제나 이미 망각되(어 있)지만 동시에 처음부터 끝까지 그 망각의 권능에 힘입어 돌연 우리 앞뒤와 주변에, 아니 무엇보다 우리 안의 가장 깊은 곳에 망각할 수 없는 질문들을 떨궈놓는다. 아니, 찔러 넣는다. 추측건대 벤야민이 이 일화에 발저식의 언어수줍음이 탁월하게 응축되어 있다고 말한 이유는 이토록 복잡하고 어려운 질문들—위에서 언급한 것보다 더 많을 것이다—이 더없이 짧고 간단하고 밋밋한 이야기 속에 얽혀/어우러져 있기 때문일 것이다.

2.

그러면 이제 벤야민이 발저에게서 발견한, 혹은 발저 작품의 독해를 통해 창안해낸 언어수줍음이 무엇인지 고찰해보자. 우선 벤야민은 발저의 언어수줍음을 이해하는 일은 결코 쉬운 일이 아니라고 경고한다. "이러한 고찰은 쉬운 일이 아니다. 왜냐하면 우리는 정도의 차이는 있을지언정 분명한 의도에 따라 완성된 예술작품을 마주하는 일에 익숙해져 있는 데 반해, 지금 여기 우리 앞에 놓여 있는 〔발저의〕 작품은 전혀 아무런 의도가 없는, 아니면 적어도 그렇게 보이는 작품, 그러나 〔묘하게도〕 우리를 끌어당기고 매료시키는 언어의 황무지화로〔써〕 만들어졌기 때문이다. 그 황무지를 향해 제 발로 걸어가는 〔발저의〕 발걸음은 우아한 형식에서 비꼬는 형식까지 모든 형식을 아우르고 있다. 의도가 없어 보인다, 고 우리는 말했다. 사람들은 종종 정말로 그런가 하고 논쟁했다. 하지만 그것은 얼빠진 논쟁이다. 발저 자신의 고백을 들어보면 더욱 그럴 것이다. 즉 그는 자기 작품들을 단 한 줄도 더 좋게 고친 적이 없다고 말했던 것이다. 물론 이 말을 곧이곧대로 믿을 필요는 없을지도 모른다. 그러나 그렇게 믿는 것은 바람직한 일이다. 왜냐하면 그렇게 하면 우리는 다음과 같은 통찰을 통해 〔격앙된 논쟁에서 빠져나와〕 차분해질 수 있기 때문이다."[1] 벤야민이 제시하는 통찰은 충격적이

1) Walter Benjamin, *Gesammelte Schriften*, II-1, Frankfurt a. M.: Suhrkamp, 1972, p. 325.

며, 충격적인 이상으로 결정적이다. "즉 〔일단〕 쓰고 나면 쓴 것을 절대로 더 좋게 고치지 않는다는 것, 이것이야말로 가장 극명한 무의도성〔의도 없음〕과 최상의 의도가 서로 완벽하게 관통하는 지점이다."[2] 쓰고 (나서) 내버려두는 것(참고로 이것은 끊임없이 고치고 끝까지 계속 고침으로써 식자공을 절망에 빠뜨렸던 마르셀 프루스트가 고수했던 밤의 글쓰기와 정면으로 배치되는 글쓰기이다. 또한 발저 및 프루스트와는 전혀 다른 방향에서 의도와 무의도성이 서로 충돌하게 만든 작가로는 『가면의 고백』의 저자 미시마 유키오를 꼽을 수 있는데, 미시마의 방법은 오직 환한 태양 아래서만 제대로 전시될 수 있는 극단의 육체적인 인위성, 즉 낮의 몸쓰기를 철저하게 추구하는 것이었다). 발저의 글쓰기는 우리가 알고 있는 어떤 글쓰기에도 부합하지 않는다. 발저의 글쓰기는 유일무이하다.

발저의 작품들은 메아리로 새겨진 글, 더 정확하게 표현하자면 (정해진 시간이나 방향 없이 그저 불쑥불쑥) 새겨지는 메아리이다. 본디 언어는 만들고 나면 내버려둘 수밖에 없는 것이다(물론 누구도 근본적인 의미에서 언어를 만들 수 없다. 그것은 오직 신의 일이다). 그리고 그렇게 내버려지는 것이 바로 메아리, 언어메아리이다. 쓰여지기만 할 뿐 절대 고쳐지지 않는 발저의 작품들은 이 언어메아리를 비길 데 없이 신비로운 방식의 글(쓰기)—도무지 알아볼 수 없을 정도로 작은 글씨로 쓰는 것Mikrogramm—로 구현한 것이

2) 같은 곳.

다. 아니, 더 정확히 말하자면 발저는 알 수 없는 메아리에 모든 의도—여기에는 존재하려는 의지까지 포함된다—를 실어 날려버렸다. 『야콥 폰 군텐』을 쓰면서 발저는 주인공 야콥의 입이 되어 이렇게 말한다. "무엇 때문에 인생에서 의미 있는 것을 기대해야만 하는 거지? 꼭 그래야만 하나? 나는 그저 미미하기 짝이 없는 존재일 뿐이다. 내가 작디작은, 아무 가치도 없는 존재라는 사실을, 그것을, 그것을 난 그 무엇에도 얽매이지 않고 고집한다."[3] 무엇에도 얽매이지 않고 아무 가치 없는 존재가 되기를 고집하는 것. 바로 이것이 벤야민이 발저에게서 본 언어수줍음의 본질이다. 언어수줍음에서 먼저 오는 것은 언어이며, 수줍음은 나중에 온다. 그러나 뒤늦게 온 수줍음은 언어를 내버려둠으로써 지운다. 아니, 언어를 잊는다. 하지만 언어수줍음에서 시간상의 순서는 아무 문제가 되지 않는다. 왜냐하면 언어수줍음에는 다만 끝없는 황무지 같은 한참들이 있을 뿐이기 때문이다. 언어는 오직 수줍음을 잊음으로써만 터져 나올 수 있고, 반대로 수줍음은 언어를 내버려둠으로써만 나타날 수 있다. 언어는 수줍음을 잊고 수줍음은 언어를 잊는다. 서로 완벽하게 관통하는 언어와 수줍음. 이것이 벤야민의 발저의 언어수줍음이다. 그리고 남는 것은 오직(혹은 단지) 잊음이다. 이 잊음은 들릴 듯 말 듯 들리는, 아니 떨리는 언어의 메아리, 언어메아리이다. 그러므로 전적으로 망각에만 존재의 뿌리를 두고 있는 에코랄리아스는 (거의

3) 로베르트 발저, 『벤야멘타 하인학교』, 문학동네, 홍길표 옮김, p. 158.

예외 없이) 비존재로 수렴된다. 실로 이것이 우리의 모든 언어가 처한 운명일 터인데, 물론 이것은 입장과 관점과 상황에 따라서 행복이 될 수도 있고 불행 혹은 심지어 지옥이 될 수도 있다.

바꿔 말하자면, (언어의 혹은 언어에 대한) 잊음은 불가피하게 항상 어떤 이즘-ism, 즉 우리를 행복하게도 해주고 불행하게도 만드는 어떤 믿음이 된다. 스위스 객줏집의 저 기묘한 수다가 우리 귀에 거의 초현실(주의)적으로 들리는 까닭은 바벨탑 속(이 아니라면 적어도 주변)에서 우리가 공기처럼 마시고 있는 숱한 잊음(들) 때문일 것이다. 셀 수 없이 많은 잊음 또는 이즘 들에 의해 우리가 아는 (거의) 모든 언어는 수다로 쏟아지는 운명을 피할 수 없게 되었고, 미처 깨닫지도 못한 사이에 우리가 벌써 (그리고 거듭) 망각한 수줍음은 거스를 수 없이 강력한 뻔뻔함으로 변해버렸다. 확신하건대, 이 책의 저자가 시도 때도 없이 언어를 바꿔대면서 지나간 언어에 대해 트집 잡기를 일삼는 바다 야후들에 관한 이야기를 책머리에 제사로 세워둔 것은 바로 이러한 사정 때문일 것이다. 언어는 바뀐다. 이것은 움직일 수 없는 근본 사실이며 어쩔 수 없는 일이다. 그러나 우리는 언어란 오직 바뀜으로서/써만 언어일 수 있다는 사실과 더불어 그것이 불가피한 일이라는 사실까지 함께 망각한다. 망각에도 불구하고가 아니라 망각 때문에 우리는 뻔뻔하게—다시 말해 폭력적으로—말할 수 있고, 딱딱하게—그러니까 부적절하고 부당한 방식으로—들을 수 있다(참고로 여기에는 모〔국〕어/외국어의 구분이 들어설 여지는 전혀 없다). 이것은 실로 도저한 역설이다. 언어는 언제나 이미 바뀌(고 있)는데 그럼에도 우리는 불변의 언어—하나의 실체로서의—라는 이념을 공기처럼 들이마시고 있을 뿐 아니라 철 지난 언어 관습을 포함한 과거의 (모든) 언어들에 대해서는 마치 질병인 양 질겁하거나 아니면 존재하지 않는 유령인 양 무시하기 때문이다. 따라서 어쩌면 우리가 해야 할 (유일한) 일은, 그것이 과연 가능한 일인지의 문제를 제쳐둔다면 말이지만, 잊음을 잊는 것—이것은 기억이 아니다!—일지도 모른다. 만약 이것이 가능한 일이라면, 그것은 분명 저 한없는 한참들의 황무지를 끝까지 걷는다는 전제하에서일 것이다. 그러므로 언어의 망각은 시작도 끝도 없는 운명인 동시에 이미 완수되었음에도 불구하고 마치 메아리처럼 계속 되돌아오는 무한한 과제라고 할 수 있다.

3.

벤야민의 발저의 황무지에 겁도 없이 걸어 들어간 사람이 (한국에도) 있다. 그는 스스로를 일러 자끄 드뉘망이라 한다. 그의 수다 아닌 수다를 들어보자.

"없어진 것이 꼭 있을 것만 같은 상황이 분명 벌어졌는데도 없어진 것이 없다는 것은 상황을 더 악화시키는 것입니다."

"상황이 더 악화되는 것을 막기 위해 없어진 것이 없는데도 없어진 것이 있다고 말을 한다는 것은 당장 도움이 될지 모르겠지만 결국에는 상황을 완전히 파국으로 몰고 갈 것입니다."[4]

이 두 문장에서 명확히 감지할 수 있듯이, 자끄 드뉘망은 자꾸 되뇌기를 고집함과 동시에 그렇게 되뇌임으로써 이미 되뇌인 말들과 앞으로 되뇌일 말들, 그리고 되뇌어지는 말들 사이에서 정처 없이 부유하는 말들까지 모조리 지우려는 무망한 노력을 멈출 수 없는 사람이며, 그런 점에서 우리는 그를 에코랄리아스의 (스물두번째) 사도라고 부를 수 있을 것이다. 그런데 자끄 드뉘망이 생각하는 '없어진 것(이라고 말해지는 것)'은 무엇일까? '없어진 것(이라고 말해지는 것)'에 의해 분명히 벌어진 상황과 거기서 더 악화될 상황과 결국 완전히 파국으로 치닫는 상황 사이에 존재하는 것, 아니 그 세 가지 상황을 연결, 아니 연출하는 것은 결국 언어 외에 다른 것이 아니다. 뿐만 아니라 (앞 문장의 처음을 여는) '없어졌다고 말해질 수 있는 것'과 (끝을 닫는) '다른 것이 아닌 것'(니콜라우스 쿠자누스Nicolaus Cusanus) 역시 결국 언어일 수밖에 없다. 그러므로 우리는 자끄 드뉘망이 자꾸 되뇌이는 두 문장을 이렇게 패러디할 수 있다.

> 언어가 꼭 없어진 것만 같은 상황이 분명 벌어졌는데도 언어가 없어진 것은 아니라고 말하는 것은 상황을 더욱 악화시키는 것입니다만, 그렇다고 상황이 더 악화되는 것을 막기 위해 언어가 없어지지 않았는데도 언어가 없어졌다고 말하는 것은 당장 도움이 안 될 뿐

4) 김태용, 「잠」, 『풀밭 위의 돼지』, 문학과지성사, 2010, p. 142.

아니라 결국에는 상황을 애매한 파국으로 몰고 갈 것입니다.

그렇지만 혹시 상황은 애초부터 애매한 파국이었던 것이 아닐까? 이 책의 저자가 내놓는 결론을 보면 정말로 그런 것 같다. 즉 완공되기도 전에 무너져 사람들을 완전한 망각의 늪에 빠뜨린 바벨탑의 상황이 역사의 시작부터 지금까지 계속 이어지고 있는 것이다. 어쩌면, 아니 분명, 역사의 종말까지 그럴 것이다. 그렇다면 우리는 무엇을 할 (수 있을) 것인가? 가령 우리는 슬픈 키에르케고르처럼 밤의 메아리를 고요하게 사랑하거나 성난 크라우스처럼 앞으로 뛰어나가 거세게 침묵할 수 있을 것이다. 하지만 가장 도움이 되는 조언을 주는 것은 역시 카프카(의 오드라덱)이다. 즉 우리는 우선 우리가 *언어라는 '정해지지 않은 집'에 살고 있다는 사실을 인정해야 한다. 그런 다음 우리가 웃게 될 웃음이 조종의 울림처럼 들릴지 아니면 '마치 낙엽이 바스락거리는 소리'처럼 들릴지는 오직 신만이 아실 일이다.

***

이 책의 저자를 나에게 소개해주시고 바쁜 와중에 초고 검토까지 해주신 연세대 김항 선생님께 감사 인사를 올린다. 번역 공부의 기초를 닦아주신 서울대 김태환 선생님께는 늘 부끄럽고 민망한 마음으로 감사 인사를 올리게 된다. 귀한 시간을 쪼개어 원고를 읽고 조언을 해주신 연세대 이상길 선생님께도 감사드린다. 함께 원고를 음독하며 힘든 교정 작업에 동참해준 뉴욕대 비교문학과의 김택수 군과 서울대 비교문학과의 한유주, 독문과의 이강진 군에게도 고마운 마음을 전한다. 틈날 때마다 번역 작업을 독려해주신 문학과지성사의 주일우 대표님과 작업을 함께 하면서 여러 가지 배려를 해준 인문팀의 최대연 씨, 그리고 세심하고 날카로운 눈매로 훌륭한 교정을 해준 홍원기 씨께도 감사드린다. 이 책의 번역에 어떤 오류나 착오가 있다 해도 그것이 전적으로 역자의 책임만은 아닐 것이며, 어쩌면 가장 큰 책임은 오히려 (늘 바뀌는) 언어(의 망각) 자체에 있을지도 모른다는 생각이 든다. 번역 작업에는 한참이 걸렸다. 행여 번역 야후들이 이 책에 트집을 잡는다면, 그것은 어쩔 수 없는 일이다. 마침내 번역 작업을 완료했지만, 나는 여전히 '한때-번역할-수-없었음'의 기억에 붙들려 있기 때문이다.

2015년 6월 7일

옮긴이 조효원